学习的进化

倪闽景 / 著

上海科技教育出版社

献给破解教育"内卷"的学习进化者

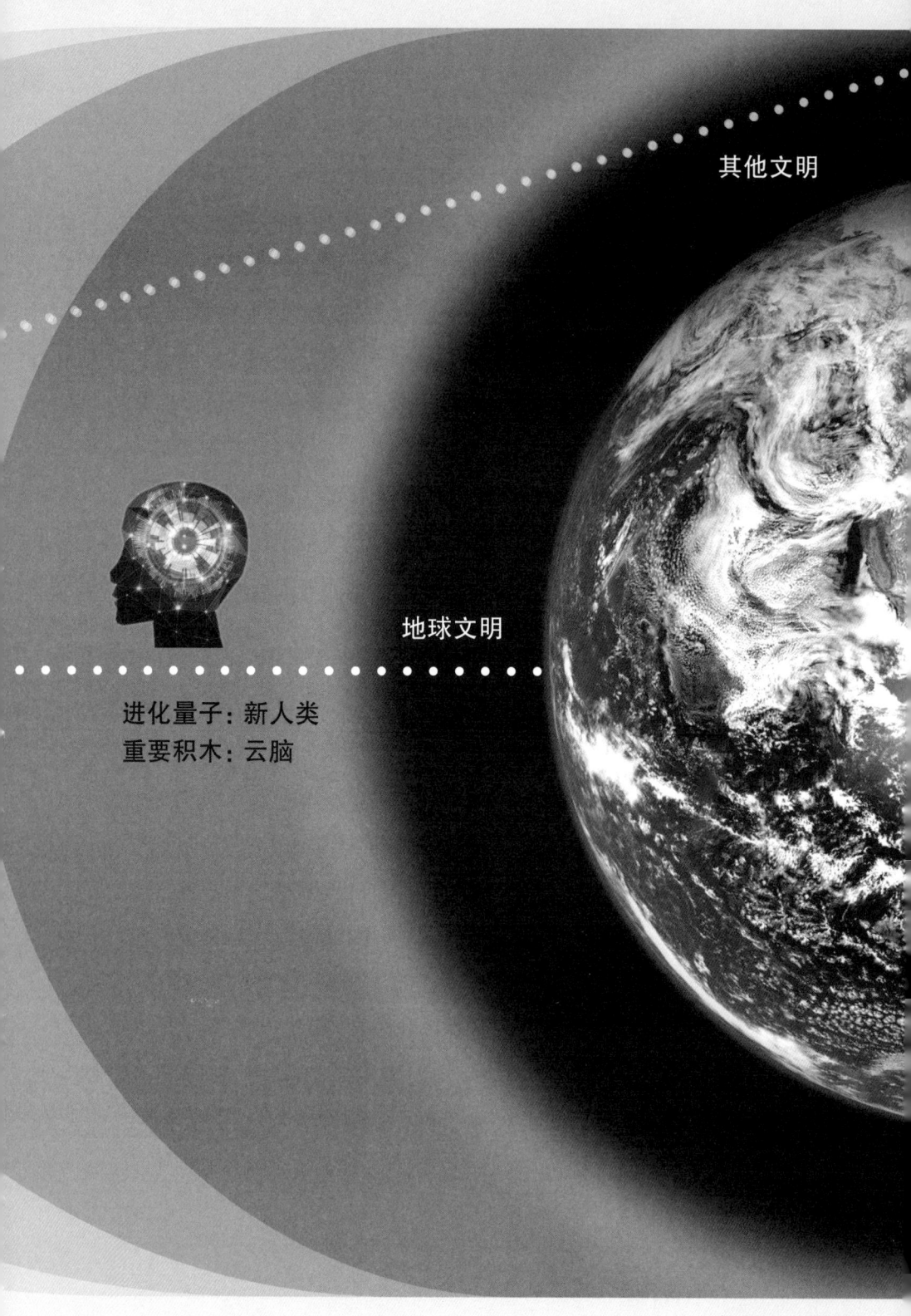

宇宙进化笋图

大爆炸　宇宙

进化量子：基本粒子
重要积木：原子

进化量子：基因
重要积木：DNA

进化量子：人
重要积木：语言文字

☐ 物质进化　☐ 生命进化　■ 文化进化　■ "人神"进化

自序

> 天赋如同自然花木,要用学习来修剪。
> ——培根,《培根随笔集》,商务印书馆,2016

这是一本有关思考人类学习的书,有关人的学习从哪里来,要往哪里去,因此实际上是一本有关学习的哲学类图书。全书归纳了人类学习进化的三个阶段——自然学习阶段、经典学习阶段、现代学习阶段,预言了即将进入的超级学习阶段,并揭示了不同学习进化阶段的主要矛盾。比如,自然学习阶段的主要矛盾是学习者生存需要和所处环境偶然性之间的矛盾;经典学习阶段的主要矛盾是学习者学习需要和学习资源不足之间的矛盾;现代学习阶段的主要矛盾体现为学习者学习能力停滞不前和知识增速不断加快之间的矛盾;超级学习阶段的主要矛盾将表现为学习者思维、情感发展的多样性需求和知识获取的机器化之间的矛盾。

全书共分7章。第一章的主题是"学习的本质",阐述了在心理学层面,学习本质上是塑造人的大脑;在社会学层面,学习本质上是建立社会关系。大脑和社会都是学习改变的空间,通过学习,在大脑空间里建立神经元连接,在社会空间中建立人和人的连接,这两种连接都是学习的结果,又是开始新学习的新"脚手架"。但是,学习是要付出代价的,这种代价来源于学习的机制,也来源于社会的价值取向。

第二章"万物进化"是全书的核心章节,提出了进化的普遍性定律:从熵增原理演绎出,进化总是向着越来越复杂的方向发展(进化第一定律);从生命进化的特点归纳出,每个新进化都包含且重复前期进化成果的全部(进化第二定律);从物理世界的量子效应现象中总结出,不确定性是进化的基础,而这种不确定性是不同层级进化量子的量子效应造成的(进化第三定律)。从物质进化、生命进化、文化进化三个层面论证了进化三大定律的普适性,分析了基本粒子、基因和人这三个"进化量子"的作用特点。最后引出了学习是文化进化的主要作用力,阐述了学习进化的变与不变,为后续详细展开学习进化的四个阶段做好了铺垫。

第三章"自然学习"从动物性学习切入,阐述了感觉、知觉、思维、意识形成的层次性,指出了劳动在人类进化过程中的重要作用,分析了语言形成的生理基础和社会学基础。特别是对于意识的形成机制做出了分析,指出意识的原始素材就是自然界本来的样子,而非人脑创造出来的。人脑会把这些片段式的知觉,按照不同的顺序组合而产生有别于自然世界的新认识,这就是意识,但这让人类产生了错觉,以为人创造了意识。

在第四章"经典学习"里,重点归纳了进化积木对于进化量子的反作用力,进化积木在空间和时间上的对称性和方向性,进化积木在能量维度、信息维度、精神维度的复杂化取向,新进化积木出现的时候会有一个试错到简约的过程,以及进化积木的形成和复制需要一个特殊的环境。据此,分析了文字符号这个重要进化积木的产生过程和对于人类及社会进化的影响,分析了经典学习阶段获取知识的主要通道——阅读与大脑的关系,演绎了教育进化的历程,并提出了进化的价值就是拓展世界的多样性并创造新价值空间的观点。

第五章"现代学习"从技术有自由意志和技术的两面性,引出技术对学习之影响的5个预言,并从知识的形状和现代学习的8个走向来分析,在物质极大丰富、信息极大丰富、知识极大丰富、机会极大丰富的新时代,教育的主要问题不是学生的负担问题,也不是教育均衡的问题,要破解教育"内卷",需要学会选择,并发挥数字化和评价改革的作用,引导师生追求卓越,勇于承担责任,指出最好的减负是提高孩子们承受负担的能力。

第六章"学习与创新"提出文化使社会凝聚,创新使社会发展。人类创新需要社会条件、智力条件,但创新的本质是人脑的多样化,人脑的多样化要靠教育的多样化来实现。教育多样化一方面是培育创新人才的本质,另一方面也是培育创新人才基本的方法。基础教育对创新人才培养最大的贡献就是让学生的大脑更多样化。本章还从深度学习、艺术和科学教育等方面,阐述了艺术教育和科学教育对于创新素养培育的作用。最后指出,知识工具的多样化运用,为学生创造性学习提供了新的机会。

第七章"超级学习"从科技的8个新方向切入,阐述了人工智能、脑机接口等前沿技术的研究现状,并对其在学习领域、考试评价领域的应用做了预言。特别是对碳基生命和硅基生命进行了归纳，总结出新人类将利用脑机接口技术，形成人脑与电脑的连接，并在这个基础上形成人脑和人脑的连接，从而产生一个前所未有的智慧体——云脑。云脑将通过超级学习等手段，实现宇宙移民，破解我们当前面临的大多数瓶颈问题。

全书围绕"进化"这个核心概念，以技术和学习之间的关系为线索，在分析、论述的同时做出预言，形成了一些创新性结论和新概念。比如，指出为什么大多数人的语言中枢在左半脑，这是因为我们每个人在婴幼儿时期用右手指点东西，在左半脑先形成了语义；也指出了利用进化第二定律，可以指导形成研究学习和研究人类史的方法，比如研究语言起源可以从儿童学习语言的过程中发现线索。

当然，本书最大的思想成果是总结出宇宙进化的三个阶段中的核心要素——基本粒子、基因和人这三个进化量子，及由此进化形成的大量进化积木，并据此预言"人神"进化的各种可能性。还依据进化规律，揭示了学习不同进化阶段的规律和意识形成的根本问题，对机器产生意识和机器学习进行了方向性的分析。

开篇的宇宙进化笋图，描述了宇宙进化的几个关键阶段和关键要素，是对全书的一个归纳，并预示如果地球文明以外存在其他文明，假如其进化历程不中断，也应该遵循相似的进化过程。

书中许多观点来自对大量书籍的阅读体会和自我理解，一定会有很多误解和谬论，恳请读者谅解。

目录

第一章　学习的本质 / 1

　　学习塑造人的大脑 / 3

　　脑的进化 / 9

　　学习塑造社会关系 / 16

　　学习的代价(一) / 21

　　学习的代价(二) / 26

　　身体与认知 / 29

　　记忆的奥秘 / 35

第二章　万物进化 / 41

　　进化三大定律 / 43

　　物质的进化 / 49

　　生命的进化 / 56

　　文化的进化 / 64

　　进化量子 / 69

　　学习的进化 / 75

　　进化的极限 / 80

第三章　自然学习　/ 85

动物的学习　/ 87

学习进化的四个阶段　/ 91

劳动创造人　/ 96

感觉和知觉　/ 101

语言的奥秘　/ 105

意识的根本问题　/ 112

学习的意义　/ 117

第四章　经典学习　/ 123

文字的产生　/ 125

进化量子积木　/ 131

大脑和阅读　/ 136

教育的进化　/ 143

学校的价值空间　/ 148

不同层级的量子效应　/ 153

课程场　/ 158

第五章　现代学习　/ 165

技术之外　/ 167

未来已来　/ 172

知识的形状　/ 177

现代学习的八个走向　/ 182

教育应用大数据技术的价值判断　/ 189

教育"内卷"和学会选择　/ 193
评价是为了教育增值　/ 198

第六章　学习与创新　/ 203

创新的本质　/ 205

深度学习　/ 213

艺术的力量　/ 219

科学与科学教育　/ 225

知识工具　/ 232

机器意识　/ 237

元宇宙与学习　/ 242

第七章　超级学习　/ 247

新科技的方向　/ 249

人工智能　/ 253

考试的进化　/ 258

脑机接口　/ 266

云脑和新意识　/ 271

碳基生命和硅基生命　/ 275

超级学习　/ 279

结语：甩锅　/ 283

参考文献　/ 290

第一章
学习的本质

我们的大脑就是演化来对新奇的东西起反应的。如果要充分感受到自己活着,我们就必须不断地学习。当日子或爱情变得太容易预期时,就会看起来没有什么可学习的,我们也会焦躁不安,这是可塑性大脑的抗议,因为我们停止学新的东西,它就没有办法再去执行它最重要的工作——改变大脑了。

——诺曼·道伊奇,
《重塑大脑 重塑人生》,机械工业出版社,2015

学习的本质

来源:教育信息化蓝皮书发布会

时间:2018年6月

学习塑造人的大脑

学习有狭义与广义两种定义。狭义的学习是指通过阅读、听讲、研究、观察、理解、探索、实验、实践等手段获得知识或技能的过程。广义的学习是个体后天与环境接触,获得经验而产生行为变化或行为潜能的过程。从这个层面上讲,人从出生到死亡,学习从未间断。狭义的学习人类独有,而广义的学习则是许多动物也拥有的能力。无论是狭义还是广义范畴,从心理学层面讲,学习主要是在塑造个体的大脑。

每个人的大脑大约有1000亿个神经元细胞(见图1-1),这个数量和目前预估的宇宙中星系的数量相当。正常的神经元细胞由细胞体和细

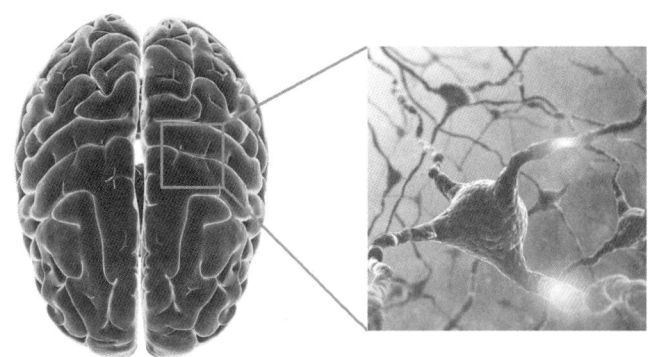

图1-1 大脑神经元细胞

胞突起构成,细胞体里有细胞核,细胞突起延伸出来的细长部分,又可分为树突和轴突。树突和轴突会通过某种化学方式发生连接,连接部分我们称之为突触(见图1-2)。如果人脑中大量树突和轴突出了问题,神经元细胞就无法完成连接(见图1-3),大脑就会出现病变。

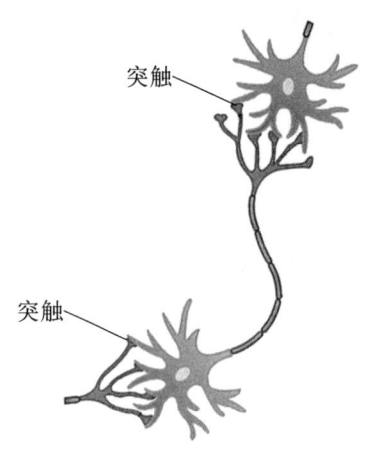
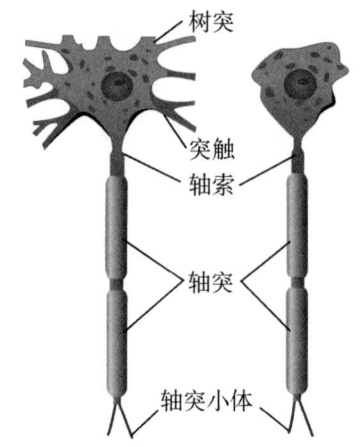

图1-2 突触　　　图1-3 正常(左)和病变(右)的神经元细胞

在母亲子宫里的第19天,也就是爸爸妈妈第一次知道自己有了一个孩子的时候,孩子的大脑就开始形成。到了第20周,大脑差不多就成形了,这是大脑细胞生长最快的时候。之后,大脑生长就是让大脑里的神经细胞树突和轴突更多,变得更大,最后每个人的大脑差不多有1000亿个神经元细胞。从微观的效果来看,学习实际上是大脑神经元发生了新连接。也就是说,出生以后的学习过程就是让大脑神经元发生更多连接的过程。一般人的大脑神经元连接大概会达到100万亿个,这么多连接是怎么发生的?就是通过和环境互动等方式学习而实现的。知识通过转变为声音、视觉等刺激,促使大脑中一个神经元的树突和另一个神经元的轴突发生连接,这个过程体现了学习的生物学本质。因此,对每个人而言,"学习"实际上是有物质反应的,它在你的大脑里面形成了新的连接。如果我们记住了某一小段信息,实际上它的物质变化大概有1000个上述的连接,通过学习刺激、反复加强,这些突触会不断地加强(见图

1-4),这个内容就很难遗忘,思想和行动也更敏捷,而这个过程需要有一种叫髓磷脂的关键物质登场。

实际上,学习过程涉及大脑的三个关键组成部分:神经元(neuron)、突触(synapse)和髓磷脂(myelin)。这种叫髓磷脂的白色物质非常神奇。科学家做过一个令人困惑的掷沙袋实验,让两组8岁的孩子练习将沙袋扔向3英尺外的目标,越准分值越高。在接下来的12个星期里,其中A组孩子不断重复向3英尺外的测试目标扔沙袋的练习,B组孩子则练习向2~4英尺外的不定目标扔沙袋。在实验结束时,两组孩子同样来向3英尺外的测试目标扔沙袋。令人惊讶的是,B组孩子的测试成绩要更好。这是为什么呢?增加的练习难度让学习看起来似乎是效率低下的:因为测试只测向3英尺外的指定目标扔沙袋,而练习向2~4英尺外的目标投沙袋会在某种程度上减缓学习的速度。但这种看上去"低效"的学习会

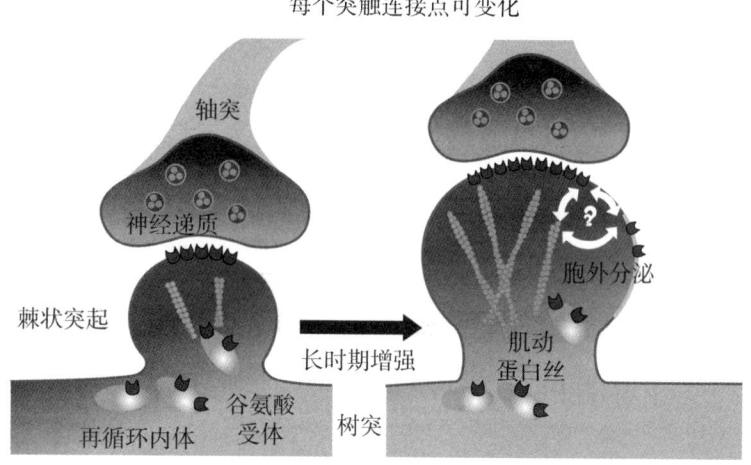

图1-4 突触通过长时间学习连接得到加强

刺激大脑分泌一种叫作髓磷脂的白色物质,从而提升我们的学习效率,使我们的学习成绩更好。可以想见,考什么教什么并不是很好的教学方法,最好的方式是让孩子们学习的时候有更开阔的空间。

我们可以把一个学习者的大脑想象成一片草原,通过学习触发了神经元之间的新连接,很像在草原上形成了一条小道。有了小道,神经信号可以传输了,但速度不快,效率不高。通过不断练习,神经信号反复穿过神经元时,神经胶质细胞就会产生髓磷脂,髓磷脂包裹在突触周围,也像香肠一样包裹在轴突上(见图1-5)。这些物质是绝缘的,就好像在轴突和突触上包裹上了电线外的塑料绝缘层,保证信号不互相乱窜,这会让大脑信号变得更快、更强。神经信号通过的次数越多,髓磷脂缠绕在突触上的次数就越多。研究表明,有髓神经信号的传播速度是无髓神经信号的100倍。

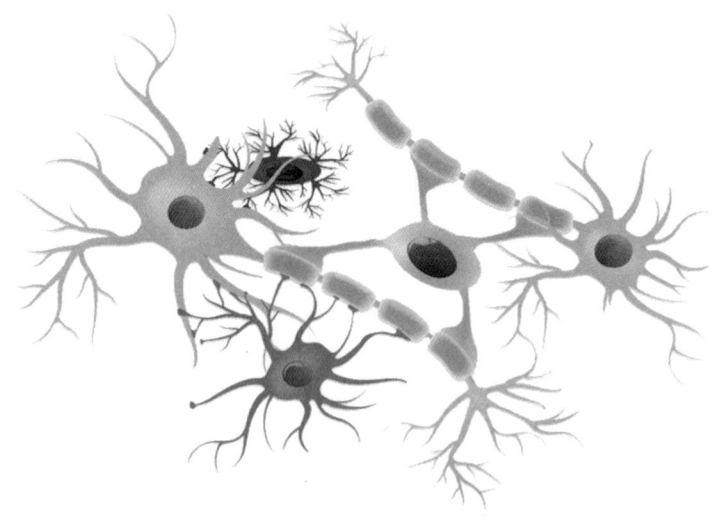

图1-5　髓磷脂包裹着神经元的轴突

非常有意思的是,刚出生的孩子,大脑神经元的树突和轴突是很少的。到6岁时,神经元树突和轴突最丰富,以后又会逐步减少(见图1-6)。0~3岁的孩子学习能力这么强,似乎正常的儿童都很容易就能掌握一门语言,就是因为这个时候大脑里的树突和轴突特别丰富,神经元连接十分容易发生。但到6岁进入学科学习以后,孩子们在加强某一种知识学习时,有些大脑回路的连接会加强,同时大脑里其他的树突和轴突会损失,最后我们可能成为某一个方面的专家,在某一个领域会非常强,但其他方面的能力则可能会减弱。

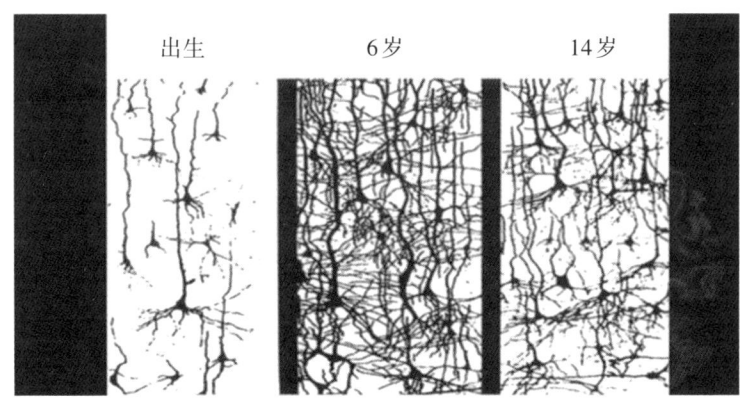

图1-6 人类大脑神经元的变化

(来源:Rima Shore,Rethinking the Brain:New Insights into Early Development,NY:Families and Work Institute,1997)

学习的过程能让大脑发生连接,这实际上跟基因是有关系的。学习就是通过刺激我们的各种神经器官,产生电信号和神经递质来激活我们的基因,制造蛋白质和其他化学物质,让大脑神经细胞发生连接。可以说,学习实际上就是一个生命体和基因之间互动的关系。每个人只有2万~3万个基因,一个基因往往代表人的某一种性状,如头发的颜色。

基因在某个时刻会打开。比如,我们在青春期的时候开始发育,就是启动第二性征发育的基因打开了;而有的人不知道什么原因,这种基因一直没有打开,年龄大了还是像个孩子。所谓的学习关键期,实际上就是不同能力发展的相关基因打开的时期。虽然我们不清楚当中的机理,但是这是一个事实。通过学习来激发基因工作,实现大脑轴突和树突的连接,从而形成神经回路,是学习者每天都在做的工作。从这个层面上讲,教师不仅仅是人类灵魂的工程师,也是人类大脑的工程师。

脑的进化

人的大脑被视作生物进化带来的最高成就,赐予人类意识、智力和语言能力,是学习的最基本要素。科学家发现,即使是头脑简单的昆虫,在记忆的帮助下,也可对环境的变化做出迅速反应。人脑更为复杂的功能,如社交、决策和同情,都是经过漫长的生命演化而来的。

生命在地球上出现的时间,远出乎大家的意料。科学家对一份来自澳大利亚西澳州的岩石进行研究发现,大约35亿年前地球上就出现了最早的具有细胞结构的生命(见图1-7)。最近,又有科学家在加拿大魁北克省北部哈德森湾的绿石带上发现了一些距今37.7亿~42.8亿年的细菌化石,而地球的年龄也仅有46亿年左右。在最开始的几亿年中,地球环境非常恶劣,没有生命诞生,但这个恶劣的环境就像一个化学反应的熔炉,在其中产生了有机物质,这些有机物质经过漫长的演化,形成了最初的微生物——古细菌。

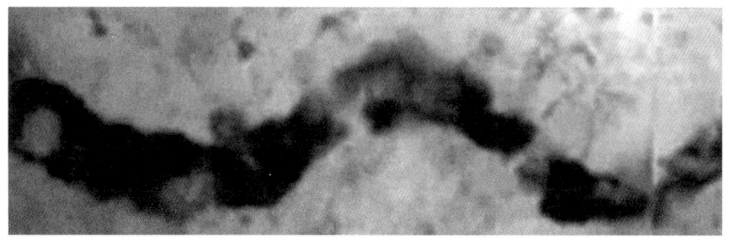

图1-7 澳大利亚西澳州岩石中约35亿年前的古细菌化石

在33亿~35亿年前,海洋里出现了原核生物蓝藻,蓝藻中的叶绿素可以发生光合作用,为地球生产弥足珍贵的氧气。到目前为止,蓝藻还是世界上产生氧气最大的贡献者。紧接着地球演化出了单细胞原生动物,其身体中存在着多种神经肽。神经肽是一种特殊的信息物质,它们可以帮助单细胞生命通过离子通道,对外界的刺激做出应激反应。离子通道是一些大分子蛋白质,能够选择性地允许特定的带电荷的离子出入细胞。比如,人体里的白细胞就是通过神经肽和离子通道无时无刻不在默默保护你免受感染和疾病的伤害。白细胞在对抗外来物入侵时极具攻击性,就像一群骁勇善战的士兵,以军事部署般的精准性,对入侵人体的细菌或寄生虫发起攻击。在人脑中,神经肽和离子通道依然是神经元之间交流、发出信号的关键方式。它允许信息通过电荷在各个神经细胞之间传递,就如电荷通过导线形成电流一样,脑做出的每一个反应都基于这种通信方式。

大约8.5亿年前,单细胞生命聚合演变,产生了多细胞生命,如海绵体生物。海绵结构简单,无明显的组织,细胞功能分化简单,没有嘴,没有消化腔,也没有中枢神经系统,不具备执行各种机能的器官,就是一大团由功能初步分化的细胞堆积起来的多孔体。但像海绵这样的多细胞动物,细胞之间有了相互的感知和应答,使得它们能够协同工作。比如,海绵会通过膨大和压缩体腔,使海水进入,滤食小生物,并排出消化残渣。这种进食活动总是伴随着神经化学递质在细胞间的传递。这些化学信号在我们的大脑中也扮演着类似的角色,它们是神经元之间传递信息的信使。逐渐地,一些细胞演变成具有特殊传递信息功能的神经细胞,而且进一步演化出轴突,用以远距离传递各种电信号。它们也通过在细胞突触的位置释放化学物质向其他细胞快速传递信号。最终,简单的神经系统诞生了。

最早的神经元在无脊椎动物体内形成了一个弥散的神经网络,现在的水母和海葵依然如此。大约6亿年前,类似于大脑的神经核团出现在蠕虫类动物中,这类动物是现在绝大多数动物(包括脊椎动物、软体动物和昆虫)的祖先。神经核团是原始的中央神经系统,能够处理各种信息而不仅仅是传递信息,这使得动物能够对更复杂的外界环境做出反应。动物神经系统的演化,总体上也与其他器官系统的演化一样,经历了从无到有,从简单到复杂,从低级到高级的发展过程。

最早出现神经系统的无脊椎动物是腔肠动物,水螅就是其中一种。腔肠动物的神经系统(见图1-8)由神经元疏散地组合成一种网状构造,没有神经中枢,神经元之间通过突触来连接和传递信息,没有方向性,只要身体某个部位受到刺激,就能"牵一发而动全身"。

神经系统的进化方向是从分散到集中。在无脊椎动物中,随着体形从辐射对称到两侧对称的进化,神经系统也逐步集中而成两侧对称的神经系统。大约5亿年前,扁形动物出现了最原始的中枢神经系统,就是简单的"脑"。来看一下扁形动物涡虫的神经系统(见图1-9),有很多神经细胞在身体腹面集中而成了两条神经索,头部更出现了密集的神经细胞

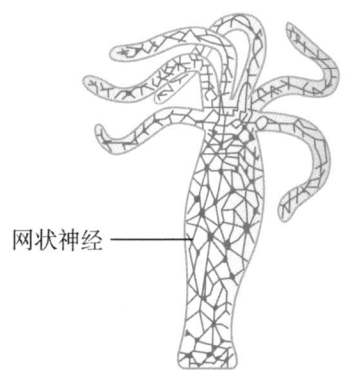

图1-8 腔肠动物中的网状神经系统

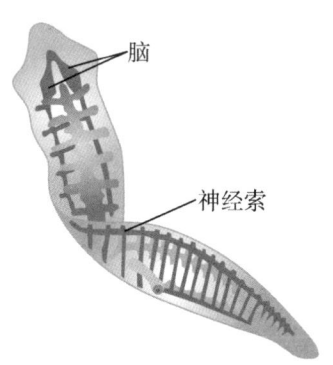

图1-9 涡虫的梯状神经系统

群,这就是最初的"脑"。这个"脑",只是形态学的脑,并没有分析信息的功能,仅仅是一个传送信息的中转站。涡虫的神经系统显然还保留着网状的特性,但涡虫神经系统的中枢整合和协调性机构已经形成。信息集中到中枢,缩短了神经通路,加强了脑神经节与感觉器官的联系,保证了复杂行为的实现。

可以看到,动物的神经系统的演化是按两种主要趋势进行的:一种趋势是神经元聚集为有方向性的束,并出现单根纵行的主束,最后就演变成了脊椎;另一种趋势是脑的演化,开始有信息加工和处理的功能。我们可以从现在的环节动物蚯蚓的链状神经系统(见图1-10)看到,它由脑神经节、围咽神经节和一条腹神经索组成。其特点是,神经细胞集中成神经节,神经纤维聚集成像电缆一样的束状。蚯蚓的每一体节腹面均有一神经节,前后神经节以纵走神经相连,形成链状的腹神经索。位于身体腹面的腹神经索在身体前端止于食管下神经节,以围咽神经走向身体背面,连到脑神经节上。节肢动物的神经系统比环节动物更集中。观察昆虫,可以看到头部最前面的三对神经节愈合而为脑,脑以围食道神经与头部腹面的食道下神经节相连。食道下神经节与胸部和腹部神经节共同组成腹神经索(见图1-11)。

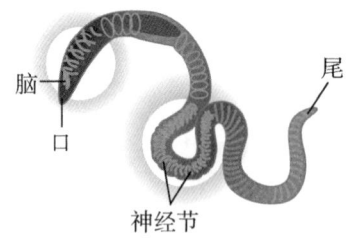

图1-10 蚯蚓的链状神经系统

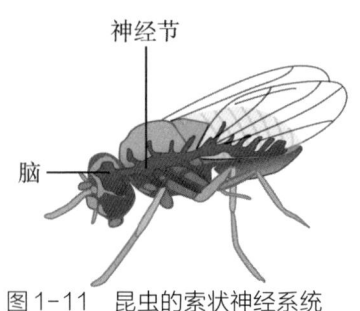

图1-11 昆虫的索状神经系统

环节动物和节肢动物的神经系统已经明显分为中枢和外围两个部分,脑和腹神经索属中枢系统,而从脑和各神经节伸到身体各部分的神经属外围系统。

在这里必须强调,现在我们拿来分析的蚯蚓和昆虫并非产生于5亿年前,目前已知生活在陆地上的最古老的动物,是一种长约2.5厘米的生物,属于节肢动物,有点像千足虫,生活在4.25亿年前的古生代,科学家在苏格兰凯勒拉岛上发现了它的化石。科学家们推断在5亿年前的海洋里,进化出了类似蚯蚓和昆虫所拥有的具有中枢的神经系统,这是有考古证据的。

生命进化并非线性演变,在5亿年前短短几千万年时间里有过一次生命大爆发,在海洋里突然呈现了丰富多彩的生命世界,那就是著名的寒武纪生命大爆发,这个过程也是神经系统进化的大爆发。科学家发现了从5亿年前的寒武纪保留至今的完整的动物大脑化石(见图1-12),并

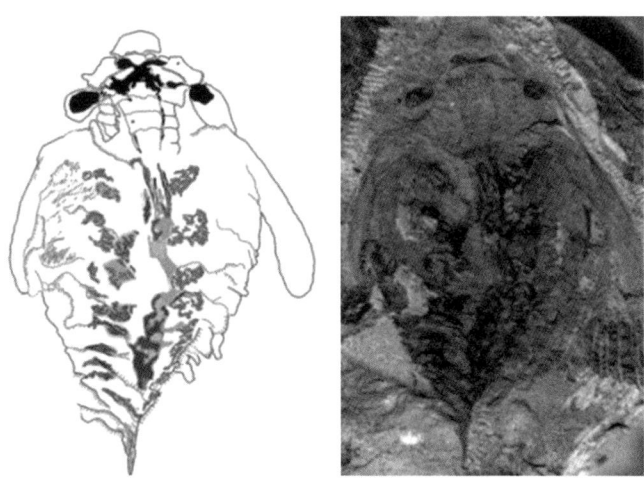

图1-12 首个发现的具有完整大脑的食肉动物化石
(来源:http://www.chinanews.com.cn/gj/2014/07-18/6399863.shtml)

通过进一步研究断定其属于一种名为 Lyrarapax unguispinus 的新发现物种,它同时也是被发现的最古老的食肉动物。这个史前动物的大脑,已经出现了分区,分别表达不同类型的神经递质,从而产生各种不同的功能。

大约3.6亿年前,我们的祖先从海洋登上了陆地,到大约2亿年前,终于进化成了最早的哺乳动物,其大脑表层形成了一个较小的大脑皮层,从而拥有复杂和多变的行为。这种至关重要的神经结构的出现,使像老鼠那样大小的毛茸茸的人类远祖,可以在恐龙统治的世界里生存下来。生存竞争进一步促进了神经系统的高速发展,并使人类远祖侥幸躲过6500万年前造成恐龙大灭绝的严酷灾难,成为地球新一代的霸主。

恐龙灭绝后,一些种类的哺乳动物开始爬上树木生活,它们成了灵长类动物的祖先,其典型进化特征是大脑前额叶区域扩大,使其能更快速地处理信息、行动和捕猎食物。1400万年前,一些非洲猿离开森林走向草原,它们是我们人类和黑猩猩的共同祖先。

600万年前,人类和黑猩猩才分道扬镳,黑猩猩重新走向丛林,而人类的祖先们在草原上开始学会直立行走。研究表明,现代人类和黑猩猩的基因差别只有1%,但就是这1%的基因差别,造成了人类大脑突飞猛进的进步,特别是人类的脑容量在近250万年间急剧增加(见图1-13)。

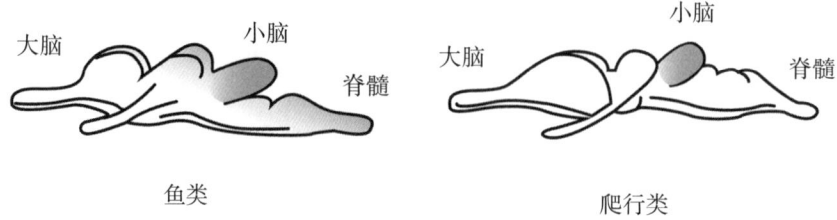

鱼类　　　　　　　　　　爬行类

（接上页图）

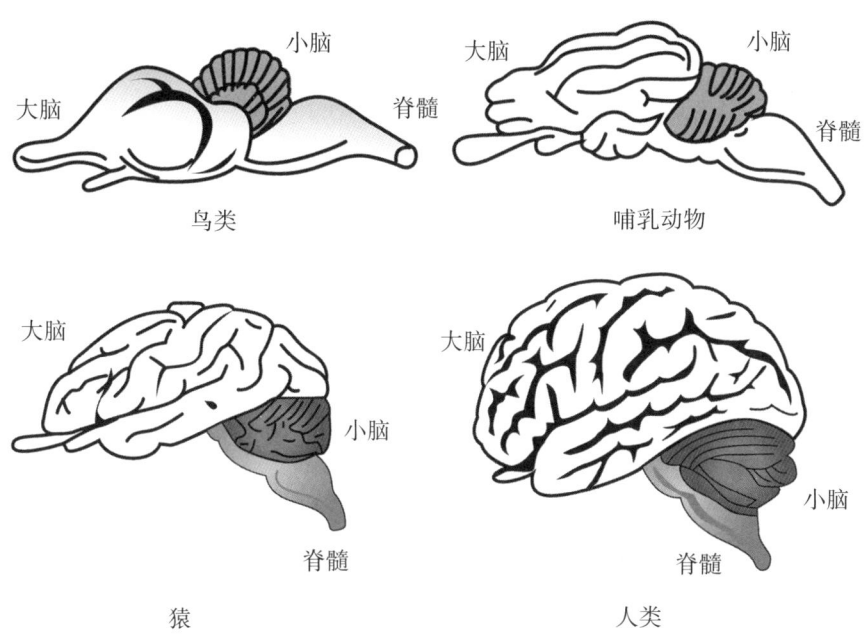

图1-13　各种动物的脑结构

在这期间我们的祖先学会了使用工具，学会了用火，在20万~30万年前形成了语言，人类的大脑最终进化达到了高峰，此后人类的脑容量就不再增长了。令人惊奇的是，在最近的1万年到1.5万年间，人的脑容量相比我们的身体竟然缩小了3%~4%！这期间究竟发生了什么，后面我们会讲到。

学习塑造社会关系

> 大脑和社会都是学习可以改变的空间。通过学习,在大脑空间里建立神经元连接,在社会空间中建立人和人的连接。这两种连接都是学习的结果,又是开始新学习的新"脚手架"。从这个意义上说,学习不仅是每个人内在自然本性的需要,也是人的社会本性的需要。

学习在心理学层面上的本质是塑造大脑,但是人的学习还具有社会性的本质。人,是学习的主体。成为有价值的人,则是学习的目的。人通过学习成为有价值的人,而这个价值需要在其社会性中得到体现。

学习的社会性本质首先体现在知识来源的社会性,每个人学习的知识并不是自己的发明,而是几十万年人类发展过程中积累起来的;其次,学习环境总是具有社会性特征,无论是学校、族群,还是家庭,都是不同形态的社会;最后,学习知识很重要的途径来源于老师和同伴,在人与人的对话互动中既学到知识,又建立关系,这种关系的重要性甚至超越了知识,是学习的重要成果。当然,学习的社会性还体现在学习的目的在很大程度上是为了服务于社会,这也是学习的意义所在。因此,大脑和社会都是学习可以改变的空间。通过学习,在大脑空间里建立神经元连接,在社会空间中建立人和人的连接。这两种连接都是学习的结果,又是开始新学习的新"脚手架"。从这个意义上说,学习不仅是每个人内在自然本性的需要,也是人的社会本性的需要。一个真正的学习活动既有个人认知的改变,又有共同建构的知识产生,更包含了人与人相互关系支持下的文化共享和社会身份的产生。

一个人出生后,主要在家庭中成长,在这个小社会中,我们得到细心的呵护,同时发展自己的知识、技能和情感,我们学会的第一次微笑、学会说的第一句话、学会走的第一步,都是这个小社会的功劳。人在幼年时期的学习能力堪称奇迹,而位于大脑额叶皮层内侧以及颞叶皮层内侧的镜像神经元贡献很大。镜像神经元是大脑专门为社会性学习进化出来的。我们学会微笑、言语和走路,镜像神经元发挥了重要作用。镜像神经元也让我们可以理解别人的行为,形成共情,这是沟通和理解的基础。研究者在猴子的行为中也发现了镜像神经元的工作机理,猴子自己手握香蕉时大脑的活跃区,和猴子看到别人手握香蕉时大脑的活跃区是相同的(见图1-14)。可见,镜像神经元是一个普遍存在于动物世界的进化产物。

笔者认为,镜像神经元的发现,实际上是在学习的心理本质和学习

图1-14 猴子的镜像神经元活跃区

的社会性本质之间建立了连接点。格雷戈里·希科克在其《神秘的镜像神经元》一书中指出:"DNA决定我们是不是人,镜像神经元决定我们能否塑造文明。"学习的社会性本质如果站在个人的角度看,是每个人社会关系的构建,但是如果站在人类社会整体层面上来看,就会呈现人类文明的塑造。

人类历史发展的最大魅力在于群体学习。每个人的生命时间是有限的,但因为族群的繁衍,上一辈的故事可以通过群体学习代际相传。同样,每个人的活动空间也是有限的,群体学习让别人的观察和发现成为每个人可以获取的经验。群体学习通过语言和书籍等工具,让知识超越个人生存时间和生活空间的局限,甚至可以脱离人的大脑,成为一种独特的存在,不断新生,持续累积,加速膨胀。

但是,如果不同群体之间由于地域差距或者其他原因,没有机会共同学习来达成共识和认同,那么群体之间就会形成不同的文化、不同的宗教、不同的社会制度,在两个群体相遇之时就会产生对立和冲突,并形成破坏力,甚至造成不同族群之间的杀戮和人类不同群体之间惨烈的战争,极端情况会造成某个文明的彻底消失,这就是我们人类历史的真实写照。当然,动物之间的冲突由来已久,为了生存,动物世界从来就遵循着弱肉强食的逻辑,因此绝不能得出这样的结论——人类不同群体的冲突是因为学习而引起的。但是,学习能够通过加深群体内部的凝聚力和技术创新,从而在冲突发生的时候加深双方的敌视,加剧冲突的规模,加大冲突的杀伤力,当然同时也会促进技术和智慧的发展。两次世界大战人类损失极大,但是科学技术却收获巨大。因此,这种强烈的冲突和危机,也许更加强了人类的学习力和创造力,就如汤因比在《历史研究》中所说:"创造是一种遭遇的结果,文明总是在异常困难而非异常优越的环境中降生。挑战越大,刺激越大。"

为了细致分析学习的社会性本质,我们可以来探究一下蚁群的社会性。蚁群是一个可以和人类做比较的社会,但蚁群显然不是一个学习型社会。蚂蚁在地球上生存的时间要远久于人类,蚂蚁在地球上的数量更是远超于人类。一个蚂蚁微不足道,但是蚁群却具有群体性智慧,蚂蚁之间通过身体的碰触和化学信号来实现沟通,使蚁群实现了严格的社会分工并产生超乎想象的能力,创造出自己的城市和社会结构。但是,亿万年来,无数的蚁群一遍遍重复着其历史,其进化似乎停止在某个水平上了。而人类在短短的几十万年里创造了无数的奇迹,呈现出发展的加速度。那么,造成蚁群和人类之间差别的根本原因在哪里?

从个体角度看,人有学习能力,并通过学习来适应环境、重塑环境,个体的人是发展的、有潜力的、有自由意志的;而蚂蚁则通过遗传获取所有的生活技能和社会关系,个体的蚂蚁是固化的、类同的、程式化的。与其说蚂蚁是蚁后生产出来的,不如说每只蚂蚁都是通过蚁后"克隆"出来的,每只蚂蚁的价值只在其工具性,从出生那天起就确定了它全部的生命历程,因此每只蚂蚁没有个体性的存在意义,蚁群才是一个真正独立的生命体,每只蚂蚁只是这个生命体可移动的细胞。而人类社会中的每一个人,绝对不能说只是这个社会的细胞,对一个新生的婴儿我们是无法预测其将来的成就的。人不是工具,而是目的,其根本原因在于人脑的创造性。

人和人之间、人群和人群之间的差异是如何造成的呢?其原因和造成人类与蚁群之间差异的原因并没有太大的不同,就是因为个体学习能力之间的差异和群体学习能力之间的差异。只不过这个学习差异,对人类而言,有的是个体遗传形成的学习能力不同造成的,有的是社会关系带来的学习机会不均等造成的,当然还有的是自身努力程度不同造成的。

有专家认为,学习的社会性本质就是个体社会化的过程,从以上对蚁群的分析比较来看,这种说法是存在问题的,因为蚂蚁没有学习,其个体社会化也能完成——社会性不是人特有的,社会性也并不一定需要学习而产生,蚂蚁在被蚁后"克隆"出来后,自动成为整个蚁群社会的一分子,就像一座大厦中的一块板砖。笔者认为,人的社会性学习本质,在于通过学习来创造社会价值并形成人存在的意义。当然,这种意义基于社会关系,并通过人与人之间的互动表现出来。

学习的代价(一)

学习能提升人的大脑质量从而促进生命更好地生存生活,学习也能给人带来愉悦和成就感,但是学习显然是有代价的。华东师范大学陈玉琨教授30年前做过一个报告,讲到学生的学习代价,主要牵涉成本代价——要交学费,机会代价——比如因学习而丧失赚钱的机会,还有就是时间代价——生命的消耗,特别是学习与学生的兴趣爱好相违背时,学习会演变成一种沉重的负担。这些学习的代价显而易见,这里我想从学习的本质层面来谈学习的代价。

学习的大脑微观机理告诉我们,大脑不是一个容器,知识不是像加水一样加到大脑中的;大脑也不是一个电脑硬盘,通过控制磁性粒子的方向来记录字节。大脑是通过重塑大脑连接方式来记住知识的,同样的知识,不同的学习通道、不同的学习顺序、不同的学习环境,在大脑中的连接方式就会有差异。

学习过程就是开发大脑、改造大脑的过程,在大脑里形成一个个神经回路的时候,就像在大脑里建设一条条高速公路,使我们在处理某个信息时更加迅速,反应更加精准。但是正如在生活中建设高速公路一样,高速公路建到哪里,那里的生态一定会遭受不同程度的破坏,我们的大脑在建成神经网络高速公路的时候,也会带来类似的问题,这真是一个两难选择。我们不妨再来进一步探索大脑学习的奥秘,以便从正反两方面来分析学习的代价。

和有些动物相比,人类挑选了一条十分艰苦的学习之路——几乎所有的知识都需要通过学习来获取,除了一些本能,比如吮吸母乳。甚至一些看上去是本能的行为,实际上也是后天习得的,比如人类的行走。每一个孩子学会蹒跚跨出第一步的时刻,总是父母最开心骄傲的时刻。

图1-15 织巢鸟精美的挂巢

有些动物却真的不需要学习,比如蜜蜂天生就会飞翔,天生就会构筑非常精美的六边形巢穴,飞再远也可以通过内置的导航系统回到自己的巢穴,这些能力从来没有其他蜜蜂教过它。织巢鸟天生就会衔草根和其他东西,构造出非常精美的鸟巢(见图1-15),并以此来吸引异性。园丁鸟更是会搭建像人类茅草屋一样的窝,最绝的是还会把收集来的果品和花花绿绿的石子用来美化家园,这竟然是天生的!

松鼠自己知道在秋天的时候要多采一些松果埋起来,以备冬天的时候食用——它怎么知道冬天将要来临?许许多多例子都表明:知识是可以通过基因传递的,知识是可以从上一代直接遗传给下一代的。

可是,每一个人出生的时候,大脑的神经元连接几乎为零,连我们看见东西,都是学会的。先是眼睛产生光感,在大脑中形成初始连接,在这基础上再形成与明暗和色彩相关的连接,再逐渐形成线条、轮廓等连接,只有有了这些基础的连接,我们才能把在外界看到的东西在大脑中形成形象。可以说,我们看见东西,最主要的信息来自我们自己大脑先前建构的连接,这是匪夷所思的事实。初生小猫的视觉在3~8周是发展关键期,科学家把刚出生的小猫的左眼睛缝起来,过了关键期后拆线,发现大脑视觉皮层本来应该处理左眼睛送进来信息的地方没有发展,这只猫一辈子就成了"独眼龙"。这个实验说明猫看见东西也是"学"会的,虽然这个学习是自我学习,并不需要其他人来教,但是学习本质上来说都是自学,都需要外界的信息通过眼睛看、耳朵听、身体感觉来刺激神经系统,从而形成个体的知识,教师的作用只是作为学生外界信息的一个来源。对人来说,小的时候如果没有睡过摇篮,或者没有得到父母长时间的摇抱,那么因为前庭缺少刺激,长大后会晕车晕船。自闭症的原因谜团到现在还没有全部解开,从遗传角度来看有些人确实更容易得自闭症,但是自闭症都要在2岁以后才表现出来,有研究者就怀疑,很多自闭症孩子是因为在成长关键期,缺少关爱,比如孩子一个人躺着看毫无变化的天花板,看了几个月,大脑神经元连接就出现了问题,并且很难逆转。

实际上,我们每个人都经历了许多学习奇迹,只不过我们都认为那是平常的。皮亚杰做过一个十分著名的心理学实验。他找来一些5岁和7岁的孩子,做鸡蛋和蛋托实验。先把鸡蛋和蛋托放成图1-16左图的样子,问孩子们鸡蛋多还是蛋托多,所有孩子都回答一样多。然后把鸡蛋像右图那样放开一些,再问鸡蛋多还是蛋托多,5岁的孩子说鸡蛋多,7岁的孩子就嘲笑说,不是一样多吗?皮亚杰认为,可能7岁的孩子上学了,学会了数数。然后,他又做了一个水杯水守恒的实验(见图1-17)。

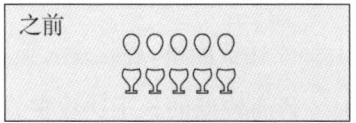 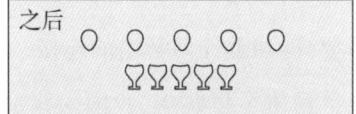

图1-16 鸡蛋和蛋托实验

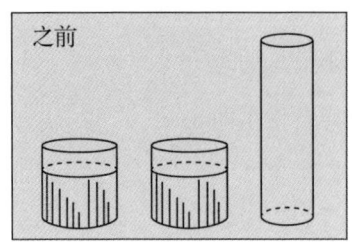 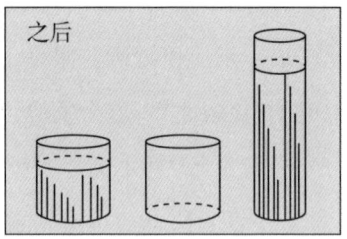

图1-17 水杯水守恒实验

他拿出两个相同的玻璃杯,盛入一样多的水,问小朋友哪个杯子的水多,孩子们说一样多。然后当着孩子们的面,把其中一杯水全部倒进一个高而细的玻璃罐里,再问哪个杯子的水多。结果5岁的孩子都说高的那个水多,而7岁的孩子则嘲笑说,不是同样的水吗,当然一样多。显然,5岁的孩子没有守恒的概念,而7岁的孩子已经拥有了守恒这个抽象的概念。我们每个人都经历了这个过程,但是我们都遗忘了。

那么问题来了,我们在人类大脑神经元随年龄的变化图(见图1-6)中看到,14岁的孩子大脑神经元树突、轴突的丰富性远不如6岁的。如果进一步观察成年人,大脑神经元树突、轴突会更少,就是因为我们反复学习某些知识并成为某些方面专家的时候,就会把更多的连接用到我们认为重要的东西当中去了,我们对于一些认为不重要或者不正确的其他东西视而不见,这导致很多人年龄越大,发现问题的能力越低。

总之,学习的代价从大脑这个层面来说,就是因为大脑的资源有限产生的:大脑是一个高耗能的器官,一般情况下,它要消耗我们人体25%的能量,再加上任何新增的连接,实际上都要耗费能量,还耗费大脑里面的化学物质。早些年,我国一些贫困地区智商较低的孩子比较多,甚至无法完成义务教育阶段的学习任务,主要原因就是营养不良,大脑里缺乏连接需要的基本物质。可以想象,如果大脑能量不足,或者大脑中没有形成突触所需要的稳定物质,孩子的基本学习就无法实现,这不是一个人通过自身奋斗和刻苦学习能够克服的。

　　学习时大脑需要付出的代价告诉我们,低龄的孩子需要在学习一段时间后进行休息。比如,下课十分钟去运动一下再开展下一阶段的学习,其主要作用就是通过活动和休息,让孩子的大脑里再次补充神经元连接所需要的能量和物质。否则,老师讲再多东西,如果孩子的大脑里无法形成连接,学习还是不会发生。

学习的代价(二)

学习促进人的社会性发展,并在社会关系的构建中形成独特的人格,实现自身的价值。但是这也是有代价的,我们也经常被各种各样因学习引起的问题所困扰。

学习发生在各种社会结构当中,并对相应的社会结构产生反作用。每一种社会结构都有其局限性,通过学习,这种局限性就会在每一个人身上得到反映。有趣的是,身处其中的人一般都无法发现其局限性。纵观人类历史,也曾出现过像蚁群一般的社会结构——人是工具,自由意志被牢牢控制,奴隶社会就是如此。有怎么样的大脑结构,就会有相应的社会结构,不管这个大脑天生不会思考,还是这个大脑是通过后天教育所成。哪怕在现代社会当中,我们学习的内容也常常印刻了偏见和无知甚至错误,只要你学习,就无法避免,一旦中招,往往无法自拔。恐怖分子利用人体炸弹去制造恐怖事件,许多当事人自愿赴死,而且充满了神圣感,可以说这种"洗脑"式的学习是人类难以承受之重。

很多时候,教育会塑造十分相同的大脑结构,这是学习的另一个代价。过去很长一段时间里有关脑科学的许多知识,现在发现是错误的。比如,脑科学家观察人的大脑后曾经得出结论:人的左半球大脑主管理性,负责语言、逻辑分析、推理、抽象、判断;人的右半球大脑主管感性,负责直觉、情感、图形知觉、音乐、想象、灵感。直到出现了一个叫米歇尔的女人,她只有右半球大脑,她的左边大脑根本没有发育出来,但她并不是需要依靠呼吸器才能存活,相反,她有一份兼职工作,谈吐正常,喜欢阅读、看电影,而且有超乎寻常的计算能力,神经学家用大脑扫描仪器检查后才发现她是没有整个左半脑的人。这个时候我们才明白,所谓的左半脑右半脑功能区分,只不过是因为我们每个人生活成长的经历实在太相似了,造成大脑使用和开发的相似性。如果有完全不同的经历,也许大脑分区情况会完全不同。这个情况让我们警惕,大脑的可塑性是有两面性的,学习一方面开发大脑,另一方面也可能限制大脑。在工业革命背景下产生的学校班级授课制,其流水线式的教学流程和板块式的教室布局,目标是要把人培养成在流水线上工作的重复操作工,这在三四百年前也许是一种进步,因为这种学习方式效率比较高,能让一个人在流水线的某个岗位上一辈子重复劳动,并创造价值。几百年过去了,社会进步了,我们的教育却已经习惯了这种教学方式,当我们每一个人依然在这样的教育流水线上塑造大脑的时候,会不会心存恐惧?

教育家皮亚杰指出:"教育的目标不是去增加知识的数量,而是为孩子的发明和发现创造可能,塑造能做不一样事情的人。"这句话特别适合人工智能时代的教育变革,我们的教育之所以难以改变,主要就是因为我们的大脑已经被格式化了,传统的班级授课制看上去效率很高,成本又很低,但是,我们付出的代价可能是培养了一批无趣又无用的机器。

当前,教育最突出的问题是中小学生课业负担过重,全社会陷入了教育"内卷",难以自拔,学生们付出了沉重的学习代价。可是我们大多数人认为:学习的代价很大,但不学习的代价更大。这个判断很大程度上是正确的,但关键问题是在价值观上出现了偏差。学习的社会性本质是为了创造价值,这个价值是为了人的幸福,这个幸福不仅仅是未来目标,也是学生现阶段当下的幸福,孩子们在学习阶段拥有幸福学习的能力,将来才会真正拥有幸福生活的能力。

教育行业中很多问题的根源在于社会,同时,教育是改变社会最重要的力量,教育系统需要承担起引领社会变革的责任。减轻学生过重的课业负担,不是要弱化学校教育,而是要强化学校教育,让学校教育更加专业、更加科学。学校要回归"学习本质",就是要把学生过度的知识学习转变为能力的培育和素质的提升,学校要用科学的教育理念引领学生学习的方向,革新学生的学习过程,让学生学会努力奋斗,在刻苦学习中体会到成长和成功的幸福。

文化学科类培训机构之所以在一段时间里野蛮生长,主要原因是学校"减负"而校外"加负",教师不能把握教育教学的规律,评价方式又没有跟上。在家长普遍焦虑的情况下,培训机构乘虚而入,形成了十分奇怪的逻辑——要是你在培训机构没有学好,那就证明你还需要接受更多的培训;要是你在培训机构学好了,那就更能证明接受更多的培训具有价值。经济合作与发展组织(OECD)开展的PISA测试表明,课外培训和学生学习成绩之间没有相关性。也就是说,课外培训在群体层面上来讲基本是没有用的。那么培训机构的逻辑是怎样的呢?许多培训机构大量招收学生,通过不断地考试淘汰,最后选出所谓的精英班集中教学,高收费,承诺不进好学校全额退费,结果这些精英班的孩子还真上了好学校,从而让家长深信培训的功效。实际上,成绩好的孩子本来不参加培训就能够考上好学校,成绩差的孩子参加了培训还是考不上好学校,这是普遍的情况。但是有了校外培训机构这个影子教育系统,孩子们付出了更多的课余时间,家长们付出了巨额的培训费用,资本方赚得盆满钵满。这个学习的代价是到了破题的时候了,义务教育的"双减"就是开始。

身体与认知

科幻小说《三体》中最精彩的一段是关于人类向三体世界送去了云天明的大脑,最后拯救了人类的故事。科技到了三体世界的程度,确实是可以用一颗大脑来恢复所有的东西——包括身体和云天明对于地球世界的认知,但是这颗大脑必须是已经形成了知识和价值观的大脑。大脑可以说是人最重要的器官,但是人显然不仅仅是大脑,大脑是和身体同步进化的,没有身体就不会有大脑。身体是大脑的容器,同时也是大脑信息、能量的来源,是大脑实现其思维功能的工具。古希腊人把人的身体看作存放思想的寺庙,他们已经认识到了头脑健康与身体之间的联系。

人的神经系统由中枢神经系统和周围神经系统两大部分组成。中枢神经系统包括脑和脊髓,周围神经系统包括脑神经、脊神经和内脏神经系统,身体本来就是一个布满神经网络的奇妙世界。从生命进化的历程来看,刚开始的多细胞生命体可能只有一个食道,根本没有大脑,那个时候就有了基本的神经反应,来让自己吃饱。在我们身体里,食道的这种基本的神经反应依然是存在的,虽然不算思考,但确实是一种神经活动。加上我们人体里亿万个细胞都是由同一个受精卵不断分化而来,因此每个器官中的细胞虽然形态不同、功能不同,但是确实有着天然的关联。学习是大脑神经元的连接,但人的认知绝非仅是大脑有功劳,而是整个身体共同努力形成的。如果身体不重要,生命进化早就把身体淘汰了。

从认知层面上看，身体动作帮助我们的头脑了解世界是如何运作的。我们每个人实际上有三个身体：一个是物质上的身体，由细胞组成；一个是自我感觉存在的身体，在我们自己的大脑之中；还有一个是在别人大脑中的形象身体（相应地，在你的大脑里存在着别人身体的形象）。这三个身体交互作用，形成了我们对世界最基本的认识。我们在学习爬行和走路的时候，就是在了解我们的身体，也在通过身体了解我们的世界。科学研究发现，在婴儿学会走路之前，把他们放进学步车里，不仅会延迟运动发育，而且还会延迟他们的认知发育。从进化进程来看，人是先学会直立行走再学会使用工具的，在孩子应该爬行的时候提早让孩子使用工具学习走路，甚至会造成孩子未来的多动症。因此，2004年加拿大对婴儿学步车下了禁令，非法持有会被处以高达10万加元的罚金或6个月的监禁。

一旦我们学会了某个表情或者动作，大脑和这些表情及动作就形成了关联。比如，我们不开心的时候，如果做出微笑的动作，心情就会愉悦一些。大脑用身体来表达情绪，而情绪的表达本身又会反作用于大脑。为什么我们在没有人的情况下打电话还要使用手势？就是身体对于大脑里的思维产生了自动关联反应。身体和头脑之间的紧密联系也是音乐天赋和数学天赋总是同时出现的原因，这是因为在幼儿时期，我们学习数字的时候真的需要依靠手指来辅助，结果手指与数字在大脑中拥有了相同的神经实体。

这种情况在许多认知过程中反复出现。比如，练习书写字母能够帮助孩子阅读；当你的身体可以跳出常规时，你的思想也会冲出条条框框；甚至当有些人用肉毒杆菌消除脸部皱纹的时候，心情也会发生重大改变。肉毒杆菌是一种毒性很强的细菌,能使肌肉暂时麻痹,从而消除皱纹。科学家用它做了一个抑郁症患者的对比组实验,一组注射肉毒杆菌,一组注射安慰剂,为了避免心理暗示,实验对象和打针者都不知道谁打了肉毒杆菌,只有科学家知道。在第一次治疗的6周后,那些接受肉毒杆菌注射的人的抑郁症状(如悲伤、绝望、负罪感)的程度平均减轻了47%,而且在整个实验过程中,这种积极的效果一直持续保持。而那组接受安慰剂注射的患者并没有表现出同样显著的改善,他们的抑郁程度在整个研究的过程中都保持平稳。肉毒杆菌的作用对改善容颜有积极作用,而容颜改变竟然能够对抑郁产生如此重大的影响,可见身体对于大脑的影响实际上是巨大的。

身体行动与认知之间还会产生深刻的互动作用。比如,笔者学习中国书法,在刚开始练习的三周里,对自己的字十分满意,但是一年后再看那些字的时候觉得实在太差了。请注意,练习书法以前,笔者也曾浏览过大量名家的书法作品,但是只有长时间身体力行地练习,才能够真正体会到书法之美。相信很多人也有类似的经历。

运动也是如此。经过专业训练的运动员,往往更能感受运动带来的兴奋。一些高难度的体操或跳水运动,最后会形成所谓的肌肉记忆,实际上肌肉不会记忆,而是大脑和肌肉之间形成了一种默契,把复杂的技巧变成了自动化的脑活动。优秀的乒乓运动员能够对他们看到的来球情况或对手做的动作产生即时的反应,而不必通过思考来完成下一步的动作,他们在真实做出动作之前就在脑中潜意识预演了即将发生的事。运动的好处还有很多。比如,最近科学家发现,老年人每周三次在跑道上走40分钟,一年后他们的海马体大小增加了2%,甚至到了晚年,锻炼还可以保护和改善大脑的结构。同样的情况在老鼠身上也得到了再现，运动的老鼠在大脑深处的海马形区域表现出了很多的新细胞增长，而海马体是产生新记忆的关键脑区。

身体运动与大脑之间的积极关系，与人类进化有关，因为在很长一段时间内，我们的祖先都是狩猎-采集者，他们需要翻山越岭来进行捕猎并收集坚果和浆果，或者快速逃跑以避免猛兽把自己吃了。运动既然能够促进生存，进化当然要奖励运动者，在大脑中产生令人愉悦的多巴胺了。别人对你好的时候你感到的温暖，暖暖的被子里的温暖，一个是社会性温暖，一个是物质性温暖，在大脑中竟然有相似的愉悦。我们身体受伤与在生活中受到伤害，也会产生极其相似的身体疼痛，这些都是生命长期进化形成的结果。许多身体部位有可能还有其他未发现的功能。诺曼·道伊奇在《重塑大脑 重塑人生》一书中讲到，瑞典的一位研究者吉士林在缅甸和泰国的一些海边发现，当地的苏录人不需要戴潜水镜就可以在海底看清东西，后来发现是苏录人学会了控制他们的瞳孔！瞳孔在海底一般会变大，但是苏录人可以自如控制瞳孔，甚至缩小达22%，而我们过去一直认为瞳孔调节是先天设定、天生的反射行为，是由大脑和神经系统自己控制的。

身体行为甚至会影响到人对事情的判断。比如，有研究发现，当人们把两只手绞在一起时，他们对于他人的道德评判会更加严厉，因为这个类似在水下清洁手部的动作会让大脑关联到对道德品行的净化上来。同时，大脑相近脑区对应的身体部位也会有十分神奇的关联。比如，做足疗为什么那么舒服？有研究指出，这是因为反应脚的脑区和反应生殖器的脑区互相靠得很近！(可参阅第98页图3-4)

值得指出的是，我们的身体表面和身体里，还有一群和我们共同生活的生命体，就是细菌（见图1-18）。在每一个人的身体中都有500~1000种不同种类的细菌，它们在成人体内总数可达100万亿个，比人体的细胞还要多得多！这些细菌并不受我们神经系

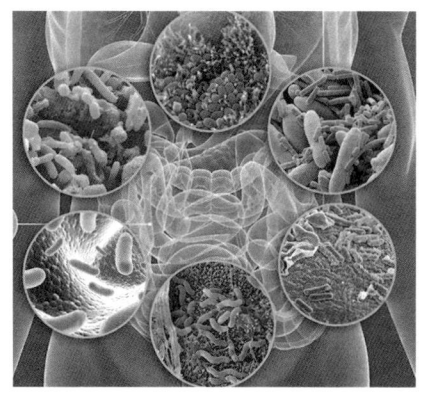

图1-18　肠道菌群

统的控制，它们有自己的反应系统，但是它们实际上已经成为我们身体的一部分，不可或缺。一旦这些细菌出了问题，我们就会不舒服，甚至生病。细菌可以没有我们，但是我们离开这些细菌肯定活不了。人体实际上是一个十分复杂的生态系统，从数量上来看，实际上是细菌在主宰我们人类，或者说是细菌千万年来一直真心诚意地伴随和帮助人类进化。

20世纪80年代，研究人员发现，维生素B_{12}可以帮助人体细胞产生能量、合成DNA、制造脂肪酸，但形成维生素B_{12}的酶必须依赖细菌才能生成。科学家在许多年前就知道，肠道内的细菌可以分解食物中某些难以消化和吸收的成分，但直到最近，他们才发现一个有趣的细节：在人体的共生细菌群落中，有一种细菌——多形拟杆菌能影响人的消化和食欲，它是一种最优秀的碳水化合物降解细菌，能够将许多植物类食品中的大分子碳水化合物降解为葡萄糖和其他易消化的小分子糖类。人体中没有基因可以合成降解碳水化合物的酶，而多形拟杆菌的基因能合成260多种消化植物成分的酶，从而帮助人体高效地从橙子、苹果、土豆、小麦胚芽等食物中提取营养素。

研究人员还发现，人体内的细菌群落与大脑关系十分密切。比如，抑郁症等精神性疾病与人体肠道细菌有关。研究人员从抑郁症患者身上取得了肠道细菌样本，再将其转移至实验动物中，发现实验动物有明显的抑郁迹象，这说明肠道细菌对人的情绪和行为有一定影响。目前，一些精神科医生已经建议抑郁症患者服用益生菌，以获得更好的心理健康状况。

记忆的奥秘

记忆是学习的核心,因为记忆既是学习的方法,也是学习的结果,可以说,没有记忆就没有学习。记忆至少包含了两个部分的内容:一是"记",就是对脑外信息通过感觉系统进行编码并在大脑中形成"印迹(engram)",印迹这个概念是1904年记忆理论学家理查德·西蒙首次提出的;另一个就是"忆",就是对在大脑中的记忆印迹进行提取。

科学家往往把记忆分为三种情况:一种叫瞬间记忆,实际上就是感觉,谈不上记忆;另一种叫短时记忆,大概发生在一分钟之内;第三种叫长时记忆,时间可以从几分钟到终身。

短时记忆主要发生在人脑中部的海马体(见图1-19)。1953年,27岁的美国人亨利·莫莱森为了治疗癫痫症,切除了大脑中2/3的海马体。令主持手术的外科医生感到震惊的是,这次手术摧毁了莫莱森产生新记忆的能力,而他原来的记忆则保留了下来。

后来科学家逐步发现,海马体主要负责短时陈述性记忆和空间定位。短时记忆的容量是有限的,通常为5~9个单位。比如,如果你记数字,一次能记5~9个数字。当外界刺激作用于神经回路的某一部分时,回路便会产生神经冲动;当刺激停止时,这种神经冲动不会立即停止,而是继续在回路中往返,

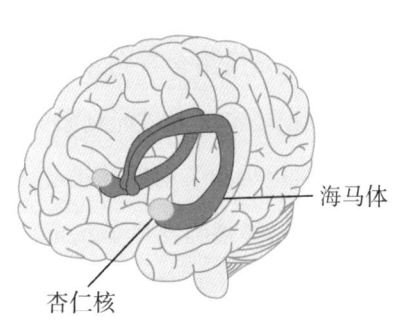

图1-19 海马体和杏仁核

延续短暂的时间后才停止：这就是短时记忆的生物学基础。

很长一段时间里，研究记忆一直缺乏有效的实验手段。到了2005年，斯坦福大学的神经生物学家爱德华·博伊登和卡尔·代塞尔罗斯发明了光遗传学技术。他们第一次把绿藻所具有的光敏感通道蛋白表现在神经元里，发现可以用蓝光准确控制活化神经元的时间。他们用一个病毒作为载体，将一个光敏感通道基因插入单个脑神经元中，确保只有那些近期形成记忆的神经细胞才能产生光开关基因，并可以通过仪器追踪到这些发光的细胞。2012年，日本科学家利根川进的团队利用这个光遗传学技术追踪到了一段恐惧记忆印迹的存在：把一只小鼠放置在一个墙壁图案和地板纹理都十分独特的"房间"里，无论什么时候把小鼠放进去，它都会受到一阵外加的电刺激。后来只要把这只老鼠放进这个房间，即使没有电击，它也会产生典型的恐惧反应。研究人员识别出海马体的一组细胞会主动激活光开关基因，表明这些细胞与恐惧记忆有关。为了证实这一点，科学家把一条光纤穿过海马体，对准这些细胞，当他们打开光刺激，即用节律性的蓝光刺激海马体时，小鼠同样会出现恐惧反应，就像回放了一遍被放入"恐怖房间"的记忆。这是"印迹"存在的第一个证据——由数百个细胞组成的区域在受到刺激时会回放记忆。接下来，研究人员采用含有光开关基因的病毒感染前额叶皮层细胞，他们发现，这段记忆也能通过光刺激前额叶皮层细胞而激活。这表明，印迹似乎也同时上传到了前额叶皮层。这时，把这些小鼠再放入电刺激房间，却只有海马体细胞发生了发光现象，而位于前额叶皮层的那些细胞却十分沉寂。在几个星期之后，当小鼠再被放入电刺激房间时，前额叶的那些细胞才又重新被激活。与此相反的是，此时海马体的记忆印迹已经开始消退。因此，短时记忆向长时记忆转化过程中，首先会在前额叶皮层形成一段静默的拷贝，通过不断复述和提取，海马体的记忆印迹被逐渐抹去，而前额叶皮层神经元之间突触不断得到加强，长时记忆才被逐渐巩固下来。

巩固记忆的另一个关键是，前额叶皮层需要同时接收来自海马体和杏仁核的信息输入。杏仁核是大脑的情绪中枢，当研究人员切断其中任意一方的神经信号输入时（还是采用光控制技术来研究），前额叶皮层的记忆就无法巩固下来。显然，海马体提供的是记忆编码，而杏仁核提供的是要不要把编码长时间记住的指令。

从内容角度来看，记忆可分为陈述性记忆和非陈述性记忆（也称"程序性记忆"）两种。陈述性记忆是指客观事实、原则、方法、定义等知识性和语义性的记忆，主要是通过听说读写来实现信息输入。比如，记忆手机号码、学生考试内容等。有意思的是，成熟的阅读者的短时记忆以听觉编码为主，哪怕是通过阅读得到的视觉信息，海马体也会将视觉刺激加工处理成听觉代码，并以听觉方式储存。非陈述性记忆则是指大脑能在不自觉的情况下自动执行既定步骤。比如，弹钢琴、骑自行车、做广播操、学习驾驶等。与记忆相关的脑区和神经回路见图1-20所示。显然，非陈述性记忆需要通过实践才能形成记忆，要学会弹钢琴，光靠背诵乐谱而不去真实练习，是没办法弹出美妙乐曲的。

记忆能力强显然对学习十分有利，但是记忆能力强并不代表这个人一定会特别有创造力，人的创造力主要在于大脑印迹的与众不同和对于学习到的知识提取后独特的处理方式，甚至你所拥有的知识并不取决于你记得多少，而在于它们能否在恰当的时间被提取出来，并能得到合理

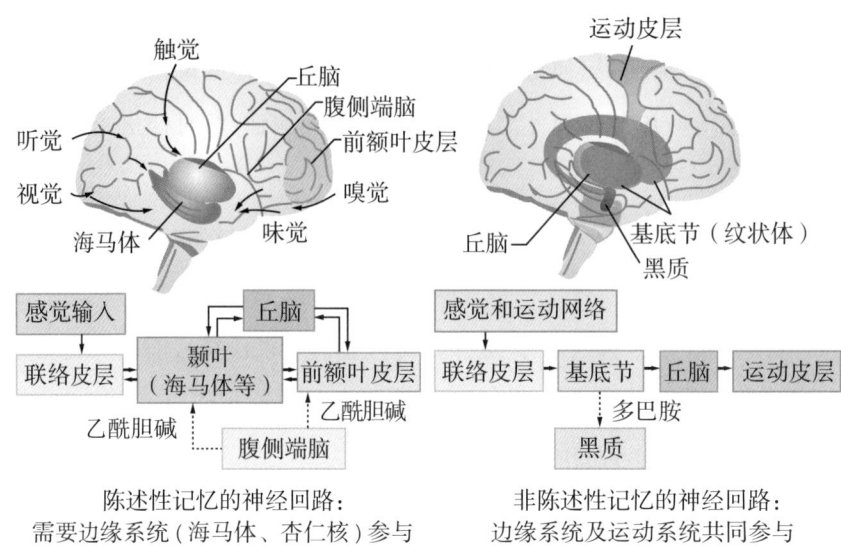

图1-20　陈述性记忆和非陈述性记忆的差异

应用。科学家认为,人的大脑里存在一种"转换开关",就是被称为"测错仪"的神经元,它是大脑内部的一种"预防机制",具有某种压制"天才表现"的功能,不让人们的日常行为举止偏离常规。每当人们脑子里出现一个新想法时,"测错仪"就进入"这不允许"的制约状态,使自己觉得这种想法没多大意思,从而断了创新的念头。这实际上是进化让大脑形成了一个自我保护的惯性——正常人的脑结构只要保障其思维、运动和爱就可以了,创新可能会给自身带来不可预测的麻烦。一旦这个制约机制出了毛病,或者受到外来损害,那些稀奇古怪的念头就会涌现出来,这个人就可能成为天才,也可能出现神经错乱。关于学习和创新的问题,在第六章会专门进行阐述。

当然,拥有超强的记忆力总是许多人梦寐以求的,那么如何能记得住、记得牢呢？这显然是有方法的。

许多痴呆症患者的海马体是受损的，因为患上痴呆症的原因之一就是脑栓塞等引起大脑供血不良，而海马体最害怕缺血，一旦缺血，大脑中最先受损的就是海马体。人们发现，老年痴呆症的第一个表现就是记忆力障碍。研究表明，学习者的海马体每天都有新神经细胞产生，哪怕是老年人也是如此；另外，经常进行有氧运动，促进脑供血，也能促进记忆能力的提升。因此，对提高记忆能力的第一条建议，就是坚持不断学习和进行适当运动。

短时记忆对信息的编码方式主要是听觉编码和视觉编码，因此，短时记忆最有效的是复述策略，这包括机械复述和精细复述。机械复述就是死记硬背，而精细复述是一种记忆技巧。比如，记忆1、0、0、1、1、9、4、9这八个数字，机械复述就是不断地简单重复这些数字，而精细复述则是赋予其意义。比如，可以联系"1949年10月1日是新中国成立的日子"这一事实进行记忆。因此，对提高记忆能力的第二条建议，就是赋予信息一定的规律。很多时候还可以借助图像来帮助进行短时记忆。《最强大脑》节目中有一些选手拥有令人震惊的短时记忆，实际上普通人通过训练也是可以实现的。比如，要记住一副扑克牌，前期只要把每张扑克牌赋予特殊的图像编码，比如把草花A、K、Q、J记成唐僧、孙悟空、猪八戒、沙和尚，依此类推，完成编码训练后，每天进行半个小时左右训练，练习把杂乱无章的排序编成一个故事，一个月后就能记住整副无序的扑克牌。

大家都非常熟悉艾宾浩斯记忆遗忘曲线，记住的东西一直不用，就会产生遗忘，其原理就是某些突触被其他新的印迹占用了，或者提取过程出现了障碍。因此,对提高记忆能力的第三条建议,就是要适时提取相关知识。当然,主动回顾知识的方法不同,在增强记忆的效果上存在差异,比较好的办法是讲给别人听,或者画一幅概念图,或者整理一段笔记。长时记忆对信息的编码主要是语义编码和表象编码,因此,赋予知识意义,或者应用这些知识将之付诸实践,或者通过归纳总结形成系统性知识,对长时记忆都特别有效。

第二章
万物进化

"逝者如斯夫,不舍昼夜。"

——《论语·子罕》

学习的进化

来源:第二十届中国远程教育大会

时间:2021年10月

进化三大定律

"进化"一词英文是"evolution",起源于拉丁文的"evolvere",原意是将一个卷在一起的东西打开,意指事物的生长、变化或发展。严复在翻译英国生物学家赫胥黎的《进化与伦理》时把书名译为《天演论》,实际上他把"evolution"翻译为"演化"。物竞天择是达尔文进化论的核心,生物在繁殖下一代时,会出现基因的变异。若这种变异是有利于这种生物更好地生存的,那么这种有利变异就会通过环境的筛选,以"适者生存"的方式保留下来。1859年,达尔文的《物种起源》出版时,震动了整个学术界和宗教界,强烈地冲击了《圣经》的创世论。对达尔文的物种进化理论,我们不能简单地把它当成生命科学的研究成果,它更是思想领域的里程碑。因为,现在看起来,不仅仅是物种在进化,整个世界都在进化,物质在进化,生命在进化,人类的文化在进化,学习也在进化。

为了更好地阐述学习的进化,笔者对进化的特征进行了凝练,总结出万物进化的三大定律,可以说,所有进化都是遵循这三大定律的,其规律性反复为实践和事实所证明。

进化第一定律:在一个开放系统里,事物会出现越来越复杂的情况,在复杂基础上又会出现新的复杂。这个定律说的是进化的方向性,可以称为方向性定律。

开放系统是指与外界环境存在物质、能量、信息交换的系统。这个定律与热力学第二定律有关。热力学第二定律有三种表述。表述1:热量不能自发地从低温物体转移到高温物体。表述2:不可能从单一热源取热使之完全转换为有用的功而不产生其他影响。也就是说,永动机是不可能造出来的。表述3:在自然过程中,一个孤立系统的熵不会减小,这就是熵增原理。这三种说法看上去很不一样,但在物理学里说的是同一个意思,只不过表述1是从热传递的方向角度说,表述2是从能的转化角度说,表述3是从系统的混乱度角度说。因为进化和事物的复杂性有关,所以,研究进化,熵增原理就不能回避。熵是一个物理量,是一个体系混乱度(或无序度)的量度。举个例子,我们把一块盐巴放进一杯水里,一定是盐巴溶解到水里,最后盐分子基本均衡地分布到整杯水里,这个过程就是熵增加的过程。一般来说,系统的平衡态就是系统内个体最混乱的时候,也就是熵最大的时候。从道理上说,盐分子在水里做无规则运动,可能在某一个时刻同时出现在一个地方——又变成了一块盐巴,但是熵增原理告诉我们,这个情况永远不会发生,除非你用火加热水,当水蒸发光了,盐巴又回复到可见的固体状态。但是这杯盐水显然不再是一个孤立系统了,也就不再遵循熵增原理。而盐水结晶这个情况告诉我们,在一个开放系统里,熵是可能出现减少的。

麦克斯韦曾经设想过一个理想实验。在一个温度均匀的充满空气的容器里,每个分子的运动速度是不均匀的,然而任意选取部分的大量分子的平均速度几乎是完全均匀的。这个时候假定把这样一个容器分为A和B两部分,在分界上有一个小孔,再设想在小孔旁有一个能见到单个分子的妖怪,这个妖怪能打开或关闭那个小孔,使得只有快分子从A跑向B,而慢分子从B跑向A。这样,它就在不消耗功的情况下,使得B的温度提高,A的温度降低,从而导致与热力学第二定律发生矛盾。不过,好在科学家证明这个妖怪需要付出巨大能量才可以完成上述工作,因此这个麦克斯韦妖的盒子系统就是一个开放式系统——需要源源不断的能量供给(见图2-1)。

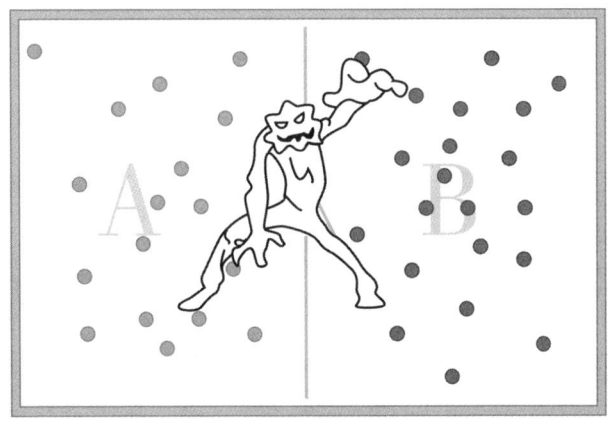

图2-1 麦克斯韦妖理想实验

这个实验实际上呈现了一个逆熵的过程,原来一个盒子里的气体是分布均衡的,哪里都一样,很简单。这个妖怪一番神操作后,变成两边温度不一样,其结构变复杂了。生命从单细胞到多细胞,大脑从网状神经到神经中枢,文明从语言到文字,社会从族群到国家,都是一个从简单到复杂的过程。这个复杂化就是由少到多,由均衡到分区,从单维到多维。

进化第二定律:每个新进化都包含且重复前期进化成果的全部,进化的历程是具有可观察性的。该定律可以称为重复性定律。

宇宙从一个奇点大爆炸开始,从只有能量到出现质子、中子、电子等基本粒子,再到出现更复杂的元素、星球、星系,直到我们生活的这个高度文明的世界,所有进化过程中出现的东西,都可以看到,或者终究会被看到。比如,生命进化经历了从单细胞生物到多细胞生物,到腔肠动物、节肢动物、爬行动物,再到哺乳动物这一过程,在我们这个世界里,这些物种形态基本都保留着,有些还存活着,有些则在地层的化石里。

有一个理论,叫胚胎重演论,就是说胎儿的发育过程会重演生命进化成人类的全过程。从一个受精卵开始,逐步分裂,渐渐长成类似蝌蚪或小鱼的形状,然后再长出四肢,最后尾巴渐渐退化(如图2-2)。

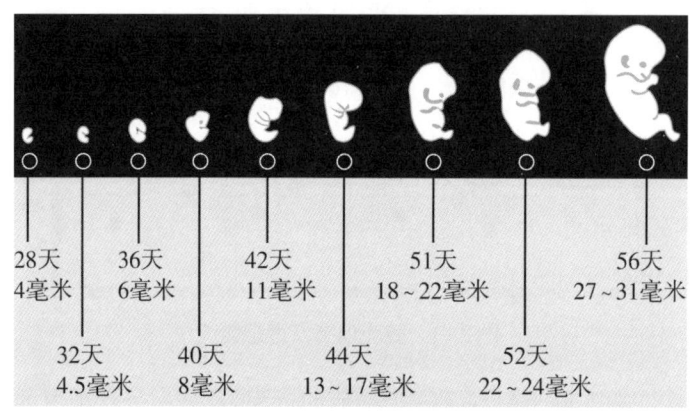

图2-2 胎儿发育过程

比较水生动物和陆生哺乳类动物胚胎的演变过程(如图2-3),我们可以在某些阶段找到极其相似的特点,这让我们确信,人类真的是从水生动物到陆生动物,并逐渐与其他动物分道扬镳演变为哺乳动物,进而演变成了我们现在的样子。

进化第三定律:进化是"进化量子"和环境共同作用的结果,进化不是进步,充满了不确定性。这个定律可以称为不确定性定律,正因为具有不确定性,才有了进化的可能。这里讲的"量子",不是单指物理学里的量子概念,而是一种广义上的量子概念,后面会有阐述。

量子力学是20世纪最重要的科学发现之一,是描述原子尺度微观物质的理论。1900年,德国物理学家普朗克在解释黑体辐射不同寻常的实

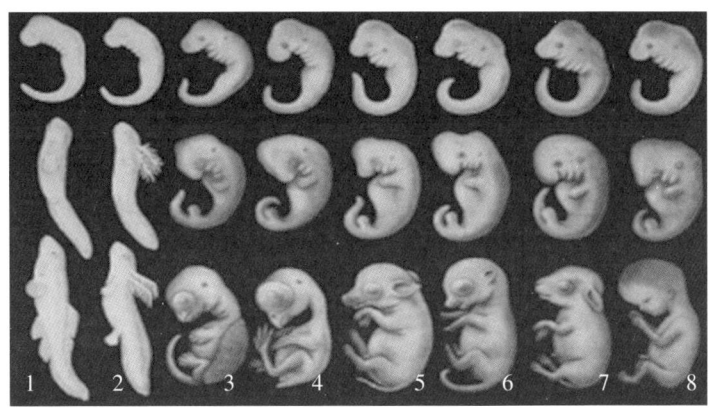

图2-3 不同动物胚胎演变
（1.鱼；2.蝾螈；3.乌龟；4.鸡；5.猪；6.猴；7.兔；8.人）
（来源：左晓敏、宋香锁主编，《生命乐章——生物进化》，山东科学技术出版社，2016）

验结果时，假设黑体辐射中的辐射能量是不连续的，只能取能量基本单位的整数倍，他把这一份份的能量称为"量子（quantum）"。几年后，爱因斯坦在研究光打在某种金属表面会打出电子的现象（光电效应现象）时，把光看成一份份的量子，取名光子，成功地解释了光电效应。后来的研究表明，不但能量表现出这种不连续的分离化性质，其他物理量诸如角动量、自旋、电荷等也都表现出这种不连续的量子化现象。

玻尔在解释氢原子光谱的时候，首次清晰地描述了量子的特征。大家知道，氢原子核外只有一个电子，氢原子在受激发的时候（比如点燃氢气）通过核外电子运动的变化会发出某种光，但是如果在棱镜下把发出的光分解成不同波长的光时，就会发现氢原子光谱是一系列不连续的光谱！这一现象用传统物理学理论根本无法解释。氢原子光谱和其他物质光谱的比较见图2-4。

玻尔借鉴了普朗克和爱因斯坦的量子思想，认为氢原子的核外电子

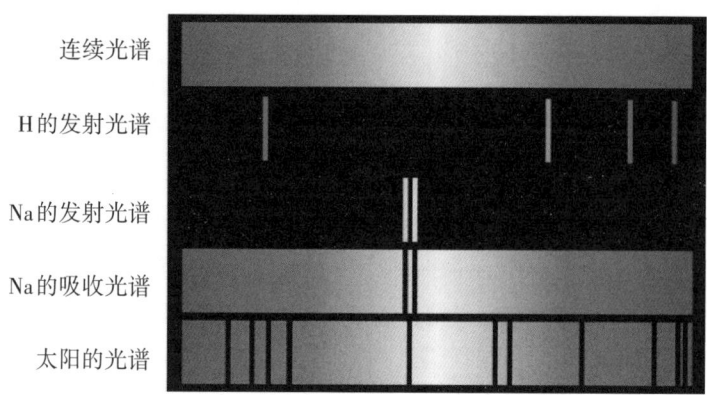

图2-4　氢原子光谱和其他物质光谱比较
（来源:《物理》(甲种本),人民教育出版社,1983）

只能在一系列不连续的轨道上运动,当这个电子从能量高的轨道"跃迁"到另一个能量低的轨道上时,跃迁过程中会释放出一个光子,而这个光子能量刚好是这个电子在两个轨道之间的原子能量差,如图2-5。注意,这个量子化是一个空间上的量子化导致的光子能量的量子化,电子只能在这些特殊的轨道上运动,就好比杯子只能放在桌面上或者掉在地上,在桌子和地面之间杯子是没法稳定住的。当然,后来的研究发现,玻尔的氢原子量子理论只是在解释氢原子的时候很成功,对其他原子的情况根本解释不了,这说明这个理论是不完整的。虽然量子理论比较复杂,甚至难以理解,但是其基本思想就是起源于此。我想在下一节"物质的进化"当中更好地阐明量子效应和环境的耦合效应。

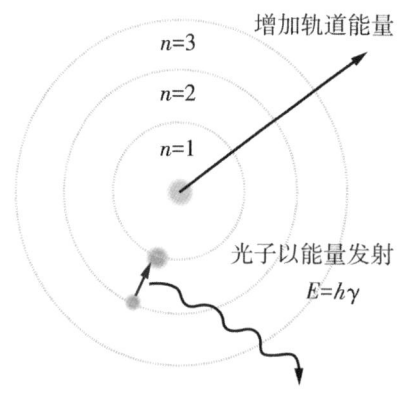

图2-5　氢原子核外电子量子化轨道

物质的进化

说起来真的难以理解，在138亿年前宇宙大爆炸没有发生的时候，没有我们这个世界，当然也就没有任何物质，甚至时间、空间都没有。宇宙大爆炸不是说一个奇点拥有了所有的能量和所有质量，突然爆炸后这些能量和物质由奇点向外抛射，如果是那样，就和一颗手榴弹爆炸没有不同了。宇宙大爆炸前什么都没有，这个奇点只是表示开始的那个点，从无到有，创造了一切，包括时间、空间和物质、能量，以及各种物理规律，并逐步演变成我们这个世界现在的样子，而且宇宙的膨胀现在依然在加速进行中。

为什么我们在这个不起眼的小行星上发现的物理定律，却适用于宇宙的各个角落？主要原因就是世界上的一切都是源于同一个起点，遵循同一个逻辑演化而来的。最关键的是，由于光速有限，我们在地球上任何时候向宇宙的各个角落观察，看到的都是宇宙的历史。太阳光传到地球需要8分钟时间，也就意味着我们在地球上看到的是8分钟前的太阳；仙女座星系是距银河系最近的大星系，距离地球有254万光年，我们在地球上看到的仙女座星系实际上是254万年前的样子。2015年9月14日，激光干涉引力波观测平台的两个探测器同时观测到一个引力波瞬时事件，两个分别为29倍太阳质量与36倍太阳质量的黑洞合并成一个62倍太阳质量的黑洞，损失了3个太阳质量，这件事发生在距离我们约为13亿光年的地方，也就是说我们看到的是约13亿年前的事件，或者说看到的是约13亿年前宇宙的状况。

这种情况告诉我们,人类只要有足够好的望远镜,就可以通过观察不同远近的太空星体来了解宇宙的整个历史。也正是通过这个办法,科学家发现所有的星体都在加速远离,甚至可以观察到大爆炸逐渐冷却后在宇宙留下的背景辐射。现在宇宙学理论已经可以还原大爆炸发生一刹那后开始的物质演变过程:

- 10^{-43}秒,宇宙爆炸,此时的温度高达10^{32}摄氏度;
- 10^{-35}秒,大一统作用力崩解;
- 10^{-9}秒,电弱对称崩解,此时的温度是10^{15}摄氏度;
- 10^{-3}秒,夸克开始凝聚,中子与质子出现,此时的温度是10^{14}摄氏度;
- 3分钟,质子与中子开始凝聚成稳定的原子核;
- 30万年,电子开始凝聚在原子核周围,第一个原子出现;
- 30亿年,第一个类星体(quasi-stellar)出现;
- 50亿年,第一个星系出现……

需要说明的是,在宇宙大爆炸后产生了基本能量和基本物质,同时也形成了4种基本的作用力——万有引力、电磁相互作用力、弱相互作用力、强相互作用力。如果没有这些作用力,或者力稍微有些不同,那么宇宙就完全不会是我们现在这个样子。图2-6总结了人类目前所认识的世界的时空尺度。

对物质世界而言,有三个层面的东西:一是基本粒子;二是元素单质,由基本粒子构成;三是各种物质,由原子构成。基本粒子在大爆炸非常短的时间里就产生了,是构成原子和物质的基础,目前给出了62种基本粒子,像中子、质子、电子都是基本粒子,它们是十分稳定的基本粒子。

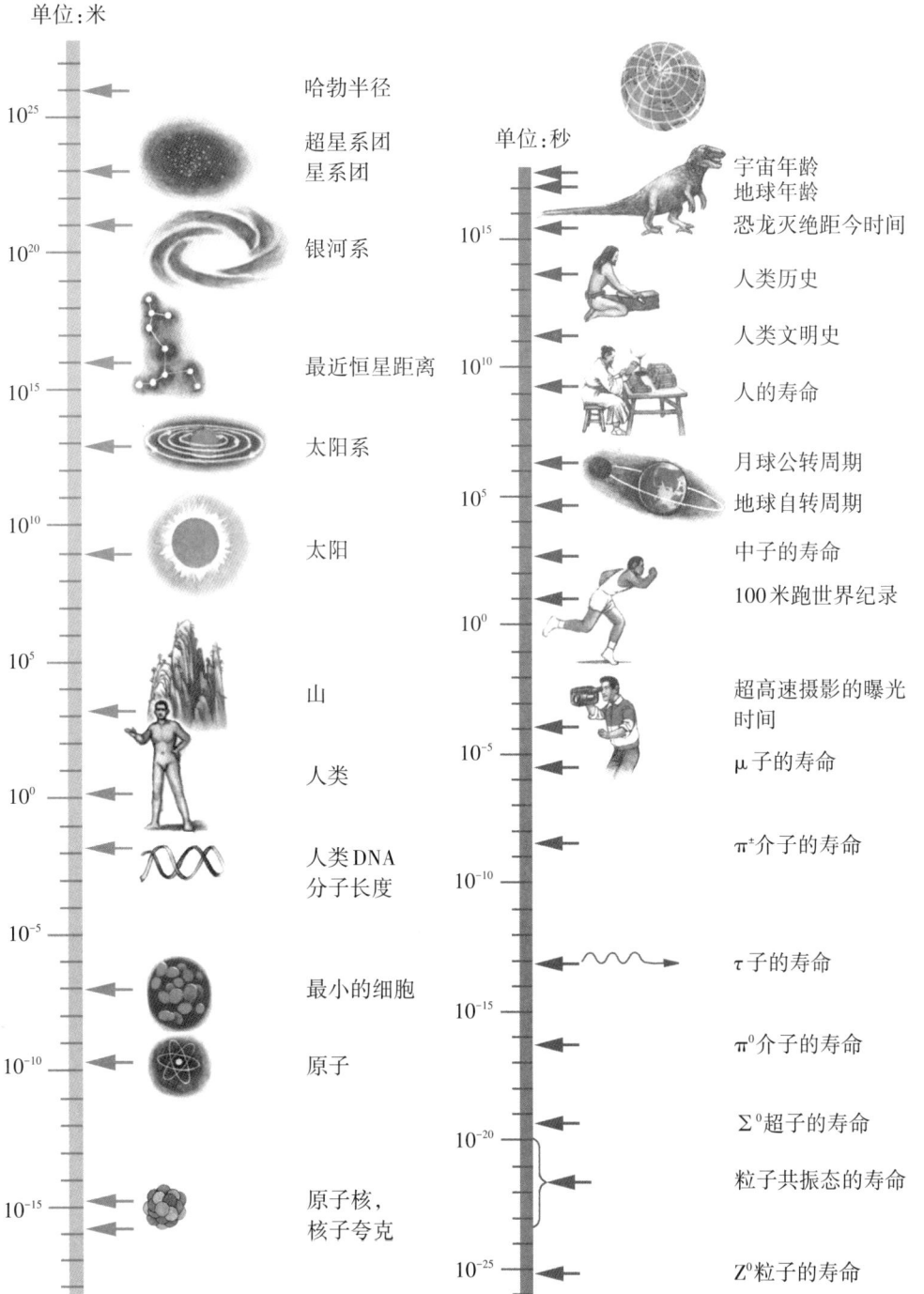

图2-6 人类目前所认识的世界的时空尺度

其他很多基本粒子寿命很短,有些我们现在观察到的基本粒子,是在实验室里通过高速碰撞发现的,可以说是再现了宇宙大爆炸后发生的情况。

而质子和中子组成的原子核,与核外电子一起构成了单质元素,如碳、铁、金等元素,目前总共发现了118种元素。原子核里质子和中子的作用力是强力,核外电子和原子核之间的作用力是电磁作用力。单质元素到现在还在源源不断地通过恒星碰撞、超新星大爆炸等事件被制造出来。2017年,科学家发现有两颗中子星碰撞并引发了巨大的引力波,在碰撞过程当中大量的基本粒子还会聚合重新生成金、银等元素向外喷射。单质元素通过化学反应可以形成各种化合物,并在此基础上形成各种各样的物体,如尘埃、岩石、人体。从理论上讲,宇宙中应该存在各种稀奇古怪的星球。比如,会有全部由水组成的星球,有全部由碳组成的星球,也会有全部由贵金属组成的星球(见图2-7)。

图2-7　3.7亿千米外的普赛克(Psyche)(又名灵神星,据说上面都是贵金属)

第二章 万物进化

当然,恒星是整个宇宙的主角,我们现在能在夜晚抬头看见的绝大部分是恒星,通过研究恒星可以比较清楚地看出物质进化的脉络。

大爆炸后,宇宙中形成了大量质子(氢原子核)并进而形成了氢分子云,经过几十亿年的碰撞和万有引力作用,它们凝结成了恒星,不同的恒星因其质量的不同而有全然不同的结局。质量越大的恒星寿命越短,最大质量的恒星寿命可能只有几百万年。质量是太阳的10倍或更重的恒星,会迅速反应并从中心开始冷却,由于没有足够的热量来平衡中心引力,就使整个星体向中心坍缩,这个时候外层面就会发生剧烈的爆炸,产生超新星,这个爆炸一方面向空间抛撒大量物质,另一方面进一步对坍缩的核心产生反作用力,导致核心物质不仅原子的外壳被压破,甚至连原子核也被压破。原子核中的质子和中子便被挤出来,质子和电子挤到一起又结合成中子,最后,所有的中子挤在一起,形成了中子星,中子星就像是全部由中子组成的一个巨大的原子核。如果超新星爆炸的时候恒星质量更大,结果把中子都挤破了,那么就再也没有可以支撑的力量,所有的物质只能不断坍缩,质量却越来越大,最后连光也被牢牢吸住无法逃脱,就形成了黑洞。

太阳实际上是一个再生恒星,就是在太阳之前有一个更大质量的恒星,其生命终结发生爆炸后喷出的物质,再次凝聚产生了太阳,也凝聚产生了太阳周围的行星,包括我们的地球。目前太阳大约46亿岁,正当中年,像太阳这样质量的恒星在燃尽其聚变材料后,外部会逐渐膨胀形成红巨星,几亿年后,外面的星云慢慢收缩,最终形成一颗核里以碳和氧为主的白矮星,很多人将白矮星比作一颗巨大的钻石。恒星的生命周期见图2-8。

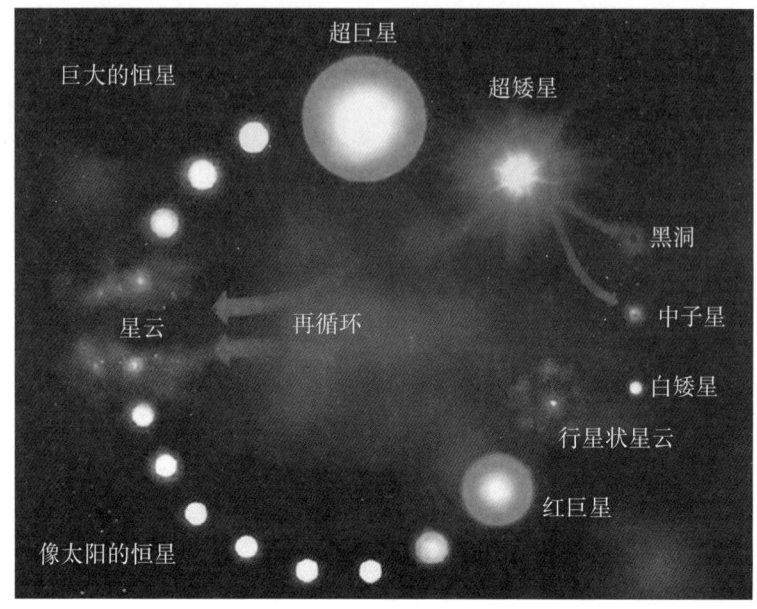

图2-8 恒星的生命周期

可见，恒星实际上就是各种元素的制造工厂，为宇宙制造了各种各样的元素，并由此形成了丰富多彩的物质世界。而在宇宙中黑洞的碰撞，甚至星系的碰撞期间会产生什么新的物质，我们还真的不清楚。但是通过物质的进化我们确实看到了一个越来越复杂的世界，而这个复杂的世界却由非常简单的几条规律在控制着。我们可以通过观察现实物质世界看到物质进化的全部成果，也可以通过观察宇宙来看见物质进化的整个历史。

为什么只发现了62种基本粒子？为什么只发现了118种元素？为什么星球的归属就这样几种？前面所述的这条物质进化线索就是量子效应和环境的共同作用最后形成的结果。量子力学有许多奇异现象，但是基本的原理就是量子总是一份份的，基本粒子兼具波和粒子两种效应,这一份份的量子似乎有一种跨越时空的能力,比如隧道效应,比如量子纠缠等。62种基本粒子,118种元素,就是因为基本粒子通过量子效应形成刚好可行的结果。就好比一个陶罐打碎了,我们可以把这些碎片"刚好"重新拼成一个陶罐,多一片都不算拼成功。这每一个碎片通过量子效应,一开始就是整体的一部分。这种效应,微观上如此,宏观上也是如此。比如,我们建成某座桥梁或者做成某件事情,都是由很多个体材料或个体行动最后"刚好"组成的一个完形。

生命的进化

生命在地球上的出现可以说是一个奇迹,因为到目前为止我们还没有确定发现有生命的其他星球,但是从地球上生命那么早出现的情况来看,只要某颗星球符合一定的要求,比如有水、碳、氢、氧、氮等物质,有地热或恒星提供能源,生命的产生就会是一种必然。

在46亿年前地球初生时,太阳还没有那么温暖,整个地球到处是熔岩横流的景象,地球上没有水,没有大气。那个时候地球自转很快,一天大约只有7个小时。天外的各种小天体频繁撞击地球,为地球带来了水和各种元素。到43亿年前,地球上终于有了足够的水,形成了原始海洋。电闪雷鸣、火山爆发、沧海横流,在极端的环境里地球表面就像一个巨大的化学反应炉,生成了大量有机物质。有机物质在海洋里经过长时间的反应和凝聚,形成了氨基酸等较大的有机分子。无论是质子捕获一个电子形成氢原子,还是氧原子和氢原子反应生成水,看上去好像质子、氧原子、氢原子有智慧一样,实际上这个过程都是量子效应和电磁力的必然结果。无机物逐步形成有机物,也是同样的物理原理,是物质进化的一种必然。

不同的有机物之间会形成一定的关联性,其中主要原因还是电磁力作用形成的化学键。有时候两个有机物靠近的时候,碰触但又很快分离了。而有时候两个有机物靠近时却会形成稳定的化学键,"刚好"能够形成一种新的有机物。这种新的有机物更加复杂,同时可能有多个位置与其他有机物生成稳定的化学键,比如蛋白质、多糖类及高分子脂类,这些大分子甚至能够对周边的微小物质进行独特的搬运和驱离,现在我们把这种东西叫作分子机器。但这还不是生命,依然是电磁力在分子之间的微观作用产生的分子机器式运动。近年来,在实验室里模拟生命存在之前地球的化学条件,结果获得了被称为嘧啶和嘌呤的有机物质(见图2-9、图2-10),当它们的衍生物组成遗传分子脱氧核糖核酸(DNA)的构件时,科学家称之为"碱基"。这说明有机物在地球上完全自然产生是有依据的。

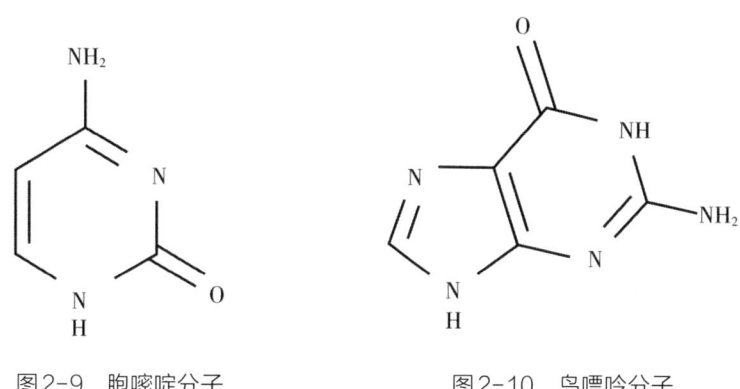

图2-9 胞嘧啶分子　　　　图2-10 鸟嘌呤分子

有一些碱基在特殊的环境里突然串成了一条链子,这条链子能够按照碱基的特点来控制周边的碳水化合物等其他物质,按照次序生成蛋白质,最重要的是它能复制自己!这条链子就是基因。基因的产生标志着一个新时代的诞生,是生命进化的起点,以后所有生命的演化都是基因搭积木的过程。

若干基因逐渐串联成了一个更长的大链条——DNA分子,虽然DNA分子和基因一样算不上生命,但有了它,在适当的环境里就能自动开展分子层面的工作来制造生命。这条能够复制信息的链条,就是生命历程的全部。不管这条链条是在地球上自己形成的,还是在地球以外的天体上产生并被带到地球上的,这个产生过程应该都是一样的,都是在进化过程中世界向复杂性进化的必然。偶然的只是环境,环境决定了生命什么时候产生,产生得快和慢,产生的基因物质是不是以碳为基础,这些偶然性来自地球和太阳的距离,来自星球表面是水还是其他流体物质,但是只要有液态物质,有碳或氮等元素,有能源,生命的产生就是必然的结果。之所以人们认为土卫六上也可能存在生命,就是因为在土卫六这颗十分寒冷的星球上,甲烷呈液态存在,组成了海洋和湖泊河流,还有甲烷大气,犹如地球上的水循环一样,土卫六上面有一套非常完整的以甲烷为线索的气候循环。也许土卫六上最后凝聚成的基因和地球上的完全不同,使得形成的生命形态也和地球上的生命完全不同,但是其产生生命的可能性是存在的,当然这种生物体内主要的组成物质应该是甲烷,就好比地球生命的主要物质是水那样。

DNA这条能够复制的大链条,刚开始可能只有几个基因,但是一旦站上这个平台,进化的层面就在新的架构上开始了,DNA链条不断加长,功能不断复杂,为了加强DNA的传播性和安全性,甚至进化出了一个容纳、保护DNA的空间——细胞,细胞实际上就是一个DNA的合成工厂。尽管刚开始的原核生物细胞大小只有1微米左右,但却有了一个更好的环境来复制自己。所有细胞,以及后来的单细胞真核生物、多细胞生物,包括我们人类,实际上都是基因用来复制、传播自己的工具和载体,我们都是基因的产物,基因才是生命的主人。所有的生命进化都是基因和DNA的进化,这是无生命世界和生命世界最大的区别,也是物质进化的一个里程碑式的跳跃。薛定谔认为:生命的本质就是基于秩序的秩序,它通过消耗能量的方式来维持信息的传递。无生命体的进化只是能量和物质的相互作用,生命的进化是能量、物质和信息的相互作用。进化的方向性,不仅仅是指结构的复杂性,还包含维度的扩展和新规律的创生。

从第一个原核生物产生到人类走上历史舞台,中间有过多次生命大爆发和生物大灭绝,进化中也有一些十分令人疑惑的奇迹,但是所有大进化结果都可以顺理成章地得到解释,只不过可能需要一点时间发现。

第一个例子:单细胞聚合形成多细胞生命为什么会花那么长时间?考古发现,单细胞生物进化为多细胞生物大约花了20亿年!甚至从原核细胞到真核细胞都花了10亿年时间,而从地球上有了海洋到产生原核生物却只用了短短的几亿年。

科学家做了个探索单细胞形成多细胞需要多长时间的实验,他们选取了祖上没出现过多细胞状态的绿藻作为实验对象,实验分两组,一组添加了生存压力,引入了掠食者——一种捕食绿藻的草履虫。实验结果:在750代之后(50周),绿藻们形成了简单的抱团结构。有的是好多抱成一团(见图2-11的A)——细胞们制造了额外的外膜保证抱团的完整性(而非简单的粘连);有的则是有规律的8个细胞一团(图2-11的B)。

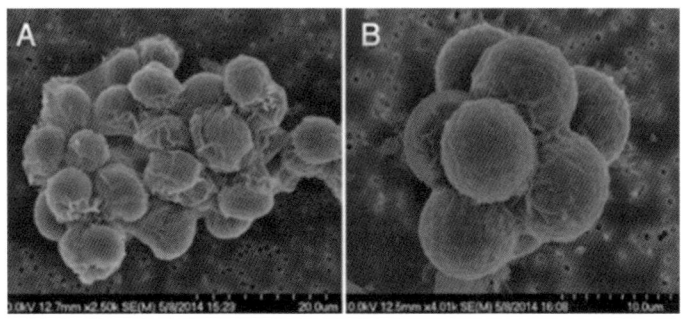

图2-11 单细胞绿藻形成多细胞
(来源:《自然科学报告》,2019年2月20日)

另一组没有安排掠食者,这些绿藻在长达4年多的培养状态下一直保持着单细胞状态。

这个实验告诉我们,如果有外界压力(草履虫),单细胞合成多细胞的时间不需要满一年,但是如果没有外界压力,自然合成多细胞则遥遥无期。

这证明了外部环境对生命进化的重要作用,但也说明那个时候地球上产生的细胞是生命的顶端,几乎没有天敌,因此进化缓慢。当然造成这个情况还有一个十分重要的原因——氧气缺少,生命产生后的几亿年里,地球上几乎没有氧气,许多细菌都是生产甲烷的,直到大概25亿年前在海洋里出现了蓝细菌(又叫蓝藻、蓝绿藻,见图2-12),体含叶绿素a,能进行光合作用产生氧气,地球上的氧气主要就是它的功劳。有了氧气,细胞的生命力一下子旺盛了起来,加速了多细胞生命的产生。同时,氧气的大量出现,对地球地形和地貌的变化也起到了促进作用,更为后来的动植物产生奠定了基础。

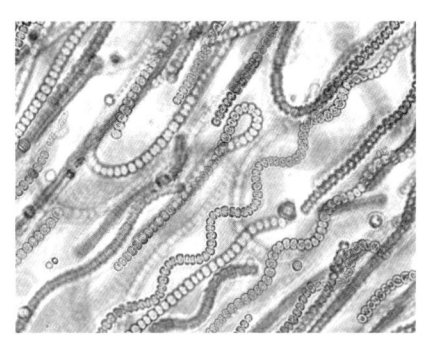

图2-12　形成链状的蓝藻

第二个例子:放屁虫(椿象)的防卫系统。放屁虫的防卫系统由以下部件构成:过氧化氢和对苯二酚、由外胚层腺体产生的酶触催化剂、储囊、括约肌、膨胀器、外排导管。其工作原理是,储囊中储存着过氧化氢和对苯二酚的混合物,当发现威胁时,括约肌就会像控制阀一样打开,把混合物送入膨胀器中,然后再注入酶触催化剂,引发剧烈的爆炸后从尾部的外排导管精确喷出,喷到倒霉的敌人脸上。

如果这种防御系统是进化而来的,那么从实用的角度出发,应该先进化出能够攻击敌人的化学物质来。但只有过氧化氢、对苯二酚和酶触催化剂三种物质混合在一起,才有可能发生爆炸,仅仅进化出其中一种来,就毫无作用,它们中的哪一种最先出现呢?而且即便三种化学物质能够同时出现,如果没有括约肌这个控制阀门的阻隔,放屁虫就会把自己炸成碎片,这显然是不现实的。但是在还没有化学武器之前,放屁虫会先进化出一个控制开关来吗?不管放屁虫先进化出防御系统中的哪一个部件来,都完全发挥不了作用,不会对它的生存有任何帮助,反而会成为累赘。按照进化论的观点,这种变异只会被淘汰,而不可能在此基础上增加更多的累赘,直到最后所有的累赘叠加在一起,形成一个完整而有效的防御系统。但是,如果站在DNA角度来看,就存在那种可能,能够在一种特殊的环境下完成相关功能的基因组合,"刚好"串成了一个全新的DNA,并创造了这个复杂的防卫系统。

第三个例子:寒武纪生命大爆发。寒武纪生命大爆发被称为古生物学和地质学上的一大悬案,自达尔文提出进化论以来就一直困扰着学术界。大约5亿4200万年前到5亿3000万年前在地质学上被认为是寒武纪的开始时间,寒武纪地层在2000多万年时间内突然出现门类众多的无脊椎动物化石,而在早期更为古老的地层中,长期以来没有找到其明显的祖先化石,只有一些多细胞团的痕迹。寒武纪最早出现的多细胞动物是海绵,那个时候的海绵千奇百怪,图2-13是各种古海绵骨骼化石示意图,可以想象古海绵的外形长得有点随心所欲。

更让古生物学家目瞪口呆的是,在这短短的2000万年里出现了各种

图2-13 寒武纪奇形怪状的古海绵骨骼化石示意图

完备的组织器官,如消化道、肺、眼睛,当然还包括神经系统。那个时候海洋里的生物种类比现在还要多。

有科学家猜测,在寒武纪前几十亿年时间里,在地球海洋里大量繁殖的单细胞、多细胞生命,富集了极其可观的DNA片段,在寒武纪来临前,整个海洋还都被厚厚的冰覆盖着。这个时候,银河系中有一颗超新星爆发,给地球带来了温暖,融化了厚厚的冰盖,同时超新星巨大的辐射激发富集的DNA片段产生多种突变。在冰盖打开的时候,DNA片段随波逐流,随机组合,产生了各种各样的DNA链条,从而在短时间里突然涌现了各种各样的生命形态。

根据达尔文的物种进化理论,各种生命都是随机变异通过自然选择作用后累积下来的结果,这种变化是渐进的、连续的。如果真是这样,就必定会存在大量的中间过渡物种。但是,我们很难看到在寒武纪各种生物之间有明显的过渡物种,而更像是突然地在同一时期出现的。这个情况告诉我们,生命进化肯定不是一直连续、渐进的,生命进化最关键最伟大的时刻,往往是一种"跃迁"式的大爆发出现的时刻。请注意,上次用到"跃迁"是在本章开头讲述氢原子光谱产生的原因时提到的,和原子的量子化有关。而这种生命的跃迁,和生命的量子——"基因"直接有关,因此基因具有某种与物理学中量子力学相近的效应。

文化的进化

在研究物质进化、生命进化时,笔者并没有全景式介绍物质进化和生命进化的历程,只是通过点面结合的方式,通过进化的现象,从进化三大定律出发,剖析进化的动力和规律。研究文化进化,也是同样的逻辑。

2010年在上海举办的世博会上有两件展品特别引人注目。一件是在非洲联合馆亮相的一具古人类骨化石唯一的复制品——露西(Lucy)(见图2-14),她是1974年在埃塞俄比亚发现的南方古猿阿法种的古人类化石的代称,之所以叫"露西",是因为发现者在当时正在播放一首披头士乐队的歌《露西在缀满钻石的天空》(*Lucy in the Sky with Diamonds*)。这是一具完整性40%的女性骨架,她生前才20多岁,根据其骨盆推算生过孩子,脑容量为400毫升,大概是现代人的1/3。她生活在320万年前,被认为是第一个被发现的直立行走的猿人、目前所知人类的最早祖先。

另一件是在丹麦馆展出的小美人鱼雕像,雕像是丹麦雕塑家艾里克森根据童话大师安徒生的作品《海的女儿》中女主人公的形象,于1912年用青铜浇铸而成,一直放在哥本哈根的海边,这次是

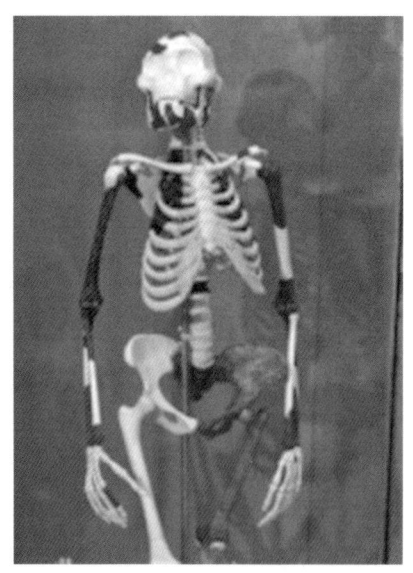

图2-14 露西化石复制品

小美人鱼雕像百年来首次离开家乡。

从这两件展品当中,我们可以看到文化进化的巨大成就。文化是人类社会精神活动及其产物,直立行走可以说是一种生命行为,但也可以认为是人类的第一个标志性文化现象,因为直立行走解放了人的双手,使之可以来创造世界。

2017年在上海博物馆举办了《大英博物馆百物展》,实际上是人类文化进化的一次展示。其中有两件特别的展品,是发现于坦桑尼亚奥杜威峡谷中的奥杜威砍砸器(180万~200万年前,见图2-15)和奥杜威石斧(120万~140万年前,见图2-16),我们可以从中看出人类加工石块的技术和对美学理解的进步。展品也折射出手的创造性活动促进了人类大脑的进化。

火的应用是人类第二个标志性的文化现象。人类大概在150万年前学会了用火,火的应用让人类吃上了熟食,为人类提供了更易吸收的营养,延长了人类的寿命,并大大促进了人脑的发展,直接改变了人类演化

图2-15 奥杜威砍砸器

图2-16 奥杜威石斧

的方向,笔者甚至认为,火驱赶猛兽,带来温暖,照亮暗夜,氏族的人们围着篝火沟通娱乐,导致了语言和艺术的产生。

动物之间的沟通并非一定需要声音,比如大象十分擅长用长长的鼻子来交流,但是用声音来交流沟通显然有独特的优势,从道理上来讲,应该是先进化出感受声波震动的系统,然后进化出发出声音的系统,因为自然界本来有很多发出声音的地方。许多动物很早就掌握了发出声响来沟通和向其他动物表示警示,比如蝉鸣、鸟叫、狮吼,或者响尾蛇尾部震动发声,但这与人类的语言是完全不同的。

大约在30万年前人类掌握了语言能力,语言的出现是人类第三个标志性的文化现象。因为语言是如此重要,一旦人掌握了语言,就真正进入了智人时代,实际上和我们现在的人类已经没有太大的不同。

语言能力包含两方面的内容:一是生理基础,要能说会听;二是有一定的语法规则。对于第二条我们完全不必拘泥,因为语言也是进化的,刚开始的语言只有十分简单的规则,然后越来越复杂。依据进化第二定律,每个新进化都包含且重复前期进化成果的全部,我们每个人学会语言的过程,就是人类语言发展的过程。但是第一条中,人能说话的生理基础十分关键,为什么科学家会认定人类的语言能力大约在30万年前产生?这是因为考古研究表明,那个时候有了一次基因突变,导致人类口腔后端发生了一次微妙的改变,产生了咽喉这个奇怪的东西,使我们人类在呼吸的时候不能同时吞咽东西。咽喉是呼吸道和消化道的共同器官,鼻吸入的空气和经咀嚼的食物经过咽喉之后,空气会进入气管,食物则会进入食道,咽喉下方的会厌软骨决定了这两种走向。当我们吸气时,会厌软骨静止不动,让空气进入气管。当我们吞咽时,喉的上升让会厌软骨像门一样,将气管喉覆盖,令食物进入食道。由此可知,在吞咽那一刻,我们呼吸是暂停的,吞咽完毕,会厌软骨迅速恢复原位,于是呼吸可照常进行。不要小看这个变化,这让我们人类形成了自由活动并协调运作的声道,为讲话奠定了极其重要的生物基础。而人类的近亲黑猩猩,和人类拥有同一祖先,在600万年前也有发育良好的杓状会厌声带,它们能边呼吸边吞咽,但是不能发出一个音节以上的声音,只能"呵呵呵"。

语言的产生和使用拥有巨大的能力,因为它可以让别人的思想变成自己的思想,甚至形成集体的力量来创造人类社会的物质世界和精神世界,也真正让能够直立行走的动物成为了人,人类从此开启了加速发展的历史。人类创造了城市,创造了教育,创造了艺术,创造了生产技术,创造了宗教,创造了社会制度。那个"小美人鱼",完美地演绎了文化进化的历程——安徒生在民间流传的美人鱼故事的基础上,用动人的文笔演绎了一个美丽的人鱼相恋的故事,雕塑家艾里克森再据此创作了一个与真人大小相仿的雕塑,文化一层层叠加,最后小美人鱼成为全球孩子们、大人们精神世界不可分割的一部分。

人是进化史中与基本粒子、基因同样重要的关键性"进化量子",是社会进化的基本粒子和基因,它让宇宙演化从生命进化跃升到了文化进化的层面,让物质、能量和信息的相互作用,可以在精神层面上展开。人类不断发展复杂性,也有了发现复杂性背后规律性的能力。但是,人在文化进化当中的作用是一个群体作用,就如基本粒子对于物质进化、基因对于生命进化一样,进化量子从来就是在群体效应中涌现进化力量的。正如古罗马哲人塞涅卡的名言:"我们是同一片大海的海浪,同一棵树上的树叶，同一座花园里的花朵。"一滴水不可能变成海洋，一个人不会产生文化。

这种精神层面的进化，让人类学会了生火，而不仅仅依靠天然之火；让人类创造了文字、符号，用一种不可思议的力量超越了短暂的肉体生命，穿越时空，来探索宇宙的过去和未来，并提出终极之问：我是谁？我从哪里来？要往哪里去？如果说其他生命的意义在于生存繁衍的话，那么人的生命最终的意义，按照亚里士多德的说法是：不仅仅在于生存，还在于觉醒和沉思的能力。按照笛卡儿的说法是：我思故我在。

很多人觉得奇怪，为什么鹦鹉能学会说人话？鹦鹉没有嘴唇，也没有牙齿，它们的鼻子结构也和我们完全不同，但它们还有一些我们没有的结构。虽然鹦鹉的发声系统和我们的有着很大的差别，但是鹦鹉的呼吸道和人类的下呼吸道相似，看起来就像一个倒置的弹弓，前端是气管，而后端则是肺，这两部分控制空气的进出。鹦鹉的发声部位被称为"鸣管"，位于气管的下方。鹦鹉不只像我们一样将气体送入声带，它们还通过控制鸣管壁的肌肉，来发出和改变声音，你可以明显感受到鹦鹉的声音来自胸腔。它通过伸缩脖子、开合鸟喙来改变声音。但是，鹦鹉并不能自觉开口说话，只能在人的调教下学会几十个简单单词或一两个句子，从来没有一只从野外捕获的鹦鹉是能张口就说人话的，因此鹦鹉说话是一个人类主导下的文化现象——是人发现了鹦鹉发音的潜能，并把它作为一种消遣或者猎奇来达成某种心理快感，从而成为人类文化进化当中的一朵微小的浪花。

进化量子

物质进化、生物进化与文化进化显然存在相互影响、共同演进的关系,不是因为其他原因,而是因为它们都遵循进化的三大定律,所以这些在不同层面和维度上的进化才会产生如此深刻的互动。

在进化当中所说的"进化量子(Evolution Quantum)",不全是物理学中的量子概念,除了基本粒子以外,其他进化量子是一个新的复杂体的完形,当一个新"量子"形成后,就会在这个基础上再次发展,形成更加复杂的"量子"。能成为进化量子的目前只有三种,第一是基本粒子,是物质进化的起点;第二是基因,是生命进化的起点;第三是人,是文化进化的起点。只有进化量子才是开启新进化的基本要素,其他东西都是进化过程当中,由进化量子搭建而成的"积木"。当然,在三大进化中还包含了许许多多不同层级的进化,比如昆虫的进化、脑的进化、语言的进化,但是这些都是三大进化阶段中的局部进化。

在物质进化当中,原子核是由质子和中子搭建起来的小小积木,原子是这个小小积木和电子搭建而成的小积木。原子和原子反应生成的化合物,是更大的积木。这些积木再不断搭建,从苯环、碱基直至基因,从星际尘埃到星球再到星系。当然,原子是物质进化当中最重要的进化积木。

在生命进化当中,基因虽然有物质特性,但更具信息特性。它是生命信息的量子,其积木搭建的方式是通过基因的碱基排列不同而搭建,通过次序调整来达到控制蛋白质和其他物质以形成不同层级的生命积木,初始是原始细胞,再是原核生物,之后是真核细胞,然后是多细胞团,直至有功能分化的多细胞生命体。"进化量子论"这个概念最早由约翰乔·麦克法登(Johnjoe McFadden)在其《量子进化:物理学最怪诞的理论如何解释生命的最大谜团》(*Quantum Evolution: How Physics' Weirdest Theory Explains Life's Biggest Mystery*)一书中提出,其所说量子指的就是物理学中的量子概念。但是试图直接从基本粒子的量子效应来解释生命的进化,笔者认为实在是勉为其难,更不要说想揭示文化进化的奥秘了。

在文化进化中,人这个量子最为特殊,其有物质特性、生命特性,又具信息特性,一个体重70千克的人,从物质角度分析,由70亿亿个原子组成,从生命角度分析,大约由50万亿个细胞组成,但人主要是精神层面的完整性。人体自身哪怕是残缺的,只要精神完整,依然具有十分强大的"积木"搭建能力,理论物理学家斯蒂芬·威廉·霍金是作为人的个体的十分突出的代表,他能够灵活运用的实际上只有头脑,但是他依然是一个十分强大而完整的人。人搭建的文化积木,从音符到交响乐,从文字到文学作品,从技术创生到科学发现,从图片到图书到电影,从原始群落到城市到国家,这种新积木正在层出不穷地涌现。但是人始终是其核心,人是积木发展的结果,人也是积木发展的目的。文化进化中最重要的进化积木是文字和符号系统,是人有别于其他动物的根本标志。

基本粒子、基因和人作为进化量子,都是不可分割的独立个体,又呈现出进化量子的阶梯。在宇宙整个进化过程中,其分处低级量子、中级量子和高级量子的地位,高级量子包含下级量子,在不同层级同时发挥不同的作用。比如,人自身内部的基因每时每刻在发挥作用,每个基本粒子更是伴随身体的新陈代谢频繁地变换——每个人体内的原子,每过80天几乎就会全部更新。高级量子甚至可以改造低级量子,比如人已经可以实现转基因技术,有朝一日甚至可以改造基本粒子。

量子层级越高,量子自身不确定性越小。基本粒子具有波粒二象性,遵循严格的不确定性原理——你不可能同时知道一个粒子的位置和它的速度,这个原理是量子力学创始功臣之一海森伯在1927年发现的重要规律。虽然基因本身的形成是基本粒子量子效应的结果,但是其最终由物质进化的量子积木——碱基对组成,其不确定性已经大大减弱,稳定性大大加强,也正因为其稳定性,才确保生命的持续进化,有些DNA片段甚至历经亿万年依然保持着良好的形态,所以也许科学家有一天真的能从恐龙化石中的DNA遗存复制出恐龙。基因的不确定性,来自其复制过程中受到某种外界辐射或者某种关键元素的缺乏带来的碱基破损或位置调整,一个微小的变化在形成生命体的时候,要么彻底失败,要么带来新的生命体征。人这个进化量子的不确定性进一步减小,比如组成每个人体的原子,每过80天就几乎会换成全新的原子,但其组织方式基本没有变化,人体运作机制和精神层面也没有多大变化,我们都认为自己还是自己,有一些精神病患者除外。

量子层级越高,量子自身不确定性越小,但是相应的进化不确定性越大。每个层面量子对周边量子的"作用力"肯定是完全不同的。基本粒子的作用力是引力、电磁作用力、强相互作用力和弱相互作用力,后三种力在微观层面的量子效应,在构造物质积木的时候好像知道要构成什么东西一样,其确定性反而很高。最典型的是光子在折射时发生的全反射行为,当光从水里斜射到水和空气交界面的时候,如果入射角大于某个角度,光会全部被反射回水里(见图2-17)。光子没进入空气,怎么知道水上面是空气呢?道理很简单,光子知道上面不是水!

光子似乎知道得更多更远——如果光从空气折射到水里,因为光在水里和空气里的传播速度不同,光线AO折射后形成光线OB,其从A点到B点的时间一定是满足折射定律的用时最短原理,任何其他路径都耗时更长(见图2-18)!不过,光没有走过,它怎么知道这样走时间最短呢?但是光就是知道,这就是神秘的量子效应,从某种程度上来说,光子甚至同时知道整个宇宙的情况,并提前做出最佳路径的选择。因为基本粒子通过量子效应知道全局,所以构成的上层积木确定性就大,也因为其确定性,我们能清楚地知道离我们最远的星系正在发生什么,甚至比知道地球内部的情况要多得多。

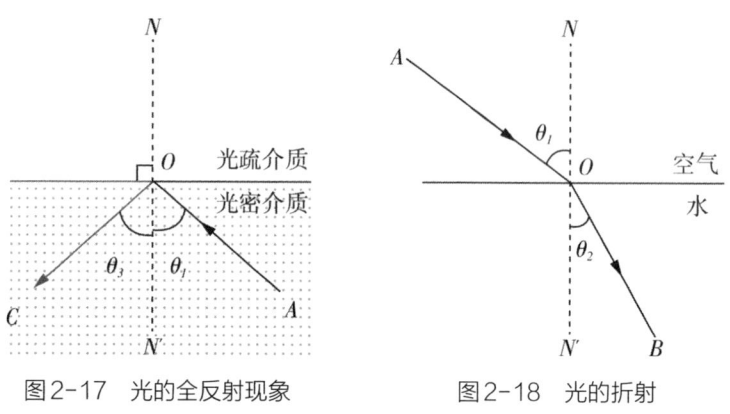

图2-17 光的全反射现象　　图2-18 光的折射

生命进化的确定性肯定不如物质进化,从生命进化积木的丰富多彩就可以发现,我们无法预知新的生命什么时候生成,也很难预知会产生什么结果,比如新冠病毒就是典型例子,我们时刻面临着新型病毒和细菌的致命挑战。

文化进化的不确定性就更加巨大,但这个不确定性不是反映在其进化积木形态的丰富性上。因为一旦某个星球上进化出像人类一样的文化进化量子,那么不管是在地球上进化成功的,还是在土卫六上进化成功的,表面上看生命形态会有极大的差异,但是其精神层面的文化进化成果一定是极其相似的,必然会涌现文学、数学、科技和国家,同样能发现宇宙运行的基本规律。特别要注意的是,他们发现的这些基本规律和我们发现的应该是完全一致的,只不过符号的形式可能不同。甚至有人会写出和本文相类似的文章,只不过可能不是用手这样的东西敲击电脑键盘来完成的。文化进化的不确定性来自人自身拥有的学习力,因为它会学习,不断制造和使用工具,就会创造一切,甚至创造自己的"上帝"。

当然,文化进化的不确定性还体现在可能出现"逆进化"的情况,这在物质进化当中几乎看不到;在生命进化中有少量例子。比如,海绵刚开始进化出了网状神经系统,后来却又消失了,成了世界上最无忧无虑的动物。而在文化进化中却可以看到大量倒退的情况,无论是精神层面,还是其他情况。

我们用表2-1来汇总一下宇宙演化中物质进化、生命进化、文化进化的核心要素。

表2-1 宇宙演化中三个进化的关键要素

进化类别	物质进化	生命进化	文化进化
进化量子	基本粒子	基因	人
基本作用力	万有引力、电磁作用力、强力、弱力	化学键、排序	学习、劳动

（续表）

进化积木 （按线索列举）	原子、分子、化合物、碱基	基因、DNA、原始细胞、原核生物、真核细胞、多细胞生物、动植物	符号、语言、文字、文学作品、科学技术、哲学、宗教
	水、尘土、岩石、河流、山脉、海洋	神经元细胞、网状神经、索状神经、中枢神经、脑	砍砸器、石斧、金属斧、刀、激光、原子弹
	星际尘埃、星球、星系	鱼、两栖动物、爬行动物、哺乳动物、人	家庭、氏族、部落、城市、国家

学习的进化

虽然有些动物也会学习,也会使用一些简单工具,但人的学习能力更强大,能通过学习来学会制造和使用工具,通过劳动来创造人类社会的灿烂文化,因此,学习和劳动是文化进化的核心力量。

学习作为人类文化进化的重要作用力,自身也是在进化的。学习的进化一方面是人类文化进化的重要组成部分,另一方面也是人类文化进化的核心动力。学习的进化也符合进化三大定律。学习三要素是知识、大脑和时间,学习的进化就是学习在这三个要素之间的相互作用下发展的过程,因此有必要在研究学习的进化前,大致了解对学习的变与不变的基本判断。

首先,学习的根本目的没有改变。学习的目的对人类整体而言,是为了人类的延续和发展;学习的目的对人类个体而言,是为了个人的生存和幸福。其次,学习的生物基础没有改变。脑科学最新研究成果表明,学习心理学上的本质是通过外部刺激使大脑神经元在原有基础上发生新的连接。不同的学习内容和学习方法会形成不一样的脑神经回路,而脑神经回路形成和学习者的长时间深度学习有关。这个生物基础决定了学习一是要消耗时间,二是要选择性舍弃。任何学习都需要时间,本质上来说,这个时间就是脑神经元连接需要的时间,这个过程和外在的技术没有关系,快不起来;而一个人选择学习这个知识的时候,意味着他放弃了学习其他知识,学生学习的总时间是有限的。当然,学习的社会性本质是建立人与人之间的联系,这个过程同建立大脑连接付出的代价是十分相似的。最后,学习过程当中知识形成的层级关系没有改变。学习过程当中有四个知识层级:第一个层级是数字、文字和符号,实际上是由人的感觉系统直接转化的碎片式知觉;第二个层级是信息,它是由数字、文字和符号相关联而产生的有意义的表达;第三个层级是知识,知识是大量信息经过抽象和结构化处理的结果,也是认知的核心元素;第四个层级是智慧,包括方法、素养、情感等方面内容,如好学、坚忍、宽容、勇敢、诚信、创造力、幽默感、领导力、责任感、思维能力等。数据的关联产生信息,信息的关联产生知识,知识在人的头脑中关联产生智慧。也有人在知识的层级里,在智慧前加入一个顿悟层级,在智慧后加入一个影响力层级(见图2-19)。但无论技术如何发展,学习过程从数据到信息到知识再到智慧这样的知识形成层级不会改变。

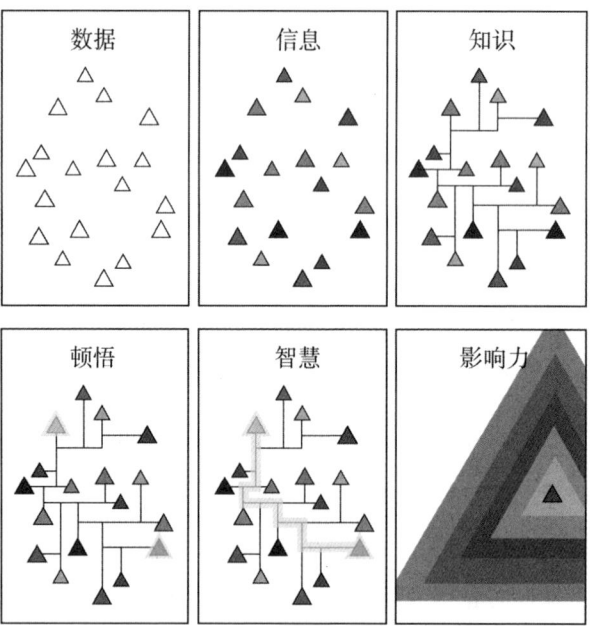

图2-19 知识的层级示意图

我们再来看学习的哪些要素是在不断变化的。

首先是学习内容的变化。随着人类对世界认识的加深和积累,知识内容不断丰富拓展,学习的内容出现了爆炸式增长,这个是显而易见的。其次是人类技术的突破性发展,使知识的呈现和送达方式不断发生重大变化,也因此不断产生新的学习途径和学习空间,特别是书本和网络的发明,多次带来学习领域颠覆性的跳跃。最后是科学技术在学习研究领域的深入,使得对于学习者学习过程的分析逐渐深入,特别是现代信息技术和脑科学的突飞猛进,已经包含了三种可能性:一是发现不同学生的学习特点,提供更有针对性的个性化学习支撑,让每一个学生保持学习的热情,真正实现因材施教;二是拓宽学生学习的视界,为学生的创造性学习提供工具和平台,使学生从知识的消费者转化为知识的生产者;三是运用灵活多样的技术表达手段,极大地丰富学生的感官体验,从而使之在学习过程中收获愉悦。

课程即大脑,有怎样的课程,就造就怎样的大脑。社会和科技的走向将深深影响到学习的价值判断,人类并不会一直做同样的事情,也不会一直用相同的方式做事。寒武纪时代爆发的一场生物革命,产生了无数新的生命形式,实现了从多细胞生命到多样化生命的飞跃;几万年来,伴随着语言和文字出现,人类进入了文化进化的阶段;目前,生命开始了人脑和电脑相关联的数字进化,进入了一个以创新创造为主导的新时代。

对于学习进化的研究,将从以下几方面深入开展:

一是对于学习者而言,未来人类遇到的瓶颈问题无关知识,而是如何形成共识。信息化破除了知识权威,让每一个人都有了表达的机会,而形成共识难度将加大。在学习过程中,应该有更多的主题能够让学生体验观念冲突及协商与妥协。在这方面,实际上有大量的案例可以去实践,花时间去让孩子体会沟通和决定也是非常值得的。

二是对于学习者而言,未来人类面临着超大规模信息带来的挑战。以前我们只有几个电台或电视台可以选择,现在可能已经有上千个电台或电视台可以选择了,未来可能人人都有电台或电视台,几十亿的信息通道,将大大改变我们的行为方式,学会选择已经成为核心要素。学习首先的要求就是要让学习者了解,没有完美的选择,只有现实的选择。真正好的学习态度,并不是追求正确,而是解决问题。学习还要学习者进一步明白,解决一个问题,往往会带来新的问题,这也恰恰是技术和人类不断进步的特征。

三是对于学习者而言,未来人类最大的特征是相互关联并透明,形成开放的、集体的创新新范式。科技就像一把刀,可以用来切割材料,也可以用来杀人,它让每一个人的隐私完全处于脆弱的状态。如果大多数人不尊重这样一个现实,那么新科技将让未来人类生活在无边黑暗之中。学习需要激发的是集体创造力,让人和人之间的连接变成资源和学会尊重的机会,互相尊重,互相分享,并在思想关联中孕育创造力。创新实际上从来就是一个社会现象,一个人的创意只有得到别人的认同,才会真正变成一个社会改变的动力。因此在学习当中,要创造机会让学习者理解社会运作的系统性,了解不同角色在创造活动当中的重要性,关注竞争与合作、发展与成本、行为与规则。

四是大数据技术和脑科学的突破式进展,将使学习进入一个超级学习的阶段。大数据应用、脑科学研究和脑机接口技术最重大的价值,不仅在于能让学习者学得更好,还在于能揭示学习发生的本质。当人们不知道万有引力定律的时候,大家就知道树上的苹果会掉下来;但当人们知道万有引力定律以后,却可以制造宇宙飞船飞到月球上去。大数据将揭示学习的秘密,揭示人脑当中学习发生的微妙过程。一旦学习的秘密被通透地发现,学习将从现代学习阶段进化到超级学习阶段,而现在我们刚好处在一个分水岭上。

进化的极限

进化是一种特殊的变化,是一种有方向性(更复杂)、重复性(包含前一阶段进化成果)、整体性(量子效应)的变化。无论是物质进化、生命进化,还是文化进化,都是从无到有,基于不同进化量子(基本粒子、基因和人)与环境共同作用展开各种拼搭,不断产生适应新环境的新事物或新组织。

一万年前的智人跟现代人已经基本一样了,科学家通过考古研究发现,一万年前的智人大脑容量跟现代人没什么区别。也就是说,人类大脑的进化在一万年前就可能已经停滞了。恐龙从中生代开始出现,统治了三叠纪、侏罗纪、白垩纪三个地质时代,进化了1亿6500万年,在6500万年前突然灭绝,其进化戛然而止。大量的事实表明,进化是有极限的。

在分析进化的极限之前,必须要厘清进化和变化的差别。水从液态变为固态是物态变化,喜马拉雅山脉的隆起是地壳运动引起的地貌变化,人从胎儿变为成人是生长发育的变化,从曾经深爱一个人到淡忘是心理感受的变化,朝代更替是社会制度的变化:总结起来,变化主要是指某个事物在时间轴上产生了数量、形状、性质上的不同。从字面上讲,事物渐渐发展的过程,叫作"变";事物从有到无或从无到有突然发生,叫作"化",可见"变"属于量变,"化"属于质变。

进化的原意在生物学中最先得到应用,是

指种群里的遗传性状在世代之间的变化。在阐述了物质进化、生命进化和文化进化后,我们再来给进化下一个广义的定义:进化是一种特殊的变化,是一种有方向性(更复杂)、重复性(包含前一阶段进化成果)、整体性(量子效应)的变化。无论是物质进化、生命进化,还是文化进化,都是从无到有,基于不同进化量子(基本粒子、基因和人)与环境共同作用展开各种拼搭,不断产生适应新环境的新事物或新组织。其间无数的小进化,也同样是从无到有,基于进化积木展开的拼搭过程。比如,唐宋元明朝代更替只是社会变化,但从原始社会到封建社会再到资本主义社会、社会主义社会则是一种社会进化。

所有从无到有的东西,一定会从有归无,因此,所有的进化都有其终结的时候,这是一种最悲壮的进化极限。恐龙的进化极限是环境的突变造成的:一颗巨大的小行星撞击地球造成了一个种群的灭绝。将来地球迟早会彻底毁灭,如果地球生命不能在这之前实现星际移民,那么整个地球上的生命进化也会戛然而止。从许多事实可以看出,越晚产生的进化,会越早终止。比如,恐龙灭绝了,但比它们更早进化出来的细菌和病毒却依然活得好好的。在文化进化当中也可以看到相同的情况:许多国家灭亡了,但是早于那个国家形成的城市却可能还在。毁灭性的进化极限普遍存在,虽然有很多情况是偶然的突发事件引起的,但其终结却有必然性的特点。

进化的极限还有另一种形式,就是时空与资源的限制造成的封顶。这与事物增长存在极限十分类似,因为所有进化都需要更多的能量支出,需要更多的时空支撑,而变化却不一定需要。当某种进化需要的所有资源和时空被透支的时候,这种进化也就到了其封顶的极限。人类的工业化造成了大量的二氧化碳排放,而大气中的碳排放与地球表面温度密切相关,因此如果任由人类挥霍,地球是承受不起的。图2-20显示了大气二氧化碳浓度与地球表面温度变化的关系。实际上维持我们每个人的基本生存,所需能量大约和点亮一盏50瓦的灯泡接近,一天大约1度电,但是美国人每天人均耗能却达到了上百度,如果全球都像美国人一样生活,那么碳排放会再翻好几倍,这确实有可能直接导致气温大幅上升。因此,要么整个人类文明中断,要么人类进化出新的生产和生活方式,改变原来的工业化方式,进化出更好的工业和生活形态。

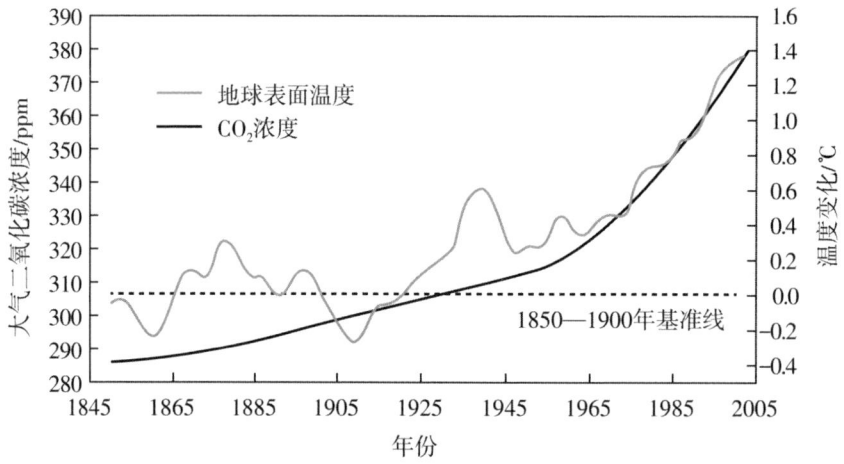

图2-20 大气二氧化碳浓度与地球表面温度变化的关系

第三种进化极限与系统的临界问题有关。这种进化极限我们也经常可以看到,比如目前只发现了118种化学元素,按照基本粒子的搭建法则,化学元素应该有无数种可能,但是原子核中质子、中子数到达一定程度,原子自身就会十分不稳定。实际上地球上自然存在的元素只有94种,其他的元素都是科学家们在实验室里制造出来的,只能存在非常短的时间。还有非常著名的"邓巴数字"也是如此,英国牛津大学的人类学家罗宾·邓巴(Robin Dunbar)在20世纪90年代提出了150定律,该定律推断:人类智力将允许人类拥有稳定社交网络的人数是148人,四舍五入大约是150人。这些情况表明,一个系统的极限往往与组成系统的进化量子之间的相互作用力相关,内在的作用力决定了进化的可能性和稳定性。

最后一种进化极限来自规模效应。每当形成新的进化积木时,往往代表着开启了一个新的小进化。我们不妨做一个小实验来打一个比方,当我们在某一个高处确定的地方向地面上不断撒落沙子,沙子逐渐会形成一个小沙丘,但是这个沙丘到某个时候会突然崩溃,虽然什么时候崩溃存在很大的不确定性,但崩溃是迟早会到来的,这就是规模效应带来的极限。在进化中也存在因为规模而产生的进化极限,如城市的进化。城市进化与技术发展关系巨大,在原始社会时,如果有一个自然群落达到150人,也许就是极限了,实际上就是一个小村庄。但是发明了语言和文字后,一个群落中人类聚居的数量迅速达到了10万人以上,这在考古挖掘中得到了证明。随着马车和排水系统的发明,到了唐朝,首都长安的人口就突破了百万。而现代城市具有地铁、城市高架、便利的通信、高效的物流和垃圾处理系统,特大型城市人口达到了2000万人以上。实际上人脑进化的停滞,主要也是这个原因造成的,大脑中有近千亿的脑神经细胞(细胞是生命进化中十分重要的进化积木),如果靠生命自身的力量,它已经达到了极限。图2-21显示了进化的极限层级。

学习基于生命进化,从无到有,是文化进化当中关键性的力量。学习进化同时存在以上4种极限的可能,比如地球如果明天遭受一个巨大

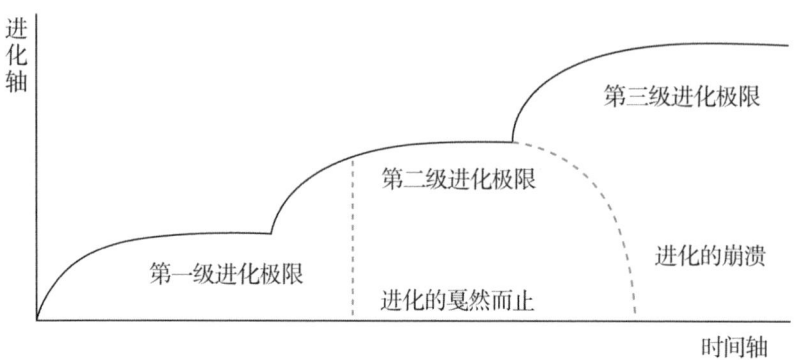

图2-21 进化的极限层级图

小行星的撞击,其进化将与生命进化和文化进化同时中断。学习进化显然存在基于资源和时空的限制,学校形态从农耕时代的私塾和工业时代的班级授课制到数字化时代的网上课堂,实际上就是极限的不断突破。学习作为大脑这个复杂系统的产物,其进化也必然受制于脑神经元的连接机制。随着人类文明的进化,学习内容规模不断扩大甚至暴增,也会因其规模效应带来过冲或者滞涨。目前,我们基础教育过度学习导致出现的各种问题,就是学习进化进入极限的一种表现,要么崩溃,要么跃升到新一级的学习形态,想要维持在极限的边缘几无可能。

第三章
自然学习

> 事物本身没有变化,唯一变化的,是我们的思维。
>
> ——亨利·戴维·梭罗,
> 《元认知:改变大脑的顽固思维》,机械工业出版社,2014

课程改革在立德树人
上的四个价值判断

来源:第十三届上海民进教育论坛
时间:2019年1月

动物的学习

章鱼被认为是最聪明的无脊椎动物。章鱼像人一样有暂时记忆和长久记忆,它们拥有极强的观察学习和解决问题的能力。章鱼拥有庞大的神经系统,但是仅有一部分在它们的脑部,大约2/3神经元在四周的触角和爪臂上,这些爪臂拥有明显的自主权。章鱼善于模仿和伪装。它们是专业的逃跑艺术家,经常藏身于海底小船的船身,以捕获虾和蟹为生,目光犀利,触觉敏锐,行动敏捷。幸好章鱼在刚出生时,就一直是以独居的状态生活,它们捕食、伪装、保护自己等一系列的技能,都是通过自己的观察学来的,它们的学习只完成了大脑连接这个方面,并没有社会性方面的连接。曾有研究者观察到章鱼在仔细观察、思考后,会打开盖在玻璃瓶上的塞子,成功吃到瓶子里的鱼。如果章鱼是群居动物,按照这样的学习能力,章鱼这种看上去只留头和8个爪,连躯体都不要的狠角色,可能早就成为海水中的"人类",甚至早已统治地球了。

有些动物记忆力惊人,比如北美洲的克拉克星鸦,为了储备冬天的粮食,大部分时间都在辛苦劳作,它们收集森林中的松子,然后埋到一个个很远的地方。每年秋天,一只克拉克星鸦要将2.2万到3.3万粒松子埋藏在5000个不同的地方,涉及面积大约24平方千米。克拉克星鸦储存食物的地方很多,但从不马上食用;只有到了冬天或初春,食物稀少时,才逐个挖开埋藏点,食用储藏粮。克拉克星鸦有着惊人的记忆力,不论时隔多久,都不会忘记自己藏粮的地方。试想一下,即使是让你把5000个东西藏到不同的地方,过了半年时间再去找出来,估计你也会疯掉的。

动物为了适应环境、生存繁衍,形成了许多复杂的行为,如觅食行为、攻击行为、沟通行为、社会行为、繁殖行为。这些动物行为,有的是先天性的,有的是通过后天的学习获得的。哪怕是那些先天性行为,也需要通过学习来加强或实现。比如,昆虫振翅是天生的,但是如果把刚破茧的昆虫放在一个十分微小的盒子里,振翅能力永远不会变成飞翔行为。动物学习就是生命个体后天与环境接触,获得经验而产生行为变化的过程。

后天学习行为可较快地适应环境的变化,与先天本能相比,其意义非同寻常。当然,动物的等级越高,学习能力越强,通过学习获得的行为所占的比例越大,适应环境的能力也越强。

《论语·学而》首句说:"学而时习之,不亦说乎。"在这里,孔子是把"学"与"习"分开使用的,"学"与"习"代表了两层意思,反映着主体两个独立的认知活动。"学习"作为一个词语已知最早见于西汉,就其语言的意义来说,在《礼记·月令》中有言:"鹰乃学习。"所谓的"学",就是效仿;"习"是反复、重复和温习之意。每当夏季到来,刚刚孵化出的雏鹰能够独立行动后,就模仿老鹰飞行,反复试飞,最终学会了独立飞行。最早的学习内涵十分简单,就是模仿和反复练习,最后达到掌握某种技能(如飞行)的目的。因此,我们可以这样认为,最原始的学习就是效仿与反复练习的过程,无论是学习直接知识还是间接知识,都是效仿和重复练习的过程。

动物学习主要有习惯化学习、模仿学习、印痕学习、联想学习、推理学习等几种。这些学习能力为研究人类的学习奥秘提供了大量经验和案例。大多数动物学习主要是"习",许多通过遗传获得的能力,在动物脑中是有基本的突触连接的,但是通过反复练习,可以加强突触的关联,这是动物的习惯化学习。跳蚤天生会跳跃,但是能越跳越高,却是需要练习才能做到的。如果把跳蚤限制在一个非常小的空间里,跳蚤就会习惯这个空间,当把小空间撤除后,跳蚤将一直只能跳那么高,好像这个小空间依然存在那样,这就是动物的印痕学习。

哺乳动物大脑中进化出了镜像神经元,可以通过观察其他同伴和动物的行为来实现模仿学习。年幼的黑猩猩会模仿成年的黑猩猩用沾了水的小树枝从洞穴中取出白蚁作为食物;家猫会模仿"铲屎官"的动作来讨好主人,并从主人的愉快反应中得到加强,学会更多的动作。

令人震惊的是,看来有些鸟类也能很快地模仿学习。20世纪60年代,动物学家辛德在大不列颠岛研究山雀的学习行为时,发现一个有趣的现象:一只山雀偶然撕开放在订户门前的纸质牛奶瓶盖,从中取出了牛奶。不久,这一行为传遍了生活在大不列颠岛的所有山雀,以致送奶工人不得不在每一个奶瓶上扣上一个杯子。

动物的联想学习就是经典的条件反射的学习方式,通过一个学习过程,同时给予一个无关刺激与另一个能引起反应的刺激,从而在条件刺激和条件反应之间建立起联系。巴甫洛夫的故事太深入人心,这里就不多说了。

动物的推理能力虽然不普遍,但科学家在老鼠、大象、章鱼、海豚、黑猩猩等动物身上能找到明确的证据。甚至鸟类学家在澳大利亚发现有几种被当地人称为"火鹰"的大鸟会通过"纵火"的方式来捕捉猎物,《国家地理》杂志也专门刊文称澳大利亚的黑鸢、啸栗鸢、褐隼等几种猛禽会放火,是世界上少见的几种会使用火的鸟类。它们的做法就是看到火苗之后，找到一小根树枝放到火苗上点燃，有的是直接叼起正在燃烧的树枝等，扔到相对干燥的草丛中，于是就引发了"野火"，等火熄灭后，就可以静静享受烧熟的动物了。这种情况比前面山雀弄开奶瓶的能力要更高级，知道通过叼火种丢在干草丛里能点燃草丛引发大火，火可以烧死森林里的动物，等火熄灭后就有烧死的动物可以吃，这里至少经过了两个因果关系，因此这是一个推理过程。而山雀撕开牛奶瓶纸盖后就有牛奶喝，更多是相关，而非因果。

  动物的学习反映了人类学习进化的一部分。这些动物的学习行为，都是我们人类所具有的，从动物的学习行为中可以窥探出人类学习的基础奥秘，人类正是在动物学习进化的基础上，不断进化成人的学习和思维能力的。

学习进化的四个阶段

人类的学习活动是从动物学习进化而来的,回顾人类学习的进化历史,已经呈现了三个阶段。

第一阶段是自然学习。这个自然学习,不是自然常识课程,也不是自20世纪20年代开始流行的针对外语学习的自然学习法,它是学习进化的初始阶段。这个阶段又包含动物性学习阶段、劳动性学习阶段和语言学习阶段,每个后面的阶段都包含前面阶段学习进化的成果。在这个阶段,人类学会了直立行走,学会了用火,学会了制造和使用工具,也掌握了语言能力。自然学习阶段的主要矛盾是学习者生存需要和所处环境偶然性之间的矛盾。这个阶段相对应的是每个人出生以后的婴幼儿阶段。

人类的多地区起源说认为,在欧、亚、非的现代人都是由当地的猿人进化而来,分布在中国的现代人是由生活在40万年前的北京猿人进化而来。但是这个说法

在自然学习、经典学习和现代学习三个阶段,学习都是塑造人的大脑的过程,同时也是塑造人与人之间关系的过程。但是随着人工智能技术的普遍使用,特别是脑机接口技术的突破,人类将要进入一个全新的阶段——超级学习阶段,这个阶段的学习将突破人脑的自然极限,使学习进入人脑和电脑混合发展的阶段。

现在似乎证明是错的,虽然世界上各地都曾出现过像北京猿人那样的古代猿人,但都已经灭绝了,我们现代人类都源于非洲。据说遗传学家研究了世界不同种族居民的线粒体DNA,他们发现全人类的线粒体DNA基本相同,差异很少,平均歧异率为0.32%。英国牛津大学人类遗传学家经十几年的DNA研究,提出以下观点:全世界的人口分别繁衍自36个不同的、被称作"宗族母亲"的原始女人,而所有这些"宗族母亲"又都是15万年前到20万年前非洲大陆上一个被科学家命名为"线粒体夏娃"(Mitochondrial Eve)的女人的后代。尽管"夏娃"不是当时唯一活着的女性,然而她却是唯一一个将血脉延续繁衍到今天的原始女人。有人可能会质疑,在生产力低下的那个时代,人们是如何跨越高山大海,分布到世界各个地区的?实际上原因很简单。10多万年前,地球处于冰川期,大部分陆地被冰川覆盖,整个海平面比现在低120米左右,许多海床裸露在地面,为人类在地球上的扩散提供了便利。而当气候变暖的时候,覆盖在地球上的厚厚的冰雪融化,势必会出现巨大的洪水,因此在几乎所有的民族传说中都有大洪水的故事,无论是挪亚方舟,还是大禹治水。在大英博物馆百物展中有一块黏土材质的大洪水记录泥板(前700~前600年)(见图3-1),出土于伊拉克库云吉克(尼尼微),这块楔形文字泥板记录着世界文学史上第一部伟大史诗《吉尔伽美什史诗》,其中一章

图3-1 大英博物馆百物展之一:大洪水记录泥板

中神警告一名男子,说一场洪水即将到来,他要造一条船以拯救他的家人和"所有的活物"。这比《圣经》要早了500年。

之所以兜了这么大一个圈子讲人类的迁徙史,主要想说明的是,我们的远祖并非生活在现代人身处的环境中,人类几百万年进化形成的对于生活环境的适应性,也许我们都没用上。迁徙到各地的祖先们,可能出生在一个冰天雪地的世界里,也可能生活在一个海岛上,这种环境的偶然性对人类的生存提出了十分多样的挑战,我们能够存活下来,全靠人类的学习能力——在不同的环境中发现食物,创造自己独特的居所。

第二阶段是经典学习,这个阶段以符号和文字的发明为标志。文字的产生推动人类发明了教育活动,学习从自然状态进化为经典学习阶段,这个阶段学习的主要矛盾是学习者学习需要和学习资源不足之间的矛盾。人类发明文字初期,真正掌握文字阅读能力的是极少数人,阅读主要是权贵的特权。阅读的普及化要到印刷术发明以后才开始,哪怕是印刷术传遍世界,在很长一段时间里书籍依然是十分珍贵的稀罕物,绝大多数人进不了学校接受系统的学习。在新中国成立初期,我国的文盲率高达80%,现在回看,恍若隔世。

第三阶段是现代学习,也就是目前所处的学习阶段。在长达四五千年的演变后,技术发生重大变化,特别是信息技术快速发展,导致知识的极大丰富,经典学习进化为现代学习。这个阶段学习的主要矛盾体现为学习者学习能力停滞不前和知识增速不断加快之间的矛盾。这个时代的特征是信息极大丰富,知识暴涨,这与人类以前任何一个时代都不同。世界的信息量,目前每三天就会翻一番;新的科技知识的量,每两年就会翻一番;我们现在每个人每天接触到的信息,比200年前一个人一辈子接触到的信息都要多。

这对于我们每个人的学习产生了极大的挑战。从孔夫子时代到现在,我们的脑子没有多大变化,我们知道的可能比孔夫子多一些,但我们的智慧并没有增长,我们的学习能力也没有增长,每一个人的认知速度一直没有变快。但是世界知识的增长速度是越来越快的,在1976年左右,世界知识增长速度超越了每个人的学习速度(见图3-2)!世界知识增长速度比我们学习速度要快,这是什么概念?在30年前,人们还会觉得大学生是天之骄子,现在为什么没有人说了?那个年代,单位觉得来了个大学生不得了,因为他懂很多。现在大学生毕业,到了单位后,自己都觉得大学学的东西用不到,不是他不努力,是这个世界知识增长速度超越了每个人的学习速度,他再努力学,也是越来越无知。造成孩子学习负担重,知识暴涨是主要原因,世界知识增速太快,我们要学的东西太多了。据2014年的数据,一年中产生了800万首新歌、200万本新书、1.6万部电影,我们终于到了连娱乐都感到时间紧张的时代了。

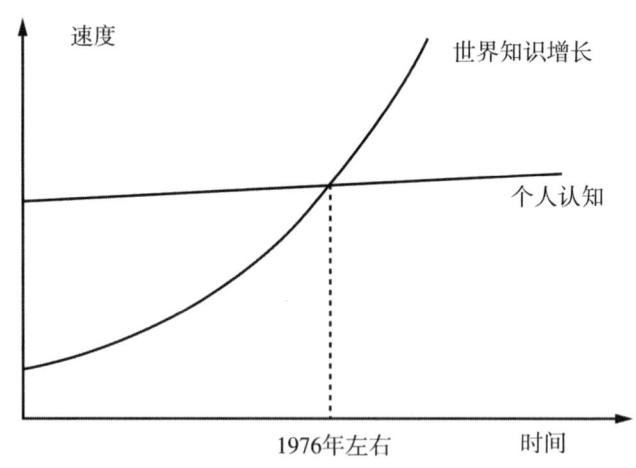

图3-2 个人认知速度和世界知识增长速度趋势图

在自然学习、经典学习和现代学习三个阶段,学习都是塑造人的大脑的过程,同时也是塑造人与人之间关系的过程。但是随着人工智能技术的普遍使用,特别是脑机接口技术的突破,人类将要进入一个全新的阶段——超级学习阶段,这个阶段的学习将突破人脑的自然极限,使学习进入人脑和电脑混合发展的阶段。超级学习阶段学习的主要矛盾将表现为学习者思维、情感发展的多样性需求和知识获取的机器化之间的矛盾。这将在以后再展开。

学习的进化,是人类社会文化进化的一部分,更是文化进化的核心推动力。人作为文化进化的量子,学习是其推动文化进化的重要力量。和其他进化一样,每一次学习进化不是对过去系统的抛弃,每个阶段都继承和包含了前一阶段的基本方法,同时又对过去的学习内容、学习技术、学习形态做了进一步丰富,而且呈现出加速发展的趋势。自然学习阶段从智人出现起,至少经历了上百万年,而经典学习阶段估计只经历了7000年,现代学习从第一台现代计算机埃尼阿克(ENIAC)出现算起大概只有80年时间,而新的时代跃迁就要来临了。

劳动创造人

关于人类起源有各式各样的神话和传说。一类是"神创说",认为人类是由神创造出来的,例如,中国古代女娲抟土造人的神话,西方的上帝用泥土创造了亚当,再用亚当的肋骨造了夏娃的神话;一类是"天降论",认为原始人类是从天外来的;一类是"自然发生论",认为人是鸟卵孵化出来的,或是鱼到了陆上脱掉鳞片变化而成的。达尔文在1871年发表的《人类的由来及性选择》一书中,应用生物进化论原理,系统地说明了人类起源和形成的自然历史。但达尔文只是从纯粹生物进化的观点来推断人的起源问题,还不能彻底说明人类是怎样从动物界分化出来的。对人类起源问题进一步从社会的本质做出正确解释的是马克思和恩格斯,用恩格斯的说法,就是"劳动创造了人本身",并形成了马克思主义劳动观。其主要包含三方面思想。一是强调人是劳动的产物,劳动创造了人类自身和人类社会;二是强调劳动是人类全部社会关系形成和发展的基础,人们在劳动过程中,一方面同自然界发生关系,另一方面在人们之间又结成了生产关系;三是强调劳动是促使社会历史发展的根本推动力量,社会发展的最终决定力量不是精神、意志、神灵,而是人的劳动实践。可以说,劳动创造了人存在的价值,劳动是学习进化的第一推动力。

劳动与手的进化十分相关。在三四亿年前的远古时代,肉鳍鱼类曾有过一个相对繁盛的时期。鱼鳍就是手的前身,随着生物演化逐渐形成了五个指骨的状态。图3-3展示了形形色色的动物的"手"。

在漫长的进化过程中,人类进化出了直立行走的能力,解放了双手,

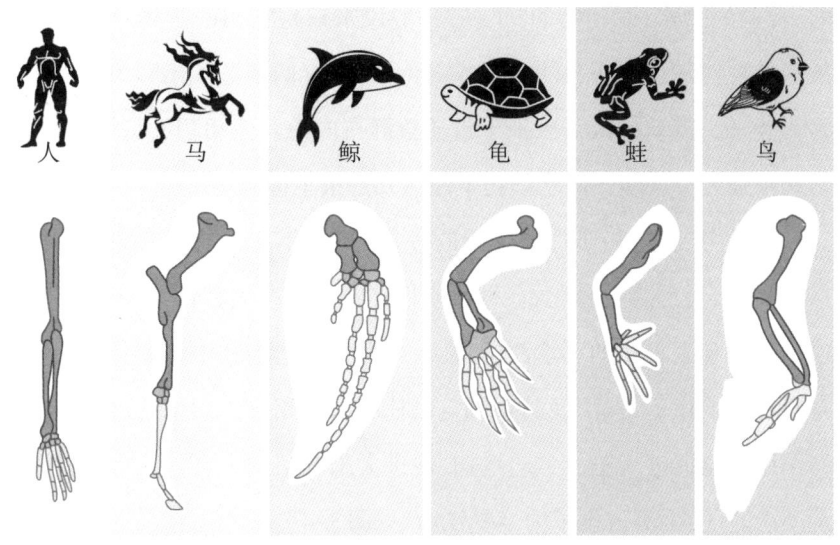

图3-3 动物的"手"

因此双手可以进行行走以外的其他活动。随着人类的智力发展,手能够进行的动作更加复杂精巧,人类进化出与四指相对的大拇指,这使得人类能够进行抓握动作,进一步为人类制造工具提供了基础。包括猩猩、猴等动物在内的其他灵长类动物也具有与四指相对的大拇指,但仍然主要用于行走和攀爬,无法进一步发展出更高级的手功能。虽然动物有些本能活动可能达到相当精巧的程度,然而它与人的劳动有着本质的区别。两者的区别主要在于:①人类劳动是有目的、有计划的自觉活动,活动的结果事先已在人的观念中存在;动物受本能所驱使的活动,不能事先"观念地"制造出活动的结果。②人类劳动是人对自然界的积极改造,通过劳动来支配自然界,并在自然界打下自己意志的印记;动物的本能活动则仅仅是适应和利用自然界,单纯以自己的存在使自然界发生改变。③人类劳动从制造工具开始,制造和使用劳动工具是人类劳动必然的、普遍的要素;而动物的"工具"一般说来只是它们的躯体(爪、牙等),某些动物偶尔也使用自然界现成的工具,但它们制造不出哪怕是极粗笨的石斧来。劳动是人类区别于包括猿群在内的其他动物的特征,而制造工具则是人类劳动不同于动物本能活动的根本标志。

正是劳动,进一步促进了手的进化,2010年在肯尼亚发现了一根约140万年历史的新手骨化石,科学家将其鉴定为第三掌骨,这根骨头穿过连接中指和手腕间的手掌部位,在一个人握住拇指和中指间一个小物体时保持手腕稳定,其出现的年代与奥杜威石斧相符。而手的进化最主要的作用是能促进人脑容量的增加,促进大脑皮层的丰富。在大脑皮层的运动功能区,手部占据了大半壁江山(见图3-4)。

科学家猜测,在语言没有出现前的很长一段时间里,手都是很重要的交流方式。当然,那种交流方式不能称为"手语",只是一种"手势",而大多是使用右手食指指着某样事物进行表意。比如指指自己就代表

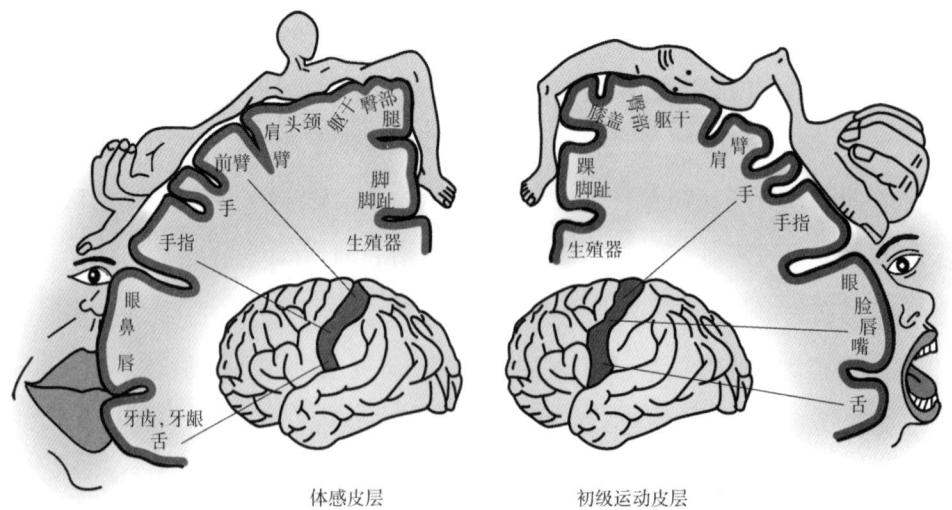

图3-4 人大脑皮层躯体运动代表区功能示意图

"我",指指石头和猎物就代表"打猎"等。英国的人类学家认为,"手势意思的形成是促使人类语言和基本语法得以确定的一个重要因素"。

人们在阿根廷的圣克鲁斯省拉斯马诺斯发现了一些令人难以置信的、独特的洞穴壁画,描绘的是大约9000年前的动物和狩猎派对,但最引人注目的画作无疑是人类的双手(见图3-5)。这些手大多是左手,古代画家们用右手拿一根喷水管在洞穴墙壁上向左手喷涂作画。

图3-5 拉斯马诺斯洞穴壁画

人作为文化进化的进化量子,其作用世界的主要方式是学习和劳动,而手是其中关键要素。有人把双手握拳的样子比作一个人的两个大脑半球(见图3-6),是有一定道理的。

现在,我们的家长普遍舍不得让孩子做家务。实际上,"你越不舍得用孩子,孩子就越不中用"。哈佛大学的学者曾经做过这样一项研究,得出了一个很多人意料之外的结论:跟踪那些从小爱干家务和不爱干家务的孩子发现,成年后,前后者的就业比例为15∶1,犯罪比例为1∶10,且前

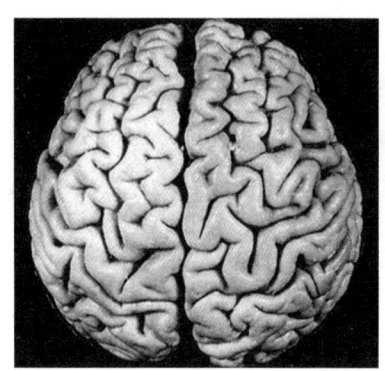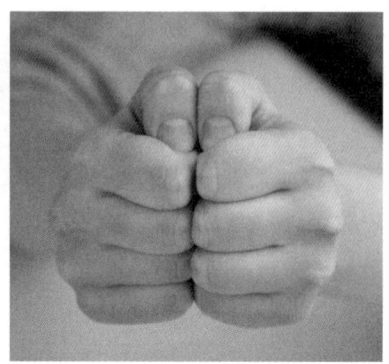

图3-6 大脑与手

者离婚率更低,心理疾病的患病率也更低。家务劳动能让孩子觉得自己在家里被需要,从小养成自理、自立、自强的意识,提高独立生活能力。正因为如此,犹太人父母非常重视孩子们从小养成做家务的习惯,一个宝宝从两三岁开始,便要参与做家务活,并且还有固定的家务岗位。据统计,美国孩子平均每天劳动的时间为1.2小时,韩国孩子平均每天的家务活时间为0.7小时,我国孩子平均只有0.2小时,其中部分孩子甚至没有做家务的经历,这可能是我们现在很多大学生懒就业、不就业的起因。

感觉和知觉

学习是把个体以外的知识变成自己的知识,或者把已经知道的知识从知道升级为理解和掌握。在个体外面的知识需要通过转化,形成信息,通过耳朵、眼睛、躯体、鼻子、舌头等器官来刺激自己的耳蜗、视网膜、皮肤、鼻黏膜、味蕾,产生电脉冲传到大脑相对应的部位,形成听觉、视觉、触觉、嗅觉、味觉,简单处理后与大脑中已存的信息进行互动,形成知觉,进而在不同的脑区形成脑神经元的新连接,并形成记忆,信息在大脑中有序化呈现形成了自己的知识。

听觉、视觉、触觉、嗅觉、味觉在大脑中统统都是电脉冲,可以在神经元之间高速传递和处理。声音电脉冲是振动进入内耳激发起耳蜗内毛细胞的兴奋产生的,再通过毛细胞底部的听觉神经传入大脑两侧的颞叶。人内耳内的两边各有3000个左右的毛细胞,毛细胞像竖琴那样有序排列,长度各不相同,它们分别对各种不同波长的声波敏感,每根毛细胞只对一个波长的声音产生共振,这样人类就可将不同频率的振动区分开来,并将其转换为听觉信息而被感知到。而视觉作用的机理是,当光进入眼睛后在视网膜引起视锥细胞(见图3-7)的兴奋,并通过与之连接的视觉神经传入人脑后部的枕叶。每个视网膜上有600万~700万个视锥细胞,每个视锥细胞只对一个波长的光产

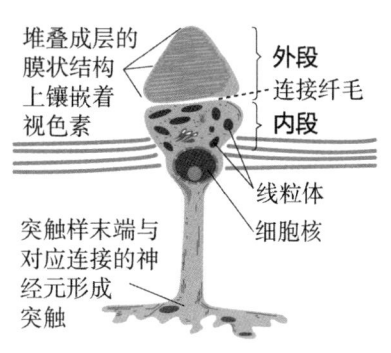

图3-7 视锥细胞

生兴奋,这样就可以把不同的光区分出来。嗅觉的工作原理也差不多,主要是在人鼻腔上方的鼻黏膜上有1000个左右的嗅觉受体细胞,每个嗅觉受体细胞也只对一种气体分子产生兴奋,并通过相连的嗅觉神经传到脑中的嗅球产生嗅觉。有些气体我们闻不到它的味道,是因为我们人体里根本没有感受它的受体细胞,而狗可以闻到,是因为狗有感受它的受体细胞。这样详细地讲述听觉、视觉和嗅觉,就是要大家明白,虽然听觉、视觉、味觉形成十分复杂,但是有其相似的规律性,都是通过单个细胞把一个外来信息转换成电脉冲并通过神经传导到相关脑区形成一个整体的感觉,从受体结构的组成还可以明显看出多细胞聚合的进化痕迹。更重要的是,所有的感觉都是信息源本身具有的客观存在转化为生命体大脑中的主观感受。

在《重塑大脑,重塑人生》里,作者介绍了一个有趣的脑科学实验,这个实验需要两个人,比如你和你的朋友。你让朋友把他的右手放在桌子底下,所以你的朋友是看不见自己的右手的,然后你用一只手轻轻敲桌面,另一只手在桌子底下敲他的手,当然他只能看见你在敲桌面而看不见桌面下你敲他手的样子。敲桌面和敲手的节奏相同,几分钟后,你的朋友就不再感觉到是你在轻敲他桌面下的手,很神奇,他反而会觉得轻敲的感觉来自桌面,感觉桌子已经成了他身体的一部分。这个时候如果你拿出一把刀,用力向桌面插过去,他会十分紧张,认为是在插入自己的身体。

大脑大多数信息加工过程都是无意识的模块化活动,有意识活动在大脑加工中的比例不及1%,其处理信息的速度大约为40次/秒。只有到"知"这个层面才呈现出有意识。知觉是解释外界客体和事件所产生的整体感觉信息的加工过程,是对外界物体的总体认识,它一方面需要外界的刺激带来信息,更重要的是要启动在大脑中原来形成的神经模块来进行比对。比如,在图3-8中,进入眼睛的光信息应该是一样的,但是有的人会首先看到一个花瓶,而有的人却会先看见两张侧脸,这主要是看动用了哪部分大脑先前的神经模块。如果大脑中没有启动相关神经模块,我们就会视而不见,不会产生知觉。

图3-8 花瓶与侧脸

应该说,每个人的神经元细胞本身是一样的,但是形成的大脑神经回路会因为学习过程不同而不同。我们人类千万年进化形成的大脑基础,一开始并不是为了我们现代生活准备的,但是大脑的可塑性也表现为会对神经回路做一些精细改变来适应原始打猎-采集形成的习惯。比如,原始人肯定没看见过汽车,但通过功能性核磁共振实验发现,我们现代人看见汽车的脑模块跟我们用来辨识人脸的竟然是同一个模块,原因可能是汽车正面看上去有点像一张人脸吧。

知觉是有层级区别的。比如,以前我们认为只有人存在自我意识,认识到"我"这个概念,后来发现不仅仅黑猩猩和其他灵长类动物也能够识别镜中的自我,甚至连海豚、大象、猕猴和喜鹊都能做到这点。在《元认知》一书中,大卫·迪绍夫定义了一个概念叫"意向性",可以按程度来对自我意识进行分阶。一阶意向性的主体,能够反思自我的欲望和需要,就是知道自己,也能知道镜子里那个动物不是别人,正是自己。二阶意向性的主体能够形成关于他人心智状态的理念,就是能够知道别的动物在想什么和需要什么。三阶意向性指个体能够推断一个人如何思考另一个人的想法。比如,我知道小明不喜欢魏芳,是因为魏芳老是借钱不还。四阶意向性就是指个体能够推断一个人怎样揣测另一个人如何思考第三方的想法。比如,我能推断小明会想,魏芳总是把钱花在李林身上,是心里喜欢李林。

随着科技水平的提升,对于大脑的研究进入了新的境界,产生了新的认知科学,可以概述为:

人们不再认为大脑自幼年之后一直处于停滞状态,大脑的改变伴随着我们的一生,大脑具有神经可塑性。

大脑的记忆、学习等功能不再局限于某个具体的脑区,而是多个脑区通过连续的神经化学反应来协同实现。大脑左右半球在持续的反馈回路中同时起作用,并相互影响。

人并不是"理性行动者",我们所想所为会受到偏见或执念的影响,只是我们自己没有意识到。潜意识是一个复杂的加工模块的综合体,它通过难以想象的力量控制着我们生活的方方面面。我们的大脑产生我们的心智,同时他人的大脑也影响着我们的心智,在某些方面,人类大脑具有同步性。

大脑可塑性告诉我们:当我们学习时,自己的知识会增加,但是我们同时也改变了大脑的学习机制,增加了它的学习能力。大脑可塑性存在关键期,就是某个阶段大脑特别有可塑性,对环境特别敏感。比如,语言发展关键期为从出生到8岁,而到青春期左右就结束了,成人学习外语将比较困难。大脑的可塑性还体现在,大脑会修剪掉没有跟其他神经连接过的神经元,也会将没有再用到的神经回路修剪掉。大脑在分配处理的资源时,存在用进废退的法则。

语言的奥秘

语言是如此重要,既是每个人学习的重要内容,也是每个人赖以学会学习和思考的工具,是现代人生存和发展的基础。语言产生(对应智人)是人类进化过程中继直立行走(对应旧石器时代)、火的应用(对应新石器时代)后最重要的标志性文化事件。这个语言单指在文字发明以前的语言,包含肢体语言、手语和口头语言。语言的本质是语音(或语形)、语义和语法,而非文字,文字只是语言的一种物化。

语言的奥秘包含两个层次,一个是语言的起源,一个是每个人是如何学会语言的,而这两者实际上是高相关的。

关于语言的起源,人类的神话传说中很少提到,这说明在人学会讲故事前,语言肯定存在很长一段时间了,古代人类并没有把会说话当成一件十分重要的事来刻印下来。

《创世记》中关于语言起源的记述在第二章:"于是上帝用地上的尘土造了各种动物和飞鸟,把它们带到那人(亚当)面前,让他命名。不管亚当怎样称呼每一件有生之物,它就这样得名。"《创世记》还有一处提到了语言,在第十一章:"起初天下只有一种语言,人类使用一种话。他们说:'来吧!我们来建造一座城;城里有塔,高入云霄,好显扬我们自己的名,避免分散到各地去。'于是上主下来,要看看这群人建造的城和塔。他说:'他们联合成一个民族,讲同一种话;但这不过是他们计划做事的开始,以后他们想做什么,就能够做什么。来吧,我下去打乱他们的语言,使他们彼此无法传达意思。'于是上主把他们分散到全世界;他们就停止造城工程。因此这座城叫作巴别。因为上帝在那地方打乱了人类的语言,把他们分散到世界各地。"(《圣经·现代中文译本》,1975)

《圣经》中这两段有关人类初期语言的描述,稀少又珍贵,从中我们至少可以解读出4层意思:

①语言源于命名。最早的语言一定是名词;学会一个名词,实际上首先要对物体有一个独立的概念,然后再用一个抽象的声音符号来表达,这个过程我们每个人都经历过,但都遗忘了。但是一些特殊儿童由于各种原因,要到心智比较成熟的时候才能完成这个过程,就会产生刻骨铭心的记忆。海伦·凯勒在老师莎莉文试图教会她"水"字的时候,突然领悟到万物皆有名字,从此她对语言的学习变得一发不可收。

②语言的读音是任意的。它只是一种共同约定的代指,语音和语义之间并不高相关。莎士比亚所说"名称有什么要紧的呢?玫瑰不叫'玫瑰',依然芳香如故",指的就是这个意思。

③世界语言出于一源。即存在一种"祖语",只是后来人们分散已久,彼此无法相通,才产生了全球几千种语言。这个听起来似乎是没有争议的,既然我们承认所有人类源于15万年前到20万年前的同一个母亲,而人类20万到30万年前已经能够说话,那么存在"祖语"似乎应是共识,但是并不是所有语言学家都是这样认为的。图3-9显示了世界上部分文字的形态,口语则更加多样。

④语言是社群的凝聚剂。同一社群可以因语言分化而分化,这一点大家都是认同的。

实际上我们还可以从另一个角度来推断人类语言的起源,那就是从每一个人学习语言的先后顺序来看。进化三大定律的重复律告诉我们,

第三章 自然学习

Where there's a will, there's a way
英语

书山有路勤为径，学海无涯苦作舟
中文

Μπορείς να μιλήσεις κινέζικα
希腊文字

𑀲𑀭𑁆 𑀧𑀣 𑀧𑁂𑀢𑁆 𑀰𑁆𑀢𑀤𑀬 𑀲𑀦
梵文

আকাশের নীল বনের শ্যামলে চায়।
孟加拉文

오늘 같은 날씨는 어떻습니까
韩文

志ある者は事を成し遂げる
日语

Ոճ ԿԼ Հհ Զձ Դդ ՅԲ ՄԾ Բլ Նն Շշ Ոո Ղղ
亚美尼亚文字

〰 𖼀 ◠ ⌒ ⛰ ⛺ ✴
东巴文（中国纳西族）

图3-9 多样的文字

我们每个人的语言发展过程，就是重复语言本身的进化过程。一开始人不会说话，然后会说简单的名词，一般来说第一声是"MAMA"，而"MAMA"这个儿语的发音几乎全球一模一样（说明"MAMA"是一个典型的"祖语"），然后更多的名词被学会（被发明），接着会说短句（发明短句），再逐渐学会语序和越来越复杂的语法（逐步形成基本的语法）……

语言的三要素是语音、语义和语法。能发出清晰的声音是人发声系统进化的结果，但语音本身是有偶然性的；语义不是独立存在的，是语音和实际指向的事物及行为在每个人大脑中产生关联，这是一个反复刺激形成大脑神经回路的过程,实际上就是学习的过程;语法是语音表达语义的一种规则,是先于文字而产生的。孩子刚开始学会说话的时候,会把"宝宝吃饭"说成"宝宝饭吃",要经过一段时间矫正,孩子才能学会正常的语序。但是在人类语言当中,是有这种"宝宝饭吃"的语法的,比如,日语中,动词位于它的宾语之后,他们就是说"宝宝饭吃"的。这种情况说明了两点:一是每种语法的形成都经历了一个相当长的过程,就如孩子学习过程反映出来的那样;二是语法是一种社会约定,而并非必然。

美国语言学家乔姆斯基发明了一个术语,叫"普遍语法",他认为语言是创造的,语法是生成的。语言具有普遍性,所有语言拥有一套相同的计算设计,即普遍语法,包括名词、动词、短语结构、单词结构、格和助词。乔姆斯基认为,儿童生下来就具有一种普遍语法。普遍语法实质上是一种大脑具有的与语言知识相关的特定状态,一种使人类个体足以学会任何一种人类语言的物理机制及相应的心理机制。笔者认为,乔姆斯基所谓的"普遍语法"实际上指的是人学会语言的大脑基础,在这一点上确实具有普遍性,而非指语法本身存在天生的普遍性,如果非要从世界上几千种语言里找出共同的语法特征,实际上就是"祖语"的共同残留。

也有科学家猜测,在人类口头语言成熟之前,是依靠"手语"交流的,即"手语"早于"口语"。笔者认为这个"手语"绝非现代意义上的手语,就如前文所述的,只是"手势"。因为从婴儿学习语言的过程来看,一个正常婴儿从来不是先学会手语的,但是"手势"确实是先于口语学会的,正因为婴儿普遍采用右手指点某个东西,使这个东西的意义与手势在大脑中形成连接,也正因为这个过程,才使人的大脑语言中枢基本上分布在脑的左半球,而少量左撇子的语言中枢出现在脑的右半球。

还有科学家宣称发现了语法的基因,并试图建立基因与语法之间的关系,这是十分令人困惑的研究。因为语法是人这个进化量子的进化积木,人这个进化量子既有物质性,又有生命性,更有社会性,语法主要是社会性的产物,用基因来解释语法,荒谬程度只比用基本粒子来解释语法轻那么一点点。学会语法和基因有关,但语法本身和基因并没有相关性,如果有,也是巧合。

史蒂芬·平克在《语言本能:人类语言进化的奥秘》一书中指出:每个正常的儿童都能学会说话,这个过程很容易让人想到言语是人的本能,但是这个本能只是指人有学会语言的能力,每个人能学会说话,是大脑具有可塑性的表现。

语言是一个社会性进化积木,学会语言是人和环境互动的结果。亚洲血统的孩子如果在北美出生并长大,他的成长环境决定了他后来会讲一口流利的英文。这显然并非由基因决定,而是由社会环境决定的。如果他出生后被母狼收养,他可能只会狼嚎。从来没有一个人靠自己就开口说话的,更没有一生下来就能说话的。传说佛祖释迦牟尼出生时,一手指天,一手指地,周行七步,目顾四方说了一句:"天上天下,唯我独尊。"那是信仰者的美好想象。

虽然语言输入是语言发展的必要条件,但只有声音是不够的。有人曾建议聋哑父母多让自己听力正常的孩子观看电视,但是,没有一个孩子能够通过这种方式学会语言,除非孩子已经懂得这门语言,否则孩子们根本猜不出其中的角色在说什么。语言里语义是关键,语义和语音建立连接,是一种人与人之间的耦合过程,每个孩子都是通过和大人或其他孩子之间重复、理解、模仿、激励、再重复的互动过程学会说话的。每个人语言能力进步的过程,都是大脑连接和社会连接共同形成和促进的过程,因此语言进化也是自然选择和社会选择共同的结果。

掌握语言后,人类对语言的理解能力超乎想象,人们不但可以完成这个极其复杂的任务,而且在完成这个复杂任务的过程中似乎十分轻松。接受与理解往往同步进行,听话者的思路可以跟上说话者的语速,而不必等到整个句子结束之后,再回过头来对听到的内容进行解读。这和现在最新发明的语音翻译器的工作原理显然很不一样。人听别人说话有超前性,比如一个人哭丧着脸对你说:"昨天我被狗咬了",你绝对在他说到"昨天我被狗"这几个字时已经完成了整个句子在大脑中的定位——除非听到令人意外的语句,比如他实际上说了"昨天我被狗亲了一口",那你就会大吃一惊。这和我们看见一只老虎的情况是一样的,看见老虎并非把老虎的所有细节同时再输入一遍,我们看见的只是它的不同点和它的变化,老虎的其他细节则是由大脑里原有表达老虎的脑神经回路来补上的。

语言作为社会进化中最重要的进化积木,是由人这个进化量子与生活环境相互作用而产生并不断进化的,因此语言是活的,新的表达方式和新的语音语义伴随着学习和劳动不断创生出来,并被社会共同认同和拥有,语言从来不是一个人的事情。言语能力是人类掌握的一项非物质工具,它是凝聚社会、构建制度、创造文明最强大的利器。

当然,有些语言也会灭绝,犹如某些生物会灭绝一样。语言的多样性源于环境的多样性和交流的局限性,交通和通信技术的发展及不同种语言之间的互动碰撞,一方面使某些语言更加丰富,另一方面也会使一些小范围的语言加速灭绝,这个过程实际上是一种文化吞噬另一种文化的过程。如果没有文化认同方面的原因,世界的语言迟早会重新归于统一,这将使世界文化的多样性产生不可估量的损失。好在每个国家都把语言当成了民族文化和国家的根本象征,因此语言越来越多地得到国家机器强大的推动和保护。

意识的根本问题

很多年前的一天,在笔者上完初中二年级物理"镜面反射"一课(主要教学内容见图3-10、图3-11)后,有一个孩子追过来问一些问题。他问:"老师,树木在平静河面上的倒影是虚像,虚像是人眼对河面上反射光的反向延长而成的,那么不用眼睛看,是不是就没有倒影了?"我说:"有啊!不用眼睛看,但是如果用照相机拍照,照片上不也是有倒影的吗?"他又问:"如果没有眼睛,没有照相机,也没有人类,那么树在河面上有倒影吗?"我回答说:"当然有啊!"然后,这个孩子就回去了。

这段对话困扰了我很多年,这个孩子问的实际上是一个大问题,因为意识是学习的根本性问题,是学习基础的基础。在这次对话后,我看了许多有关意识方面的书,却一直没有找到答案。虚像没人看,它存在吗?这个问题实际上和问"一棵树没人看见,它存在吗"是一样的。作为

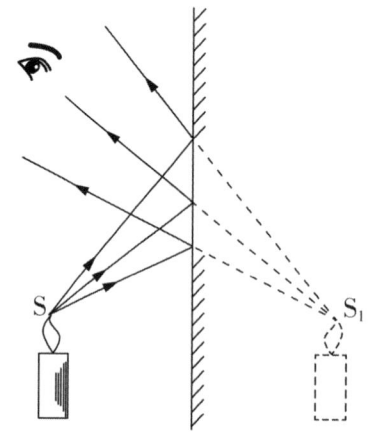

图3-10 镜面反射形成虚像

图3-11 树的倒影

一个唯物主义者,当然应该承认树的存在本身与看见、看不见没有关系。

但是,沿着这个问题会产生更多的问题,比如没有人类前,甚至没有眼睛这个东西前,这个世界有颜色吗?色彩这个东西到底是主观的,还是客观的?为什么我们只能看见宏观的树,而不能直接看见细胞,甚至原子?这和意识的产生直接相关。在笔者追寻有关意识的起源的过程中,发现这片领域一片混乱,基本上没有弄清楚来龙去脉,大多数研究者把感觉、知觉、意识、思维、思想混在一起,没有十分可信服的整体解释。不过我们已经习惯了这种知识的错觉,因为存在错觉并不十分影响我们正常的生活。比如,你说核武器,你真的知道核武器是如何工作的吗?你说《圣经》,你真的读过《圣经》,知道《圣经》里的故事吗?你每天使用拉链,你能说出拉链是怎样工作的吗?你每天都在看见各种东西,但是你知道看见是一个什么样的生理过程吗?哪些东西你知道自己知道?哪些东西你知道自己不知道?哪些东西你不知道自己知道?哪些东西你不知道自己不知道?

我们每个人身体里布满了各种生物传感器,能感受环境里的温度、压强、光、声音、气味等信息。这个"感"的过程机理科学家已经基本弄清楚了,"感"是一种人体外部或内部物理化学信号转变为电信号的过程,传导到大脑后会形成"觉","觉"就是大脑中产生了对应的神经回路,当新的"感"再次到达大脑的时候,就会和先前形成的"觉"进行比对,这个就是"感觉"的形成。

物体和事件的多个"感觉"在大脑里汇合,会对物体和事件形成一个整体的概念,这个抽象过程就是知觉,也就是人意识到了这是什么事物。因此,意识是人的头脑对于客观物质世界的反映。生理学上,"知"的脑区在左顶叶上,而思维脑区在前额叶周边,最重要的功能就是辨识真伪,它可以辨识自己脑区中的表象是来自外部感官还是来自想象或回忆。这种辨识真伪的能力,其他任何脑区都没有。当人在睡眠时,思维脑区的兴奋度降至最低,此时无法辨别脑中意象的真伪,意象基于记忆中的认知,这就是所谓的"梦境"。

蓝色(blue)是一种冷色调颜色,它实际上是一种电磁波,频率为600~700太赫兹(对应空气中波长500~430纳米)。当蓝光进入眼睛,刺激视网膜上的锥形细胞形成电信号,通过视神经进入枕叶形成蓝这种颜色的感觉。这里有一个关键问题,不知道你是不是知道自己不知道?就是蓝色到底是在人脑中涌现出来的一种"创新形式",用来代表频率为600~700太赫兹的电磁波,还是世界上只要是频率为600~700太赫兹的电磁波其本身就是蓝色的?这个问题是意识最本质的问题。如果蓝色是主观的,那么蓝色就是社会产物,是通过学习才形成的,那么我们就很难理解这个情况——虽然中文把那种颜色叫作"蓝色",英国人把那种颜色叫作"blue",阿拉伯语把那种颜色叫作"أزرق",但是指向的却是同一种颜色。只要认为蓝色是客观的,就是频率为600~700太赫兹的电磁波,其本身就是蓝色的,那所有的问题就迎刃而解。在没有人类甚至没有生命的世界里,地球上就有蓝天,在宇宙的任何地方,只要是频率为600~700太赫兹的电磁波,就是蓝色的。狗看见的也是这种蓝色,甚至在寒武纪第一双眼睛产生之时,看见的也是同样的蓝色。它本来就是蓝色,只是被生命体进化出的神经系统感受到了。颜色是色光本来的特性,就如物体的形状是事物本来的特性一样。同样,在没有耳朵以前,世界就是有声音的,生命体能够听见声音,是因为声音催生了生命体听觉的产生。当然有人会问,那痛觉是怎么回事?难道没有生命的世界也有痛这个东西吗?这个在后面章节再分析。

我们在大脑中感觉和意识到的世界,不是另一个世界,而是真实的世界通过复杂的神经系统的投影。意识是进化过程中生命体对客观世界的反映,红外线在世界上本来就是不可见的,所以我们就看不见。蓝天不是因为你看见才是蓝色,而是它本来就是蓝色的才被你看见。意识的原始素材就是自然界本来的样子,而非人脑创造出来的。人脑会把这些片段式的知觉,在大脑中按照不同的顺序组合而产生有别于自然世界的新认识,这就是意识,但这让人类产生了错觉,以为人创造了意识。这个过程与基因片段拼搭成各种DNA没有两样,这不是创造,而是新组合。意识的产生是生命进化中十分重要的阶段,它为人类思想的产生提供了最重要的一块进化积木。

大脑对意识的判断和分析产生了思维过程,这个过程所有有脑的动物都是具有的,如一条鱼发现了浮游生物的时候,就会从"感"到"觉"再到"知",通过"思维"判断出它可以成为自己饱餐的对象,并采取"行动"。因此,大多数动物可能没有自我意识,但意识和思维能力绝对是有的,只不过是程度上有一些差异。

人类独有的只有"思想",所谓的思想是用文字和符号对思维过程进行描述与表达,这个表达可以在大脑里进行,也可以用语言表达出来,或者用文字写成书。"思想"是人类文化进化的量子积木,可以独立于人类而存在。而"意识"是生命进化中最高级的量子积木,它不能独立于生命体而存在。

语言是描绘和表达思想的工具,语言并不是思想本身,但是语法的组合方式反映着思想的组合方式，特别是语法实际上是概念在时间尺度上的单维度排列，也会对思想产生限制。史蒂芬·平克认为，语言的隐喻力和组合力结合在一起，有助于构思和表达人们源源不断的思想。但是，思想也因为语言的局限性而被禁锢，而学习主要是借助文字工具形成思想的过程。因此学习本身也是一种禁锢思想的过程，这种情况教育者应该要意识到。

学习的意义

爱与智慧是学习的全部意义,学习能提升自身能力并为社会更好地做出贡献,但真正的学习并非为了功利,就如真正的科学其意义是为了满足人类的好奇心而并非为了促进社会发展一样,科技促进生产力只是科学本身的副产品。我们经常会说"学习是为了学生的发展",这肯定是对的,但难道学习仅仅是促进学生的发展吗?更重要的还在于能让孩子幸福地学习和生活。我们也经常对孩子说,"你现在苦一点,将来就会幸福了",这种说法是有问题的,在第一章中已经阐述过,幸福不是未来最终的结果,幸福应该贯穿于成长和学习的全过程,是孩子们现在就应该拥有的权利。孩子们只有在孩提时代就体验到幸福的学习生活,将来才能成为一个正直、乐观、向上的健康人,未来社会才会和谐进步。对爱和智慧的渴望就在当下,而非只指向未来。

爱和智慧隐含在教育的内容里,体现在教学全过程,实现在学习的结果中。比如,学习提升思维品质,孩子们通过思维过程,深深浸润在学习中,把大脑放到世界的大背景和多样的领域中去连接与感悟,就能产生非常持久、非常丰富的幸福感,而不是简单的表扬所带来的浅表幸福。以前我们总是把学生的情感体验仅仅作为对学习产生兴趣之后的动力,今天我们应该把学生的学习情绪也作为学习内容。动力的来源在哪里?师生为什么会饱含学习热情?那是因为老师们把所有的知识与学科都作为"活体"来看待,我们为什么会没有激情去教学,就是因为把学科看成是死的东西。如果学科是活的,老师就会看到它在技术、理念上的不断发展；学生感受到学科是活的，就可以参与到学科发展中去。教师每天都在讲授着很多新鲜的、发展中的内容，就会让学生知道学习这些学科需要不断探索和思考。教师必须要明白自己教的学科知识是活的，是在不断发展的，而且在教学过程中要传递这种信息，让孩子浸润在一个活的学科之中。死的学科观会导致死的教学过程，其典型特征是上课以解决预设的学科问题为目的，上完课问题解决了，学生却没有形成新的问题。因此，判断一节课是否成功，首要的标志不是解决了多少预设的问题，而是学生在学习过程中产生了多少新疑问，这种疑问是学习发生的动力，也是学科发展的动力，更是爱与智慧在学习中的体现。

爱是心灵的善意，智慧是行动中的心动。我们来看个陶行知四块糖的故事。陶行知先生当校长的时候，有一天看到一位男生用砖头砸同学，便将其制止并叫他到校长办公室去。当陶校长回到办公室时，男孩已经等在那里了。陶行知掏出一块糖给这位同学："这是奖励你的，因为你比我先到办公室，说明你很守时。"孩子不敢接，陶行知又掏出一块糖，说："这也是给你的，我不让你打同学，你立即住手了，说明你尊重校长。"男孩将信将疑地接过两块糖，陶先生又说道："刚才我迟到是因为去了解情况，知道你打同学是因为那个男生欺负女生，你打抱不平，说明你很有正义感，我再奖励你一块糖。"这个男孩子拿了三块糖就哭了，说："陶校长我错了，以后再也不打人了。"陶行知再掏出第四块糖，说："你是好孩子，知错就改，我再奖励你一块。我的糖发完了，我们的谈话也结束了。"这个故事生动地展现了陶行知的教育思想，体现了教育强大的力量。每个孩子在老师面前都是可以改变的，看到孩子的缺点，是教育者的教育机会。现在我们家长为什么焦虑？笔者认为可能不是焦虑自己的孩子将来不优秀,焦虑的恰恰是被同学看不起,被老师看不起。进入小学的时候,如果一个孩子大字不识,是零起点的,甚至行为习惯也十分糟糕,这个时候我们的老师是什么态度?这就是一个根本问题!我们的老师看到一个啥都不会的孩子,如果充满了欢喜,觉得这是教育的机会来了,那就是有教育情怀,即有爱与智慧。一个孩子已经识2000个字,还要他来读一年级干什么?"生命有缝,阳光才能照进来",这体现了我们教育的一个根本性的价值观。

要实现学习的爱和智慧,需要教育教学的爱和智慧。对于教育如何体现这个理念,笔者提供四个策略。

一是师生互动共同开展教学活动。师生互动说起来很简单,但行动起来十分讲究方法。如何让孩子的前概念表达出来,暴露其已有的"先验知识",是值得研究的;要创建唤起学生学习积极性的环境;设计做、游、玩等活动,要从学生没想到的发现做起。如果每天教师走进教室都是不一样的,今天做游戏,明天扮成圣诞老人,后天孩子们就会非常期待教师的到来。教师的主动性是非常重要的,每一天都要不一样,因为你每天的不一样,孩子每天就会不一样,而孩子每天的不一样,教师每天的幸福感也就不一样。

二是关注提问的质量。学问学问,说明学习和问题往往是连在一起的。在教育过程中,教师会提问题非常重要。笔者认为,要具体形象地提出问题;问题要少而精;不要问死问题。一般问题会有这样的三种类型。问题1:什么叫重力?面对这样的问题,学生就只有背,这就是一个死问题,因为只有一个答案,没有按照这个答案回答就是错误。问题2:你觉得重力有什么特点?这个问题就需要学生思考后才能回答。问题

3：没有重力会发生什么情况？这个问题是一个开放式的问题，为学生提供了十分开阔的发挥空间。在教师有智慧的设问情境下，学生往往会产生许多新的问题，这个时候鼓励学生把心中的疑惑讲出来，学习就真的发生了。笔者曾经在美国布朗克斯科学高中深度观察他们的科学课堂，得出一个结论：这所世界名校之所以办学成绩卓著，就因为其核心理念是鼓励学生提问，并提好的问题。

三是创建有效的集体学习。在学校里学习最大的好处就是有很多同伴，几个人一起学习讨论，可以彼此触碰带来启迪。一个教师教一群孩子和教一个孩子感受是很不一样的。如何把集体力量开发出来？我们要意识到，在一个班级里每一个普通孩子都是学习的重要资源，千万不要以为他们只是跟在后面。笔者在教初中学生能量守恒定律时，讲完"能量既不可能产生也不可能消失，它只能从一个物体转移到另外一个物体，从一种形式转化为另一种形式，而总量不变"时，成绩好的同学已经摇头晃脑表示早已理解，而一个成绩不好的同学始终皱着眉头。我很纳闷，问他："有什么问题吗？"他说："老师，按照你的说法怎么会出现能源危机呢？能源不会没有的呀，不就是在转来转去吗？"我又马上把这个问题抛给了每次考满分的优等生，他们说："不知道，从来没有想过。"所以在一个班级里，思维慢的孩子也许思维很有深度，我们一定要给不同的孩子创设更多的机会。

我们要明白：

——不同理解力的学生共学有利于深入发现问题；

——学生的不同做法是开拓想象力的资源；

——合作需要有智慧地引导和设计；

——在许多人面前展示自己的发现能让学生有更多成功的体验。

新加坡的榜鹅学校以陶艺特色闻名,这所学校的每一面墙都用来让孩子们用合作的方式进行陶艺展示(见图3-12)。与在陶艺课上捏个小猫小狗类的个人作品不同,陶艺展示墙是整体设计、分工完成的,其中的精神就是团结合作。

图3-12　新加坡榜鹅学校的池塘陶艺墙

笔者不知道我们的校长在让学生做研究性学习的时候是否能确保所有孩子都有展示机会,这是探究活动中最重要的一个环节。因为要展示,学习过程中就不会偷懒和作假;因为要展示,孩子们之间就要比拼,就会很认真地对待;因为要展示,就会知道重要与否的取舍关系,会记录下过程性的重要信息,这是研究的最重要环节。

四是重视探究过程和设计。学习不是灌输,主动学习和被动学习差异很大。让学生做研究,过程的设计很重要,活跃的思维需要行动去激发,巧妙设计启迪思维是现代教学最为重要的能力。在传统教学中,我们老师最关注教案,关注理顺先讲什么再讲什么的步骤,但具体深入下去该如何设计,教师往往就忽略或粗放处理了。这个内容究竟应该怎么讲、用什么软件、通过什么方式,才能让学生有效体验?可以设立一个个小的项目,通过探究、讨论,甚至比赛等形式,促成孩子们像艺术家那样去创造,像科学家那样去思考,像运动员那样去比拼、超越,体会荣耀,这是孩子的天性,这些短、平、快的学习活动发生于学校的各个角落,在这样的环境下,学生才会被激发。

在学习中,爱和智慧通过教育来传递,通过学习来创造。之所以在自然学习这个板块里迫不及待地论述了学校教育当中的许多关键问题,是因为无论是自然学习、经典学习,还是现代学习,在学习意义层面上都是一样的,甚至在观察动物界发生的学习时,我们都会被其中蕴含的美和智慧所感动,因为学习的意义和技术发展没有任何关系。

第四章
经典学习

　　自由意志和创造性带来一个开放而无限制的世界。任何事情都可以想象,任何事情都有可能实现。这就意味着,人这种东西,既可能创造令人痛恨之物,又可能创造为人所爱之事。

——凯文·凯利,
《失控:全人类的最终命运和结局》,新星出版社,2011

教育转型与教育变革
——价值空间

来源:上海市教师信息化培训

时间:2017年8月

文字的产生

人类从自然学习阶段进化到经典学习阶段,其分水岭是文字的产生。语言的本质是语音、语义和语法,而非文字,文字只是语言的一种物化。拉丁字母是近现代新创制的,世界上大多数语言传统上只有口语而没有文字。文字产生后,语言产生了重大变化,使语言从听、说两个维度,一下扩展到听、说、读、写4个维度,人们可以通过文字记录自己的思想,使这些思想穿越时空,让千年后的人阅读并分享其思想的力量。一旦有了文字,其组合排序创新就是十分自然的事情,需要的只是时间。人类对文字的使用越来越复杂,就产生了文法和文学。文字用来记录历史,用来写诗,用来写宏大的小说。文字符号是人类文化进化当中最重要的一块量子积木,没有文字符号,人类就不会有今天的成就。

几乎所有具有文字传统的古代民族都有关于文字起源的传说,这些传说在很大程度上可视为古代贤哲对本民族文字起源的诠释,反映了他们的"探源"方式及其成果。这些传说的内容有一个共同特征就是,文字是人与神沟通的介质,与神的重要秘密有关。我国更是一直有一种传统,叫"敬惜字纸,过化存神",就是有字的纸张不能随便丢弃,字是有神秘力量的,圣人所到之处,人民无不被感化,并永远受其精神影响。文字对文化进化的推动力量,无出其右。

《淮南子·本经训》中记载:"昔者仓颉作书,而天雨粟,鬼夜哭。"就是说,仓颉造字成功那天,天降粟米如雨,鬼魅哭泣,"谷雨"的名称因此而来。传说仓颉造字时,曾登临河南的阳虚山,并在玄扈水、洛水之畔漫步,河中的灵龟将背上内有丹甲青文的天书传授给他,仓颉便以此为基础,创制了文字(见图4-1)。《吕氏春秋》中也有记载:"奚仲作车,仓颉作书。"但是这个传说实际上明确说了,仓颉是发现了红色的龟甲上有青黑色的文字,这当然不是什么天书,而是先人留下的文字,说明仓颉造字前已经有了文字。近代考古发现了3600多年前商朝的甲骨文、约4000年前至7000年前的陶文、约7000年前至10000年前具有文字性质的龟骨契刻符号,所以仓颉最有可能是在黄帝时代负责整理过去汉字的集大成者。有意思的是,传说中仓颉生有"双瞳四目",这个"双瞳"现代医学认为是早期白内障的现象,而"四目"难道不是戴了一副眼镜吗?从现在来看,仓颉看有文字的东西太多,完全有可能是得了近视眼,现代眼镜要到文艺复兴时期才真正发明出来,但是我们真的不能低估我们祖先的技术能力。1990年在浙江省杭州市半山镇石塘村的一个战国时期的古墓里

图4-1 仓颉造字传说

挖出了一个2000多年前的水晶杯(见图4-2),那仓颉完全有可能用两片天然水晶磨制出了最古老的眼镜。

苏美尔史诗《恩美卡与阿拉塔之王》(下文简称《史诗》)是反映苏美尔人的"文字起源观"的第一部文学作品,说《史诗》的主人公乌鲁克国王恩美卡就是楔形文字的发明者。

图4-2 杭州博物馆的镇馆之宝——战国时期的水晶杯

《史诗》叙述了公元前2000多年恩美卡派遣使者到相隔"七重"大山的国家阿拉塔,要求那里的国王为乌鲁克提供金、银、天青石、木材等乌鲁克缺少的建筑材料和装饰品,还要求阿拉塔人为乌鲁克建造神庙。乌鲁克地处两河流域南部的冲积平原,缺少金、银、天青石之类的宝石和适合建筑的木材,而这些正是阿拉塔所富有的。刚开始是使者在两个国家之间来回传话,结果口信越来越复杂,使者发现不能胜任使命了,于是乌鲁克国王揉了一块泥板,把言词写在上面。《史诗》在这里还加了一句评论:这样的事情从未有过。

图4-3 乌鲁克公元前3200年的文字

实际上,如果《史诗》叙述的这件事是真实的,那就告诉我们乌鲁克国王恩美卡肯定不是楔形文字的发明者,反而说明在这个故事以前,文字已经存在了。因为写字和阅读是孪生的,光写字没人能认识,那就不是文字,只能算涂鸦。实际上考古也表明,在《史诗》叙述的故事发生前1000多年,就已经有了原始的楔形文字。图4-3展示了乌鲁克公元前3200年的文字。有趣的是,在17世纪发现楔形文字后的200年,人们一直无法破译,直到1802年有一个叫格罗陶芬德的中学教师,喝多酒以后,突发奇想,发现了对楔形文字行文格式的破译方法。图4-4是楔形文字的演变示意。

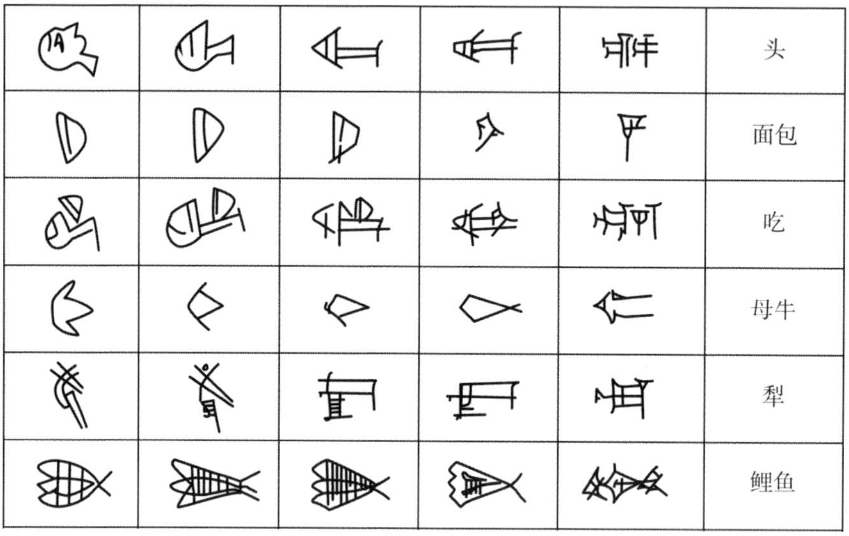

					头
					面包
					吃
					母牛
					犁
					鲤鱼

图4-4 楔形文字的演变
(来源:《巴比伦与亚述文明》,北京师范大学出版社,2013)

从考古、神话传说、人类学家的研究等多角度可以看出文字来源的三条线索。一是在制造陶器等工具时,先因为有美化或者区分物品拥有者的需要出现了特别的纹饰(见图4-5),而后进化出了符号,最后形成了有语义并被广泛认同的最初的一些文字(如图4-6),如文化的"文"字就是来源于纹饰的"纹"。

二是古人用动物骨头或小木棍之类的东西来计数或做游戏、占卜算卦。八卦据说是由伏羲创造的,已经是非常严密的一套数字符号系统了。

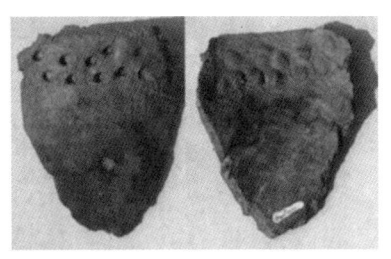
图4-5 江西万年仙人洞发现的2万年前的陶片

图4-6 6000年前良渚文化陶片上的刻纹

三是出于敬神或者祭祀仪式的需要,在洞穴壁或者龟背上刻画某种图腾,来表达对神的敬畏或者表达对先祖的祭奠,并逐渐形成一定的共识,进而产生了原始的文字。

这三种情况极有可能互相交织共同影响,最终出现了许多有固定意义的符号。在人类从狩猎-采集时代走向定居、集聚的过程当中,出现了一定的社会分工,有些人会专门从事制作陶艺、占卜或者祭祀等工作,逐渐成为制作符号和解读符号的专家。在原始城市和国家出现后,生产资料和劳动成果会逐渐富集,统治者为了更好地储备和分配这些物品,就会要求部下形成一套有效的记录系统,苏美尔人的楔形文字如此,埃及人的象形文字也是如此,这样相对系统的文字就产生了。大英博物馆百物展中的早期写字板(见图4-7),就是在一块黏土上记录了分配啤酒的故事。考古学家发现的这些泥块数量巨大,非常统一,说明那个时刻已经形成了一套完整的生产链来确保文字系统的运作。有的人专门制作标准的泥块,有的人

图4-7 伊拉克南部的文物"早期写字板"(公元前3100年到公元前3000年)

负责刻写,有的人负责用绳子把它串起来变成泥巴链,有的人负责解读检查,这一定是一个系统工程。更重要的是,这件事情背后还隐藏了一个巨大创新——一定有一套行之有效的教育体系,这个系统才能够完美地运作,学校应该在那个时候就诞生了。

进化量子积木

进化量子——基本粒子、基因和人,是物质进化、生命进化和文化进化中最基本的构成,通过它们的各种拼搭,无数的量子进化产物涌现出来。有些进化产物相对稳定,是新进化的基础,这些精神或者物质的东西,就是进化过程中的进化量子积木,在本书中,我们有时简称为"进化积木"或"量子积木"。显然,物质进化、生命进化、文化进化中最重要的进化积木分别是原子、DNA和语言文字。

原子由原子核和核外电子组成,形成原子的基本粒子是质子、中子和电子,而非所有的基本粒子。不同原子因为原子核内的质子数不同而形成不同的元素,这个质子数决定了原子的核外电子数,而决定原子化学性质的关键是最外层电子数。核最外层电子数相同的原子往往表现出相似的化学性质,比如锂、钠、钾,再如碳和硅。原子通过核外电子的得失形成离子,阳离子、阴离子之间通过电磁作用形成离子键;原子通过共同使用外层电子,形成共价键,通过这两种方式搭建出无数的化合物。实验发现,宇宙中还存在反质子、反中子和正电子,因此世界上应该存在由它们组成的反原子,但是在我们身边很少发现反粒子,到目前为止也没有发现由反粒子构成的宏观物质,这是宇宙的一个谜。

DNA是由两条紧密关联的基因链复合而成,不同的DNA,碱基对的排列次序不同。碱基对是以氢键相结合的2个含氮碱基,以胸腺嘧啶(T)、腺嘌呤(A)、胞嘧啶(C)和鸟嘌呤(G)4种碱基排列成碱基序列,其中A与T之间由两个氢键连接,G与C之间由3个氢键连接,碱基对的排列在DNA中也只能是A对T,G对C,这是DNA复制最重要的原理。我们以人类的DNA为例,人类基因组由23对染色体组成,其中包括22对常染色体和1对性染色体,由于人体细胞的染色体是二倍体,因此我们实际上有46条DNA。每条染色体有短有长,人类基因组含有约31.6亿个DNA碱基对,其中一部分的碱基对组成了20000到25000个基因,这些基因代表了各种各样人的性状。生物的染色体多少并不是最重要的,并不是说染色体越多生命越高级,从某种程度上来讲,如果把23对染色体头尾串接在一起变成一对染色体,从包含的生命信息和复制机制而言没有太大的不同。2018年我国科学家把酿酒酵母的正常单倍体中16条染色体连成了一条超级大的染色体,这条超级染色体接近原来最大一条长度的10倍(见图4-8),但酵母基因组的大概6500个基因没有变动,结果发现这些

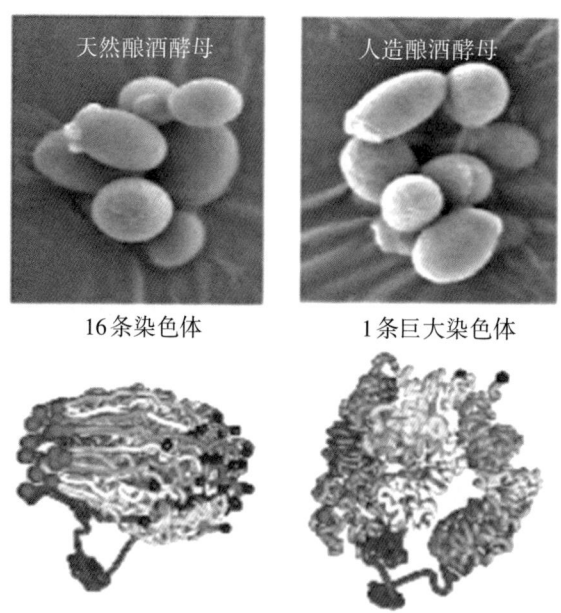

图4-8 科学家把酿酒酵母的16条染色体连成了一条
(来源:中国科学院网站 https://www.cas.cn/zt/kjzt/2018ndldsx/kjcx/201901/t20190114_4676871.html)

酿酒酵母和原来细胞一样工作。

DNA只是一个双螺旋分子,细胞则是生命活动的基本结构和功能单位,我们把DNA而不是细胞当作最重要的生命进化积木,这是因为细胞是DNA的必然产物,是DNA的制造工厂和家园。而由单细胞组合成多细胞,更多的是形态上的分化和复杂化,并不能显示生命进化的飞跃性。

文字主要是两种形态,从前面的章节中我们已经了解到文字从图画到符号到文字的演变过程,已知最早的文字是象形文字,而后才有了拼音文字,拼音字母就是由象形文字变化而来的。比如,研究者认为,A字母变自牛,W字母变自水,N字母变自蛇,R字母变自人头。世界上现存的文字主要是现代象形文字和拼音文字,汉字就是现代象形文字,其几万个字实际上是由几十个简单的基本笔画构成的,而每个字与其他字组合可以形成无数的新词语;拼音文字则更加简洁,英文就是由26个字母组合形成海量单词。无论是现代象形文字还是拼音文字,都是既表音又表义的,而埃及的象形文字,有可能一个文字代表一个行为,并没有严格相对应的语音。一般来说,只要学会几百个汉字并懂得汉字组成的规律,就能大致读出陌生汉字的语音,甚至猜测出大致的意思。当然,也会有十分不搭的情况出现,这就是语言的复杂性。

从原子、DNA和文字符号这几个非常特殊的进化积木当中,我们可以总结出有关进化积木的几条规律:

一是虽然搭建进化积木的作用力不相同,但是所有的进化积木都是进化量子直接作用的结果,同时也会对进化量子本身产生反作用。 比如,文字产生后,人的大脑会产生针对文字的专门脑区,就是我们所谓的

"文字盒子区"，以更好地处理文字。DNA产生后，基因的作用不仅仅是直接指挥合成蛋白质，也会对其他基因产生开关的作用，并分化出显性基因和隐性基因。赫拉利在《人类简史》一书中说道："有证据显示，自从采集时代以来，智人的脑容量是逐渐减少的！要在那个时代活下来，每个人都必须有高超的心智能力。而等到农业和工业时代开始，人类开始能靠着别人的技能生存下来，就算是低能的人也开始有了生存空间。"文字这个进化积木的出现，使人可以把知识储存在外部，而不必全部记忆在自己的大脑中，这样人的大脑容量反而减小了，这个反作用以后将越来越明显。

二是进化积木的形态是在空间和时间上的延展，存在一定的对称性和方向性。原子如此，DNA分子如此，文字也如此。换句话说，时空对进化积木的进化产生的影响是根本性的。有意思的是，原子积木搭建是三维空间取向，DNA上的基因序列是一维空间取向，而文字搭建是二维空间取向，可见原子、DNA基因序列和文字呈现出不同维度的对称性。

三是进化积木并非进化量子本身层面的复杂化。基本粒子形成原子，是粒子和粒子之间能量形态的复杂化；基因形成DNA，是信息表达和控制的复杂化；文字形态看上去和人本身一点不搭，但它就是人思想和实践的产物，是精神层面的复杂化。

四是在一种新的进化积木构架成功前，存在试错的时间，最后会通过一个简约规范的过程，形成相对稳定的结构，并为新进化积木的搭建奠定基础。在原子形成初期的非常短的时间里，有过一个瞬息万变的不稳定态，这在对撞机实验中经常可见。而DNA形成稳定的双螺旋结构前，基因片段随波逐流，一旦能使基因串成长链的物质产生，就有了寒武纪生命大爆发。这次大爆发看上去是生命形态的千姿百态,实际上是DNA试错的过程。现代文字形成前各种史前文明有各种各样的试错,楔形文字从最初的几十个符号,后来一度发展为900多个符号,也有过迅速膨胀的过程,楔形文字还在字体方向上有过多次调整,最后才演变为26个拉丁字母。世界上有几千种语言,这种多样性也是一种试错。物理学家弗里曼·戴森曾对语言多样性的原因作如下解释:这是大自然促使我们快速进化的方式。同时并行犯错,比一个个犯错要节省时间。

五是进化积木的形成和复制需要一个特殊的环境。大多数重原子是超新星爆发时形成的;DNA需要在细胞环境里才能很好地完成复制工作;文字的产生则需要一定的人口规模,更需要生产关系达到一定的高度,有强大的社会动员能力和组织能力。因为文字是一个系统工程,带有强制性的特征,如果没有强制认同和统一使用,并通过系统的教育来固化,文字只能是一些特殊符号,不可能成为一个民族、国家的共同文字,一般人口小于百万的民族,很少有其自己的文字,就是这个道理。同样的文字,在不同的地区有不同的发音方法,只能称为地方性方言。因为国家的强力干预,文字甚至会出现突然的巨变。比如,越南传统上的文字一直是汉字,但是1945年越南独立后,为了突出国家的独立性,把一种由拉丁字母变形而来的拼音文字作为法定语言,变成了现代越南所使用的"国语字",这个过程只需要一代人就可以完成。这种情况在历史上反复出现,我国的西夏文字,还有日语、韩语等语言都是文字突变而来的。

大脑和阅读

文字产生时间不会超过一万年,和人类进化千百万年时间相比,可以说是短短的一瞬间,这样长的时间里大脑从来不是为了阅读准备的,但是大脑的可塑性竟然使人类创造了文字,也让我们绝大多数人能够非常自然地通过阅读文字来学习新知,这再次说明人脑的强大适应性。我们每个人的大多数能力需要通过学习才能获得,并以大脑神经元连接的方式形成自己的知识,这种方式虽然比较累,但是人类因此拥有了非常开阔的创新空间。相反,很多动物通过DNA遗传本能知识,虽然很轻松,却限制了自身的发展。

人类的阅读,是现代人获取知识的最重要的途径。但是,我们常常有个错觉,因为我们在阅读时觉得很放松很舒服,就以为阅读是一件很简单的事。实际上,阅读机理并不简单,它是一项把视觉、语言、注意力、记忆力、感觉甚至运动等结合在一起的综合性的活动。要把我们大脑的不同区域联合起来,形成一个好的阅读通道,这个过程需要10年左右的时间,也就是差不多整个义务教育的时间。阅读如此复杂、重要,我们有必要对前面论述到的知识做个小结,以更好地了解"大脑和阅读"这一主题。

知识一:阅读由专门的脑区来完成。

人类的大脑很神奇。整个宇宙的星系有1000亿个,我们大脑的神经元大约也是1000亿个,但我们对宇宙的了解程度远比我们对大脑的了解程度高。最初的原始生命并没有神经系统,后来慢慢形成了非常简单的神经网络,最后才进化出了复杂的神经系统和大脑。我们每一个人在妈妈的子宫里,从一个受精卵开始变成一个胎儿,从这个过程可以看到大脑的整个生长过程,而这个过程也正是我们整个人类大脑进化的再现。

每个人生下来后先学会说话,再学会阅读,这个过程也是人类文化演变在每个人身上的反映,人类的语言表达显然要远早于我们的文字产生。黑猩猩是我们的近亲,它们的咽喉部分和人类是不一样的,人类在二三十万年以前的一次基因突变,使咽喉的整个空间被打开了,可以发出非常复杂的音节,人类从此有了语言,大脑也因此有了专门为语言提供服务的区域。人类真正意义上开始阅读,估计只有几千年,我国最早的文字大约是在5000年前出现,最早的阅读也应该在那个时候开始发生,因为文字书写和阅读能力应该是孪生的。大脑并非为阅读而生,但是有了阅读,大脑就自动为它提供了空间。我们的大脑中有和阅读相关的4个重要区域,分别为视觉语言中枢、书写中枢、运动性语言中枢和听觉语言中枢。这些语言中枢,基本上都在大脑左半球,这些脑区在文字出现前并不是用来阅读的。

知识二:阅读是一个主动的过程,而不是一个被动的过程。

对大脑来说,阅读是比较主动的,至少比看电视要主动得多,因为阅读对象是符号信息,大脑转换需要更多的环节。我们看见东西,70%的信息来自自己的大脑,比如说大家看到一个物体,来自你眼睛的这个物体信息只有30%,而70%是要调动你大脑里原有的一些关于颜色、形状的基本信息,脑外脑内信息合作才能实现"看见"这个物体。阅读比"看见"要复杂得多,阅读除了"看见"文字,还需要明白其语意,因此完成阅读,大脑需要提供的内部信息,其比例可能高达99%。

文字是人创造的,但对于每个人而言,都在大脑中重复文字创造的全过程。我们平时看到的文字,有和中文类似的方块字,也有像英文那样的字母文字,这些字母字形并不是凭空而来的,它存在于现实世界的各种图形之中,我们的先辈从中提炼成了各种字母字形,并赋予其语音和语义。而我们每个人通过学习阅读,逐步在大脑左侧枕-颞区形成一个稳定的"文字盒子区",这个文字盒子区将字形信息同时投射到负责语音编码的颞上皮层和负责语义编码的颞叶中部和前部脑区,阅读才成为了可能。

知识三:"阅读脑"和"非阅读脑"十分不同。

通过核磁共振(fMRI)等机器观察发现,"阅读脑"和"非阅读脑"在看同样的文字时,反应差别很大。阅读脑像放烟火一样反应激烈,而非阅读脑的反应则要平淡得多,因为非阅读脑虽然看见了文字,却并不认识,后续的一连串与阅读有关的脑行为就不会发生。

另一方面,我们也能看到,越是优秀的阅读者,"文字盒子区"对未知知识的反应就越剧烈,而对已经掌握的知识其反应就越平缓。一个小孩和一个成熟的阅读者,他们之间的差别在哪里呢?很多信息对小孩来说是第一次看到,但是一个成熟的阅读者已经在大脑里的信息往往会更多一些。大脑是一个高耗能的器官,要耗费人体大约25%的能量,因此大脑总是在努力降低耗能。最好的办法就是一个神经元固化一个单词,你再次读到的时候,大脑神经元就不要重新连接了,这样可以耗费最少的能量。一个初级阅读者每个词语都要重新连接,耗费的能量就很多。所以当你在阅读时感到很舒服,说明你已经是一个高级的阅读者了,你耗费的能量非常少,可以开始享受阅读带来的快乐。

知识四：大脑是一个非常喜欢偷懒的器官。

科学家在葡萄牙发现一些特殊家庭，这些家庭由于没有钱让所有的子女都接受教育，会选择让年长的姐姐在家负责做家务，而让弟弟妹妹去读书。科学家筛选了6对来自这样家庭的亲姐妹，每一对姐妹的成长环境相似，社交活动相似，性别一致，唯一的差别就是姐姐不识字而妹妹受过教育。对这6对姐妹进行了大量测试，通过磁共振成像和正电子发射断层扫描等先进的科技手段，观察被试者的大脑激活反应后，科学家发现：受过教育的妹妹们的胼胝体后部更厚。胼胝体连接左右大脑半球，它的增厚使两个脑半球的信息交换更多、更快、更有效。

科学家也发现，一方面阅读会改变大脑的结构，形成新的神经回路，另一方面，大脑阅读的回路也不太牢靠，长时间不阅读就会退化。打个比方，如果一个人天天看小视频，很少阅读，原来负责阅读的神经元就会更适应视频，人就不太爱看书了。阅读脑的打造需要10年，但要毁掉它却很快。

知识五：文化对于大脑的塑造是很深刻的。

英文字母g和G，长得不一样，但是经过学习，在平时的阅读过程中，大脑的活动区是同一个。换句话说，小写的g和大写的G最终是由同一个神经回路来记录识别的。同一个汉字，尽管它的文字形态有楷书、隶书、篆书和草书，如果你学会了，那么识别的神经回路也是同一个。这说明文化对我们的大脑的塑造是非常深刻的，是文化和基因共同作用形成了我们现在的大脑。一个6个月大的日本婴儿可以分辨英文中的r和l读音的差异，表现得跟美国婴儿一样好，到1岁时，这个在日本长大的婴儿就不会分辨了。哪怕这个婴儿长大后，移民到美国，他对分辨英文中的这两个字母依然有困难。

大家知道,芬兰孩子的PISA测试成绩非常好,我们中国孩子的PISA成绩也非常好。有很多科学家认为这和语言文字有关。中文是方块字,很难学;芬兰语在字母语言中也是属于非常难学的。而低龄阶段对于复杂语言的学习过程,使儿童大脑有了更复杂的基础连接,这个大脑的基础,使芬兰和中国孩子整体上PISA成绩优于其他国家的孩子。在这一点上,大家应该有文化自信,因为阅读本身就给我们的孩子创造了一个与众不同的坚强的大脑,这就是文化的力量。

知识六:儿童并不需要过早开始识字。

很多家长会纠结一个问题:儿童什么时候开始阅读文字比较好?这个情况和人的大脑发展阶段有关。角回区髓鞘形成前,文字阅读很难发生。髓鞘是包裹在神经细胞轴突外面的一层膜,由施万细胞和髓鞘细胞膜组成,其作用是绝缘,防止神经电脉冲从神经元轴突无规律地传递至另一神经元轴突。髓鞘化是保持和保护记忆的一种方式,能增强细胞组织间连接的稳定性。"驾轻就熟""熟能生巧""老马识途"等就是髓鞘化的结果。但是文字阅读需要众多的脑区合作才能完成,不同脑区的联系和合作依靠髓鞘形成。虽然专家并不排除有个别孩子天赋异禀,但绝大多数正常的孩子要到5~7岁时,角回区髓鞘形成才能基本完成,过早学习阅读文字往往会事倍功半。专家通过对照研究发现,一组不顾大脑的生理成熟度而超前识字的孩子,到小学三年级以后,阅读能力基本被普通孩子反超。

知识七:儿童阅读困难普遍存在。

阅读障碍是研究学习内在规律的"上帝之窗",正因为研究阅读障碍的发生情况,我们才知道了大脑阅读的许多奥秘。儿童阅读障碍发生的比例是很高的,可以说在每一名老师面前,基本上都存在有阅读障碍的孩子。阅读障碍原因多种多样,但是研究表明,阅读障碍是可以通过训练改善的。哪怕是阅读脑区存在问题,也是可以通过重新学习来实现阅读功能的。因为科学家发现,并不是所有人大脑文字盒子区的位置都一样。之所以大部分人的文字盒子区在同一地区,只是因为我们的成长过程很相似;如果成长的过程不一样,大家的文字盒子区可能是不一样的。这给了研究者启示,如果文字盒子区受损,也可以用某种方法来刺激大脑的其他部位,从而代替文字盒子区的功能。但是,这依赖于早期发现和治疗。

知识八:阅读小说和诗歌不仅仅使心灵变得愉悦,也在滋补大脑。

因为小说中的形象往往来源于我们的生活,它不需要大脑消耗太多能量,却会加强大脑已有的连接,还会带来很多的愉悦。这种联结强化,对于孩子未来的阅读大有好处。PISA测试也表明,阅读与学业成绩是密切相关的,每天半小时的自由阅读,会大大提升学生的总体学业质量和学习成绩。

知识九:阅读速度是可以训练的。

在阅读的时候,哪怕我们嘴里没有读出文本的声音来,我们的大脑也会有语音在同步响应,这种情况我们称其为"有声阅读"。但是经过训练,阅读是可以在脑海里不出现声音的,此称为"无声阅读"。有声阅读与无声阅读的区别在于阅读速度——只要在脑海里读出声音来,每一个字的阅读时间就增加了40毫秒。经过系统训练,可以把这个声音去掉,阅读的速度就会变快。同时,每个人阅读时存在阅读视野不同的情况。

一般来说,每个人只能看到几个字区域,称为"点阅读",但是经过训练,有些人却可以看到一个区域内的文字,我们称其为"面阅读"。科学家也发现,眼睛凝视文字的快和慢也有很大的差别,在某一个文字上的停留时间和我们最高层的神经元的稳固性有关。最后,阅读时存在"集中和放松"与"离散和烦躁"之间的区别。有的人阅读时注意力非常集中,但感觉却很放松;有的人阅读时速度很快,但阅读时却很烦躁,这直接影响了最终的阅读质量。因此,阅读最重要的是要又集中又放松,从而很好地享受到阅读的快乐。

阅读是现代人重要的生活方式和学习方式。法国神经科学家斯坦尼斯拉斯·迪昂在《脑的阅读》一书中指出:阅读既是人类进化的硕果,也是文化雕琢的杰作。心灵"殿堂"前额叶的扩张,赋予了我们人类书写文字的能力。而这项才能反过来又塑造了我们的思想形态。阅读教学和指导将越来越重要,阅读教学将成为真正的"神经-心理-教学"三位一体的基本范例,这需要广大教育工作者认真去探索研究。

教育的进化

大约7000年前,人类有了最早的文字。文字这种人为创造的符号系统,是要通过一定规模的标准化教育才能推广和传承的。教育和学校密不可分,两者的关系犹如DNA和细胞的关系,学校实际上是教育这个文化DNA的容纳空间,保证了知识复制的高效和安全。目前考古发现的最早学校,是古巴比伦苏美尔人在公元前2100年左右建立的一所泥板书舍(见图4-9),在现在耶路撒冷附近的马里城。教学使用的楔形文字被刻在泥板上,且是成规模的,在图4-9中可以看出教室的规模不大,因此属于小班额教学。这是经典学习阶段的开始,直至四五十年前人类仍处于经典学习阶段。在经典学习阶段,教师和学习资料在什么地方,知识就在什么地方,知识是集中在少部分人手里的,而这个教师和知识集中的地方就是学校,而且学校会有系统的课程教学来实现教育的目的,这和自然学习阶段的学习完全不一样,因为在自然学习阶段主要是长辈对晚辈随时随地进行的经验传授。在经典学习阶段,学习的主要矛盾是学

动物有学习,但没有教育,因此教育是人类为传承文化而发明的最重要的社会性行为,是人类特有的文化现象,是人类重大的发明。因为有了教育,才有了人类社会文化和科学技术的快速进步。

图4-9 古巴比伦苏美尔人的泥板书舍

习者学习需要与学习资源不足和不均衡之间的矛盾。

动物有学习,但没有教育,因此教育是人类为传承文化而发明的最重要的社会性行为,是人类特有的文化现象,是人类重大的发明。因为有了教育,才有了人类社会文化和科学技术的快速进步。在长达几千年的经典学习阶段,人本身并没有太大的改变,但是学校的形态却发生了几次重大的变化。恩格斯有过一个十分精准的判断:"一切社会变迁和政治变革的终极原因,不应当到人们的头脑中,到人们对永恒的真理和正义的日益增进的认识中去寻找,而应当到生产方式或交换方式的变更中去寻找;不应当到有关时代的哲学中去寻找,而应该到有关时代的经济中去寻找。"研究教育的进化,我们首先要从社会的进化中寻找动力。

教育1.0:神权和王权的专利

虽然从考古角度看,并没有发现教育1.0时代的遗迹,但是大部分学者相信,公元前3500年原始社会新石器时代,已经有了原始的学校。比如,钱塘江流域和太湖流域,是新石器时代晚期人类聚居的地方,产生了良渚文化。出土的石器有镰、镞、矛、穿孔斧、穿孔刀等,磨制精致,特别是石犁和耘田器的使用,说明当时已进入犁耕阶段。良渚遗址区内有一座面积达290万平方米的古城,甚至已经有了大规模的水利工程用来种植水稻,从更大区域范围来看,良渚文化后期实际上已经形成一个古代国家的雏形。很难想象,没有一套相对完整的教育系统,可以有如此规模的城市群和令人叹为观止的文化。从墓葬情况看,在社会分工的基础上已经出现了明显的权贵和贫民的分化,原始的学校由权贵控制,通过系统的学习来掌握祭祀仪式并制作与上天神灵沟通的神器。在良渚文化的玉器中,玉琮的地位最为突出。玉琮作四方柱形,中间有圆孔,外周有饰纹(见图4-10),是重要的神器。《周礼》中记载玉琮是祭地之器,体现了我国古代对世界"天圆地方"的基本认识。

图4-10　良渚玉文化的标志性文物——玉琮

教育2.0:文字工作者的摇篮

伴随着文字的出现,真正的学校产生了,苏美尔人的泥板书舍就是其中之一。从埃及考古界发现的"纸草"文书来看,埃及的宫廷学校可能会更早一些,因为传播媒介是学校存在的核心证物。玉琮制造虽然复杂,但是通过作坊式的匠人传承是可以实现的,但是文字传承从来就是一个系统过程,没有规模化的学校教育,几乎是不可能实现的。

教育2.0时代,学生基本上是权贵或神职人员的后代,这个时候属于超精英教育,文字高度垄断,且被神秘化,只有极少数统治者掌握着写字和识字的能力,并作为统治阶级最强大的工具,形成思想上的优越感。后来,由于战争或者其他自然灾害,国家政权遭到颠覆,也可能因为政治斗争等，掌握知识的权贵或神职人员失去权力并流落巷陌街市，为了谋生开始了自己的教书生涯，出现了职业的教书先生。孔夫子就是十分典型的代表，他出身于没落的贵族家庭，只不过孔夫子这个老师特别有思想，后来才被人尊崇为万世师表的儒家鼻祖。春秋战国年代，应该有大量的教书先生在传授各种各样的知识。比如，孔子学琴的老师叫师襄子，原来在卫国宫廷做乐官，卫国国破，就做了音乐老师。

教育3.0：人是机器

教育2.0，是农耕社会的产物，中国漫长的封建社会中一直有耕读文化的传统，这个耕读不是指农民，而是指耕地的主人——地主阶层的私塾式教育方式。通过科举的方式，普通的地主可以上升为国家统治机器的一部分。虽然那个时候有皇家的太学和官方举办的地方官学，但私塾这种学校形态是最普遍的熟人社会的学校形态。

18世纪中叶始于英格兰中部地区的西方工业革命，是以机器取代人力，以大规模工厂化生产取代个体作坊手工生产的一场生产与科技革命。在从农业生产到大规模机械化生产的跃迁中，产生了新的教育形态——教育3.0。

工业社会的特征是农民变成了工人，从熟人社会变成了陌生人社会，社会分工更精细、更专业，而学校的主要功能是把普通大众培养成大规模工业生产流水线上的熟练工人，这些工人一辈子在同一岗位上劳动，被榨取剩余价值。知识是工具，人是掌握知识的工具，因此学校规模不断扩大，教学内容高度统一，并形成了高效率的班级授课制。这样统一化、规模化的学校教育，实际上是机械化流水线延伸的一部分，人成为机器，甚至是机器的服务者。请注意，在这个时代，机器是最高科技的象征,人是机器,相比教育2.0是一种进步。

教育4.0:现实和网络世界的混合态

近五六十年来,随着计算机技术、通信技术和网络技术的突飞猛进,人类从机器时代跨入智能时代。产业升级加快,一个人一辈子会从事多个岗位工作,终身学习的理念应运而生。现在,教育已经进入4.0时代。世界成为一个村落,人和信息快速流动,彻底打破了知识垄断,世界变平了。高度智能的自动化流水线,不仅解放了流水线上的工人,更使知识从固化的实用工具演变为流体化的创新源泉。网络资源的暴涨,打开了新的学习空间,产生了新的学习渠道,形成了新的学习方式。但是,教育焦虑"内卷"、深度学习缺乏等学习问题浮出水面,人自身的停滞不前和知识暴涨之间的矛盾进一步凸显。

教育的进化,是和科学技术进化同步的。从教育1.0到教育4.0,不是因为时间产生的效应,而是在历史长河中文化进化的折射。教育一方面为社会提供与生产力相适应的人力资源,另一方面更是在塑造每个人的精神世界,只不过有时我们会忽略这个层面的价值。大卫·迪绍夫说:"人类本能在进化过程中已经被打上了生存和繁殖的烙印。但是,当你把那些原始欲望带入复杂的文化中,它们与文化无法完美契合。事实上,我们有理由相信,人类与生俱来的本能与大脑所创造的文化已经脱节了。"那么,我们的学校教育,在人自身发展需要与社会发展需要之间有没有存在脱节的情况呢?现代学校是由物质空间、文化空间、数字空间和精神空间组成的复杂体,是学习发生最重要的地方,是人这个进化量子赖以完善自身的乐园,有什么样的学校教育,就会有什么样的人,就会有什么样的未来世界。

学校的价值空间

在中国历史上有过一个教育思想十分辉煌的阶段,非常值得研究,就是春秋战国时期。这段时间出现了许多著名的思想家、教育家,创生了璀璨夺目的教育思想和实践。为什么这样的乱世,会成为教育发展的辉煌时期?笔者前文论述过,主要是在乱世之中,很多优秀的人才本来是在其他行业的,结果来做了老师,孔子就是当官不成,做了中国历史上最伟大的老师。

那你愿不愿意用身处战乱来换取教育辉煌呢?想来是没有人愿意的。那么在和平时期,我们怎样来提高教育品质呢?笔者觉得这里最重要的是搞清楚什么是高质量的教育。是不是每个孩子都取得优异成绩就是高质量呢?显然不是,也不可能。教育的高质量问题,是一个教育价值的判断问题,不妨从学校的价值空间来分析这个问题。

第一个命题:同一学校教育基本等值。

在同一个教室里学习的每一个孩子,究竟是不是得到了公平的教育?具体一点,一个成绩优异的孩子,老师一直表扬他,一个成绩糟糕的孩子,老师一直没有给他好脸色看,这样的情况是不是很普遍?这种情况教育是不是公平的?一个成绩好的孩子后来上了名校,一个成绩不好的孩子后来上了一般院校,你说是不是公平?

这个问题曾经深深困扰笔者,后来笔者顿悟了一条教育学原理:同一学校教育基本等值,就是说一个孩子在学校里得到的教育价值,和用什么方式、孩子处在什么位置相关性不大,每个孩子都会得到其相应的教育。虽然看上去教育方式和结果有所不同,但价值是相当的。你第一名,你得到了奖励,上了好大学,但你可能失去了被批评和折腾的教育机会。你最后一名,你被忽视,没有上好大学,但你却得到了忍耐、磨炼和信念,最重要的是可能获得了重新再来的勇气。教育无论怎样改,总有第一,总有最末。笔者统计过,第一名的孩子,最后做教授做老师的比例极高,因为这是教育不由自主地会把培育自己的接班人作为核心目标,学习第一名一定是最适合教育这个系统的。有趣的是,倒数第一名后来做了大老板的也不乏其人。

很多人会说,那教育还要做什么改革,反正教育基本等值,改不改没多大意义。我们来看下面一个命题。

第二个命题:不同学校教育基本不等值。

教育基本等值,指在一所学校内是这么回事,但在不同学校之间,却基本上是不等值的。学校是整体育人的细胞,但是学校之间的差距之大,让人无法相信。这个差距绝对不是单指学业成绩,而是学校的文化和对教育价值的把握。那么学校的价值差异如何来衡量呢?笔者的判断方法只有一条——学校为学生创造的空间有多大。

不妨把学生在学校里学习比作一条鱼生活在知识的水里。两条外形一样大小的鱼,一条鱼在小水塘里,另一条鱼在大海里,而且假设这两条鱼一直一样大,这样两条鱼占有的水的空间是一样的,甚至这两条鱼真实占有的资源也是一样的,喝进去的水、呼吸进去的养料、吃掉的小虾小草基本相当。但是这两条鱼的生活品质一样吗?当然是不一样的。那不一样在哪里呢?是两条鱼生活的世界不一样,机会和挑战不一样,由此带来的精神层面也不同。一句话:两条鱼的价值空间不一样。所谓价值空间,就是能为鱼提供的各种可能性。

建筑的差别,主要在于其价值空间的差异,而不在于建筑体量的大小。如果建筑物价值达到一个县的水平,那么这个县的老百姓会以去过而骄傲;如果建筑物价值达到大都市的水平,那么就有几千万的老百姓会去打卡;如果建筑物价值达到国家水平,那么就有14亿人都以去过那里为梦想;如果建筑物价值达到世界水平,像长城、故宫,那么全球76亿人会把它作为旅游目的地。这就是物质空间和价值空间的区别。

因此,学校的优劣,不是物质空间的差异,而是价值空间的差异。价值空间越大,就越能为学生提供多样的可能性。今天,我们谈学校的变革,本质上就是拓展学校价值空间并让这些空间真正成为学生的发展机会。

具体说来,价值空间包含三个部分:一是校内外资源转化为教育实际的空间;二是人与人之间发生教育关系的空间;三是每一个人内在的心灵思想空间。这三个空间,和学校是否在大城市没有关系,甚至在海岛上,也都可以拥有巨大的价值空间。从教育价值空间来说,大家都是公平的,差别只在于校长、老师、学生的创造力和想象力。在抗战时期,浙江大学西迁到遵义湄潭(见图4-11),就在一个小小的破庙里,浙江大

图4-11 遵义市湄潭县浙江大学旧址

学达到了从未有过的高度,哪怕现在浙江几所大学合并为新的浙江大学,也没有超越在那个时代的影响力。那个时候的老师,天天和学生朝夕相处,敦促学生在恶劣的环境下为国努力学习,产生了巨大的精神力量,这是一所好学校的根本所在。

教育的价值空间从何而来,一是通过积累,二是通过创新性变革。笔者曾经非常仔细地观察思考不同学校的创新策略,把能收集到的各种各样有趣的创新汇集在一起,希望能够破解学校创新变革的密码。虽然笔者对这些学校的创新发出由衷的赞叹,但是结论十分残酷:真正有价值的学校创新性变革,根本没有规律可循。也许正是因为没有规律,那才称得上创新;也正是因为没有规律,学校的变革才会有无限的可能。

第三个命题:教育创新无模式。

对于教育行政部门来说,一个区域的教育创新路径不同,思路不同,就会呈现丰富多彩的学校样本,可以避免学校都一个样的尴尬局面。因为一个区域的学校都一样,很少会一样好,相反,可能还会一样糟。哪怕一所学校的办学方法是好的,但其他学校照葫芦画瓢并不一定就好。就好比悉尼歌剧院是好的,有全球价值空间,如果有地方克隆一个,那绝对不会拥有同样的价值空间。因此学校不一样是确保教育安全的最佳选择,因为总会在不一样的学校中出现几所方向正确的学校。

笔者想用鄂伦春人的故事作为隐喻:

过去的鄂伦春族,上千年都在林海雪原里生活,他们一辈辈重复上一代人的生活,每一代人生活得都差不多。你有没有想过一个问题:他们活着的意义何在?这个问题曾困扰笔者很长时间。后来终于想明白,这个问题有两层,一个是对每一个人来说的,一个是对一个族群来说的。

对每一个人来说,虽然他在重复上一代人的生活,但是从出生,到长大,到恋爱,到结婚生子,都是第一次,他们的意义在于自己的甜酸苦辣的体验,经历就是价值,这就是生命自身的价值。站在族群层面上来说,看上去是一代一代地重复生活,但是每一代都在为族群积累故事和文化,积累变革的勇气和力量,本质上是在逐步扩大族群的价值空间。当价值空间达到临界值,也许就不仅仅是生命的延续,还会涌现不可思议的奇迹。这就是看似无意义的意义。

实际上不仅仅是鄂伦春人,在人类出现以前那么长时间的物质进化和生命进化的意义何在?从基本粒子到形成氢、水、二氧化碳、甲烷气体,物质形态不断丰富;从单细胞到多细胞历经了漫长的几十亿年,在海洋中随波逐流的蓝藻们生生死死,为地球改造大气生产氧气,为世界制造更多的DNA片段。它们的意义就是在不断拓展进化量子的价值空间,实际上进化的价值就是拓展世界的多样性并创造新的价值空间。

因此,学校的价值空间,不是要学生学得更多,而是要学得更多样,不是要学生学得更快,而是要学得更快乐。最好的教育是不一样的教育,是学生发展空间巨大的教育。这个巨大空间,要么来自校长和教师巨大的精神空间,要么来自学校和教师挖掘的多样课程空间,而非学校的物质空间。否则,孔夫子带着一帮学生周游列国,连像样的校舍都没有,怎么会成就那么大的教育价值呢?

不同层级的量子效应

物质进化的进化量子,具有量子隧道效应、量子态叠加(相干性)、量子纠缠等量子特性,但量子的根本特性是不可分割性,这个不可分割性,不是指它有多小多硬而无法分割,而是指它自身就是一个整体,也正因为这个整体性才产生了以上的一些奇异的量子效应。

不妨从著名的电子双缝干涉实验(见图4-12)来分析电子这个基本粒子的整体性特点。让自由电子束从两个相互平行的狭窄缝隙中通过,然后这些自由电子会落在后面的探射屏上,在探射屏上形成一个个感光点,一旦电子投到探射屏上,电子的位置就确定了,这反映出电子有粒子的特性;但是当观察大量电子在探射屏上形成的感光点时,却会发现明暗相间的干涉条纹,这又说明电子具有波动性,因为只有波才能发生干涉现象。基本粒子有的实验情况下像粒子,有的实验情况下像波,这就是科学家所称的"波粒二象性"。请注意,这不是说电子既是波又是粒子,而是说电子既不是波也不是粒子,电子是一种有的时候像波有的时候像粒子的整体存在,由于我们受到认识的限制,只能在不同的情境下

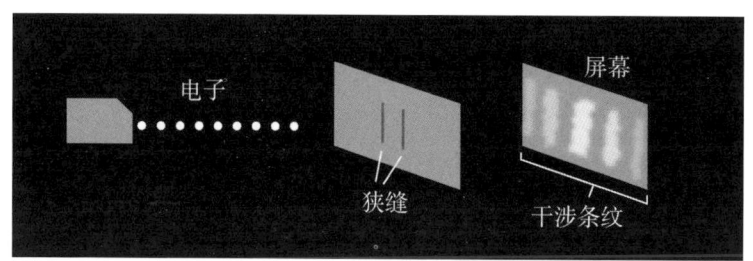

图4-12　电子双缝干涉实验

看到其呈现出完全不同的样子来。

波能发生干涉现象需要满足一个条件,就是经过双缝的波,其波长是相同的,那么电子双缝干涉,是不是说明电子束中的每一个自由电子,其波动性拥有的波长是相同的呢？对电子双缝干涉更深入的研究让人大吃一惊。科学家通过控制电子发生源,每次只发出一个电子,这样就不存在两个电子之间发生干涉的可能性,但是当通过双缝的电子达到一定数量的时候,在探射屏上依然形成了明暗相间的干涉条纹！说明一个电子在通过双缝的时候,既通过了这条缝又通过了那条缝,电子是自己与自己发生干涉。一个电子同时通过两条缝？为了探明究竟,科学家在一条缝的旁边安放电子探测器(见图4-13),以明确当电子通过双缝的时候,到底通过了哪条缝。实验结果十分有趣,就是一旦探明电子通过了哪条缝,那么电子束就不能在探射屏上形成明暗相间的条纹了,也就是电子不再具有波动性。量子物理学家对电子能够同时通过两条缝的解释是,每个电子都有一个波动函数,实际上是一种概率分布,是通过双缝的概率波发生了干涉。波函数是量子在时间和空间上的函数,代表了量子在某个时间出现在某个空间的概率,如果对全部空间进行积分运算,

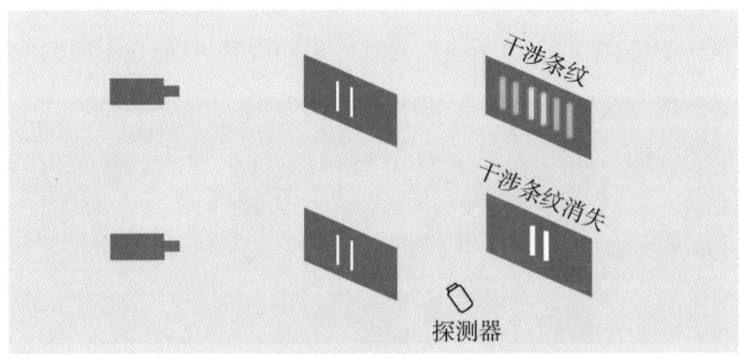

图4-13　电子双缝干涉实验的深化实验

那么其结果就是1。波函数是由薛定谔提出的,在量子力学当中是十分重要的概念,在实践当中也得到了很好的验证,但是薛定谔却始终不同意概率这个概念,认为量子在空间里的整体存在是量子的本质,而非统计。爱因斯坦也有相同的观点,他认为:"无论如何,我都确信,上帝不会掷骰子。"但是以玻尔为代表的哥本哈根学派却坚定地认为,量子世界,上帝就是在掷骰子!

如果能够理解量子在空间里的整体存在,那就能够理解为什么会有量子隧道效应。量子隧道效应就是粒子能够突破壁垒,突然出现在壁垒之外,既然量子在全空间都有可能存在(只不过是可能性的大小),那么粒子突然显现在壁垒之外也就没有什么意外了。同样,量子态叠加和相干、量子纠缠也是顺理成章的事。

随着基本粒子组合成各种原子,原子再拼搭出各种物质,物质的粒子性越来越强,波动性越来越弱,这个过程实际上是量子全域性越来越被各种关联限制的过程,因此在宏观世界,量子效应十分罕见,只有在极低温或超高压状态下,宏观物质中的每个原子行为会突然变得一模一样,从而产生相干性,呈现出宏观量子效应,低温超导就是一个典型的例子。

基因作为生命进化的量子,其量子效应显然不同于微观粒子物质层面的量子性,但它的整体性特征依然十分明显,这个整体性主要反映在信息层面上,一个基因代表了一个特殊的碱基排序,表征了一个生命特性。因为基因信息表征的整体性,才使人体细胞如血液细胞、神经元细胞,虽然千差万别,但在细胞核内却包含着相同的遗传物质DNA,携带同样的一整套遗传信息。这个情况十分有趣,好比房子(细胞)千差万别,但里面住的人（DNA）都是一模一样的，这与宏观量子效应当中每个原子都处在相同状态十分类似，人体细胞因为拥有相同的DNA，所以存在明显的协同性。实际上，如果把原子看成豌豆大小，那么细胞就像一个直径800米的球。细胞内部分子们在做无规则的高速热运动，经常有大如篮球或汽车的物体以炮弹般的速度呼啸而过，险象环生，每一段DNA平均每8.4秒就要遭到一次袭击或损害，每天被撞成碎片达1万次以上，但也是因为基因的整体性，细胞总能很快把损坏的DNA及时修复。

基因的量子效应还集中体现在信息维度的相干性，基因的相干性有时候反映到具体生命体上，会出现令人叹为观止的情景，有一种兰花被称为"猴面小龙兰"（见图4-14），花蕊的中间是一张活脱脱的猴脸，以至于我们很难把这样的事情当成偶然，虽然动物和植物的分化至少在6亿年前就开始了，但是猴子和猴面小龙兰的基因是否有些片段是十分相似的？这些基因究竟是一直保留在细胞的DNA当中只不过没有显现，还是由于某种特殊的自然情况，使猴面小龙兰DNA当中插入了与猴子面相有关的基因片段，目前还不能做出判断。

图4-14 猴面小龙兰

同样，人作为文化进化的量子，其量子效应也体现在整体性上面，当然其整体性指的是精神上的不可分割，而且只有在人活着的时候才显示出来。人精神层面的整体性，表征的是人的意识独立和思想自由，按照马克思关于人的精神整体性的观点，就是"人的全面而自由"。

一个人可以在大脑里,想象和洞察全宇宙,这体现了人精神层面的全域性;人在物质层面、生命层面和精神层面的不同维度中呈现出多样的特征,与量子的波粒二象性有点类似。人一旦死亡,虽然从物质层面上看并没有太大不同,但是个体的精神却不再存在,好在人的精神产品——思想,却会通过各种知识工具遗存下来,成为整个人类思想库的一部分。经典学习阶段经过了漫长的几千年,家庭和学校是复制知识和精神养成的主要空间,其间朝代更迭,战争的恐惧和盛世的繁华催生了无数诗情和画意,催生了基础技术和科学。但是,就是这个缓慢的文化进化过程,通过人与人的精神相干性,使人类形成了共同的信念和共同的人文理性,并因此奠定了人类的精神家园。这个过程就是通过人这个进化量子,在人与人、人与环境之间充分互动,感受变化、提炼知识、升华精神,最后形成了人类灿烂的经典文化。经典文学、经典美术、经典音乐、经典科技、经典哲学等,构成了人类思想库的基础神经元,一旦文化进化的基础神经元建构完毕,人类就进入了爆炸式发展的现代学习阶段。

课程场

课程和学科两个概念在基础教育圈和高等教育圈是不一样的。基础教育认为学校的课程由语数外等学科组成,高等教育认为学科是一个领域,由不同的具体课程组成。今天讲的课程主要是围绕基础教育来讲,课程就是学校所有学科和教育活动、教育资源、教育环境的总和,因此,课程是一个"场",对进入这个"场"中的学生发生作用,而这个作用就是学生的学习。

1687年,艾萨克·牛顿出版了名著《自然哲学的数学原理》,提出了万有引力定律。但是两个有质量的物体隔那么远,引力是如何发生的呢?牛顿虽然反对引力是超距作用的,但却没有对此做任何假设。不接触物体之间的作用力最后引进了"场"这个概念才得以解决,"场"不是数学模型,而是真实的存在。物理学中"场"的概念是英国物理学家迈克尔·法拉第提出的。法拉第没有接受过很好的教育,刚开始在著名化学家汉弗莱·戴维手下做一名学徒工,但是却有着十分勤奋的探究精神和良好的科学直觉。有人认为,他最重要的发现是电磁感应现象,笔者却认为,法拉第最重要的发现是提出了电场和磁场这样的创新概念。法拉第对当时盛行的静电力和磁力超距作用说十分怀疑,他说:"一个物体可以穿过真空,超距地作用于另一个物体,不要任何一种东西在中间参与,就把作用和力从一个物体传递到另一个物体,这种说法对我来说,尤其荒谬。凡是在哲学方面有思考能力的人,决不会陷入这种谬论之中。"法拉第把一根磁棒平放在硬纸板上,然后向周围撒上少量铁屑,在硬纸板上呈现出清晰的有规则的分布图,他把这些线条称为"磁力线"(见图4-15、图4-16);他也用实验在电荷周围发现了类似的电力线(请注意,磁力线和电力线并非实验呈现出的真实结果,而是一种用数学图形来形象地描述电场和磁场的科学方法,法拉第一开始的认识是错误的)。1855年,法拉第在《论磁哲学的一些观点》一文中把力线思想上升为场的思想,他把人们的注意力由电荷、磁体以及它们之间的相互作用引向空间,指出描写物理现象最重要的不是带电体,也不是粒子,而是带电体之间与粒子之间空间中存在的场。他为我们描绘了这样一幅电磁作用图景:在带电体、磁体、电流周围的空间中,充满着一种介质,可以传递电磁作用,这就是电场、磁场,而电磁场可以用直观的力线来描述。场论后来在麦克斯韦手里得到了淋漓尽致的演绎,描述电磁场理论的麦克斯韦方程到现在还是完美无瑕的。

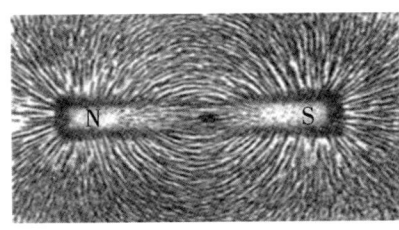
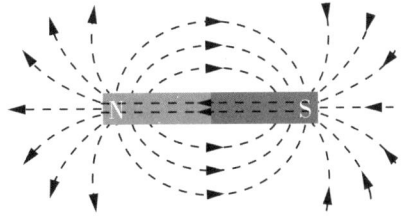

图4-15 磁铁周围铁屑呈现规则图线　　图4-16 磁铁周围描述磁场的磁力线

"场"这个概念在现代物理领域,结合相对论和量子理论,有了新的界定,科学家不再认为场是由物质引发的空间分布,而认为源和场本身就是一个整体,物质本身体现了粒子性,而场则体现了波动性。新的量子论甚至更突出了场的主体性,场完全可以是独立的存在,从而完美解决了光的本质问题,因为光就是变化的电场和磁场形成的电磁波。

之所以把课程认为是一种场,就是因为任何学习者都没有让课程标准、教材、教师、学习资源等与大脑直接作用,学习者的学习都是在一个课程整体形成的场中发生的,课程在不同"学习空间"会形成不同的"课程强度",我们用 E 来描述这个量,而学习者的大脑是受作用的对象,我们用 q 来描述,发生的学习用 F 来描述,那么学习的公式就是 $F=qE$。学习发生的方向由课程决定,学习发生的强弱由课程强度及学习者大脑共同决定。

课程场产生势能,讲究高度、结构和系统。不妨讲一个发生在挪威的课程故事。在很多年前的5月17日,笔者在挪威出访,那天我们的导游千叮万嘱说晚上千万不要出去。晚上笔者在宾馆听见窗外大呼小叫,甚至有玻璃窗被打碎的声音。后来笔者才了解到挪威有个传统,从20世纪初开始,他们的高中毕业生在最后一个学期有一场重头戏——毕业狂欢。这群毕业生,穿红裤子的表示学文科的,穿蓝裤子的表示学理科的,出门一直要穿着这种有标志性的裤子。整整一个学期,他们以班级为单位,要去打工赚钱,然后买或者租用一辆大巴,里边装上音响,在国庆节5月17日晚上把大巴拉到广场上去巡游,比谁的喇叭响。5月17日那天晚上他们干什么都可以,只要不犯法。这个晚上是非常疯狂的晚上。笔者觉得很奇怪,问他们教育部门的负责人,为什么这样放纵孩子们。他回答:只有一个人知道在他完全自由的时候,哪些事情可以干,哪些事情不可以干,才叫成人。这就是课程。

对于教育者来说,学习者某一时刻的大脑 q 是不能选择的,要让学习力 F 最大,能够做的就是做好课程强度 E 的工作。无论是中国古代六艺(礼、乐、射、御、书、数),还是今天的IB课程(International Baccalaureate,国际预科证书课程),都是在课程的环节上下功夫。对于一般教师来说,课程标准和教材是国家确定的,课程结构和教学环境也是由政府或者学校决定的,教师一般只能在某个学科的教学环节发挥作用。要实现课程强度 E 的最大化,需要处理好以下两个情况:

第一个是处理好学生认知水平和学科知识结构间的矛盾。

一门学科知识经过长时间积累和凝练,最终形成了自身的逻辑和结构,这种逻辑和结构只体现前后知识的关联性,并不考虑其被别人接受的难易程度,这样就会造成与学生认知水平之间的矛盾。

学生认知水平和学科知识之间的矛盾之一:不同水平的学生和统一的学科课程标准。学生水平差异是一个显然的事实,有时候这个差异巨大到超过教师的想象,而每一学科的课程标准却是刚性统一的,并不考虑学生学习水平的差异,特别是最终统考的刚性统一,更是让教师在教学过程中产生深深的困扰。既然这个矛盾客观存在,而且无法克服,教师最好的办法是承认这个事实。教师的教学水平并不是用最终的考试成绩来衡量的,教师的教学水平恰恰体现为在刚性统一的学科课程标准下,能够针对不同水平的学生开展有效的教学,让每一个学生在其原有水平上有所进步。

学生认知水平和学科知识之间的矛盾之二:学科给出的唯一标准答案和学生认知投影的丰富性。学科教学中往往结论是单一的,具体表现为试题或习题的标准答案,但是学生的认知过程却是千差万别的,其认知投影——在解题和回答问题时,会出现教师无法预料的各种情况,这个矛盾也是非常现实的。面对学生的各种回答,教师往往会按照标准答案,简单给一个对还是错的判断,而没有仔细分析学生各种回答背后的认知差异。作为学科专家,必须要分析学生答题背后的思维过程,一方面认识学生认知水平差异背后的原因,另一方面也要认识每一个学生的思维品质和个性。认识思维品质在于发现不同,而不在于判断是不是标准答案。

学生认知水平和学科知识之间的矛盾之三:学生认知有快慢和学科教学进度有规定。由于每一学科都有相对完整的教学内容和要求,同时又被规定了一定的教学时间,教师必须要在规定时间内完成全部的教学要求。但是学生认知是有快慢的,认知快慢并不说明一个孩子的智力水平高低。有些孩子属于慢热型,这类孩子往往思考得更深,学习品质更高,可是在班级教学中,这些孩子往往会跟不上教学进度,教师会认为这些孩子智力有问题,久而久之这些孩子真的会变成学习后进生。作为学科专家,解决这个矛盾的最好办法是给这些孩子更多的机会,特别是在课前和课后让这些孩子养成预习和复习的习惯,在上课时也可以适当做一些等待,甚至要给机会让这些孩子把自己的困惑说出来,也许会让全体孩子大吃一惊。

第二个是要善于处理课程与教学的关系。

教师首先要有扎实的学科知识,然后在教学过程中积累教学经验,最后上升到从课程角度来理解学生,理解课程的总体价值,这是从一个普通教师蜕变为学科专家的途径。从课程的角度看教学,就是要跳出自身从事的学科,从孩子成长的角度看教育教学,更要跳出一节课、一个单元的教学内容,从育人价值和统一概念角度去看教育教学。每一门学科都是有其独特结构和育人价值的,教师钻研自己任教的学科,首要任务是整体理解该学科的结构和育人价值,并在备课、教学过程中不断把相关的知识结构化,发挥最大的学科育人功能。只为考试而教,这样的教师永远不可能成为真正的学科专家。

成为优秀的教师应该更多关注统一概念。统一概念这个词最初出现在科学领域里,很多地方也叫通用概念,在许多学科中会有一些概念反复出现,其中蕴含了深刻的思想和对世界的认识,如系统、模型、恒定与变化、规模、平衡等概念。

比如,系统这个概念,其含义即由相互影响的任何事物集合而成的有机整体。这个事物可以是任何事物,包括物体、生命体、机器、加工过程、概念、数字、组织。我们的学科教学中充满了各种系统,如生态系统、太阳系、货币系统、生理系统、气候系统、通信系统、社会系统等,其特征就是系统内各组成部分的相关性。有些系统是开放的,有些系统则比较封闭。系统各部分之间相互影响,有的是以物质传递的方式,有的则是以信息传递的方式。显然,不同学科会涉及不同的系统,但很多系统相互作用的方式是非常类似的,学科专家总能从不同系统的角度寻找到教学的切入点,让孩子们视野更开阔,思维更深刻。

教学讲究宽度、方法和程序。不妨再讲一个教学故事。这个故事有关著名学者钱文忠和他的历史老师郝老师。钱文忠在读高二的时候是很普通的孩子。他的历史老师郝老师在讲世界史的时候讲到印度,讲到梵文,郝老师说梵文很难懂,全中国只有一个人懂,这个人叫季羡林,现在在北京大学。结果,下课以后钱文忠就去找这个郝老师,问:"郝老师,你说梵文就一个人懂?你说的是真的还是假的?"郝老师说:"当然是真的。""如果我去学梵文,将来就我一个人懂了?"郝老师听了哭笑不得。钱文忠写了一封信给季羡林,说:"季老,我要报考北京大学,跟您学梵文。"季老回了一封信说:"欢迎报考北京大学,但是北京大学很难考的。"

第二年,这个非常普通的孩子考取上海文科高考第二名,如愿进入北京大学。据说季羡林专门到火车站接钱文忠。后来钱文忠和季羡林住在一个房间4年,以便于语言学习。大家有没有考虑过:教学的宽度有多重要?你不知道哪一句话会改变孩子的未来。钱文忠有今天,就是郝老师上课讲了一句"废话"。而现在很多老师上课的时候经常会说一句话:不考的,不要问!这已经变成一些老师的口头禅。

第五章
现代学习

人类是技术的性器官。

——凯文·凯利，
《技术元素》，电子工业出版社，2012

教育转型与教育变革
——技术之外

来源:"听道"主题演讲

时间:2015年7月

技术之外

技术对于现代人来说,意味着混凝土、钢铁厂、电话、化学制品、汽车、芯片、火箭等冰冷的东西;对于一万年前的古代人来说,可能是学会生火、制作陶器、捕鱼、驯服野兽、播种、酿酒;而对于百万年前人类的远祖来说,可能是制作石器工具、狩猎、保护火种,因此技术也是不断演变进化的。技术包含与生产劳动和生活有关的工具、使用工具的方法技巧和技术活动的产品。技术是人类文明的核心标志,是生产力,是社会进步的加速器。马克思说过,手推磨带来的是封建领主的社会,蒸汽磨带来的则是工业资本家的社会。

我们对技术的感受度会钝化。比如,往往感受不到每天要用的椅子是技术。艾伦·凯对技术的定义也许十分贴切:"技术是你出生后发明的任何东西。"已经发明的技术不是孩子们眼里的技术,他们认为那些只是普通的旧事物。因此,技术实际上有一个最关键的特征——创生。我们可以把技术看作一个动词,它代表着变化。所有技术本质上都是人这个进化量子的

技术实际上有一个最关键的特征——创生。我们可以把技术看作一个动词,它代表着变化。所有技术本质上都是人这个进化量子的产物,是文化进化中林林总总的进化积木。

产物，是文化进化中林林总总的进化积木。

在这里我们不研究技术本身，而是研究技术之外的东西。比如，研究技术和学习之间的关系。笔者认为技术发展和学习有以下三个规律性的共识：

第一共识：无论技术怎样发展，学习本质上永远是一种自我教育。 人脑之外的知识，要么存在于别人头脑里，要么在图书馆的藏书里，要么在网络上，要进入一个人的大脑，必须要通过基本的感觉和知觉，这是一个非常微妙的学习过程。到目前为止，我们还没有其他办法一下子把一本书的知识塞到脑子里去，从这个角度来看，学习本质上就是一种自学。你拥有再多的诗歌图书，甚至在网络云盘里收集了全世界所有的诗歌，也不会让你变成一个诗人。你必须要去读诗、背诗，感悟韵律和诗境，产生基本的语感和语言组织能力，然后才有可能自己去写出好的诗歌。进入信息时代，网络上知识爆炸，只不过是为学习者提供了更加方便地获取知识的机会，与学习有没有发生并无因果关系。

第二共识：技术有自由意志，不以发明者意志为转移。 技术是由人发明的，但是某种技术一旦出现，就成为文化进化中的一块进化积木，那么它将来的应用和发展，将不再受发明者所制约。比如，电脑键盘发明后，你绝对想不到有人会把它当作搓衣板来罚跪。

印刷术传到欧洲，书籍一下子进入了平常百姓家，结果在读书人当中近视率暴增，催生了眼镜行业。在对镜片进行越来越精细的磨制过程中，荷兰眼镜商亚斯·詹森把两个镜片叠加在一起发明了显微镜，促使列文虎克（1632—1723）揭开了微观生物学的序幕（见图5-1）。荷兰的一位眼镜商汉斯·利伯希偶然发现用两块镜片可以看清远处的景物，受此启发,他制造了人类历史上的第一架望远镜,促成伽利略(1564—1642)用望远镜发现了天体的秘密(见图5-2)。这更促成了第谷长时间精准观察行星的运行轨迹,最后催生了开普勒三定律,以及牛顿站在巨人的肩膀上发现了万有引力定律。

 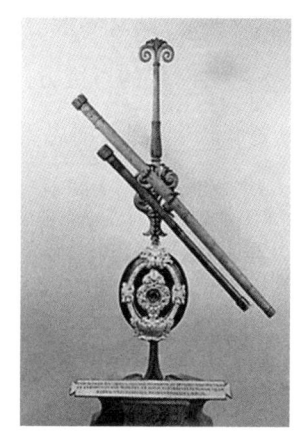

图5-1　列文虎克的显微镜　　图5-2　伽利略的望远镜

第三共识:技术的利弊空间必定同比例拓展。 技术在为人带来便利的时候,其副作用一定同比例提升。原子能可以为我们创造新的能源,但是原子能也能毁灭地球上所有的文明。信息技术迅猛发展,为人们带来更多的信息和知识,但是现代人阅读文本的能力和兴趣反而下降了。在通往真理的道路上,我们必须对那些持反对意见者保持一种理性和开放的态度,因为任何技术发展,必然会以牺牲某种过去作为代价,也会以牺牲某种未来作为代价。

由这三个共识,我们可以引申出现代学习领域的五个概念和趋势。

第一个概念:学习临界

知识已经从远古时期的小水塘变成了汪洋大海,但是我们每个人的学习能力并没有进步,这也是现代学习阶段的主要矛盾——学习者学习能力停滞不前和知识增速不断加快之间的矛盾。我们每个人大脑能够学习的容量就像一把勺子,虽然每个人的勺子有大有小,但这把勺子能舀起来的学习量是有限的,这就是学习临界。

第二个概念:图文思维

人类远古时代的思维方式主要以图像和声音作为基础,是一种具象思维。文字产生后,人的思维逐渐发展为基于符号和文字的抽象思维。现代信息技术使当代人进入了读屏时代,大量知识不再以文字的方式呈现,图片和视频已经成为现代年轻人喜闻乐见的学习媒介,人类的思维方式将发展为图文融合的思维时代,这对大脑内神经回路的影响巨大。

第三个概念:大师变矮

人类在很多时代都涌现了许多大师级人物,他们深邃睿智的思想,是一座座文化灯塔,高山仰止。但是,随着社会上人们掌握信息程度普遍提高,普通人距离大师的距离越来越小,大师将越来越难以出现,因此对普通人来说,大师变矮了。

第四个概念:崩溃清零

"离离原上草,一岁一枯荣。"技术的发展不以人的意志为转移,同时利弊空间又同时打开。我们眼见着一些技术在短时间里成为人们追捧的焦点,而在短短的几年里就崩塌而销声匿迹。信息技术发展的过程正在经历人脑形成的历史过程(从简单的神经元细胞逐渐形成简单的神经网络,最后进化出神经中枢),从单个计算机的计算技术到互联网技术,直到现在的城市大数据中心,数字化使整个城市形成了数据中枢和城市大脑。但是这个过程风险极大,一旦发生超出预期的计算机病毒或者重大的灾难性事件,就可能会盛极而衰,从头开始。在更小的领域里,崩溃清零的情况时时出现。比如,一个手机应用程序的平均寿命还不到30天！再如,很多学校在过去20年里投入了大量资金建设学校的信息化系统,但是随着技术的迭代更新,原来的很多投入连影子都没留下,或者留下了一地鸡毛。

第五个概念:情感技术

技术的控制能力越大,失控的空间也就越大。生活变得不再纯粹而简单,大师的权威不再,人们的情感疏离成为常态,生育率急剧下降,人类对情感的需要无法通过人与人充分的沟通来满足。这个时候一定会出现专门的情感技术来提供情感方面的服务,比如梦境制造,比如机器人聊天,比如超感官的游戏放松,比如学习过程中可能会出现机器人同学。2021年9月,清华大学公布了首个虚拟学生,由清华大学、智源研究院、智谱AI和小冰人工智能团队共同创建,其名字取自这几家机构的各一个字,叫华智冰,她不仅拥有与正常人一样的容貌,还有属于自己的声音,并且智商和情商水平都非常高。她可以与人正常熟练地交流,进行推理,并与人进行一定的情感互动,还精通艺术,可以绘画、写诗、创作剧本,甚至还会开发当下最流行、最受欢迎的游戏,还有一个自己的电子邮箱。

未来已来

有了教育，人类摆脱了依赖DNA双螺旋大分子的生命进化形态，跃升为以科学与技术双螺旋互动的文化进化形态。人类是科学的大脑，人类也是技术的性器官，人这个进化量子是世界加速变化的原动力。100年前的人看现在的我们，肯定会觉得我们像神一样。特别是近50年来，学习进入了一个新的时代——现代学习阶段。这个阶段的世界有5个特征，这5个特征将深刻改变学习的方方面面。

1. 知识暴涨奇点来临

物质极大丰富，信息极大丰富，知识极大丰富，机会极大丰富，是新时代的特征。我们要学的越来越多，最重要的变化是学习的奇点已经出现——人类的学习速度已经落后于世界知识的增长速度。理论上来说，人的大脑可以容纳无数的东西，但是实际上，每个人只能学有限的东西，科学家认为，目前的知识总和需要280亿人一起学才能学完，问题是2年后知识又翻倍了。这实际上是学生课业负担重和家长焦虑的根源。需要学习的知识过多，已经成为限制每个人自由而全面发展的包袱。这里存在三个层次的问题。一是如何避免知识真空的出现？所谓的知识真空，就是有些知识很重要，但是却没有人知道并掌握。二是相同的知识基础要达到多少才能让人产生文化认同？人类有共识是人类发展的前提，否则人类社会就会分崩离析。三是哪些知识最重要？显然那些既可以建立共识又可以形成创新的知识最重要。而要解决知识真空最好的办法是每个人学不一样的东西，从而使所有的重要知识由所有人一起来掌握;要实现价值认同,需要在人文学科上下功夫。

2. 科技发达头脑简单

从有教育开始,人类身体进化就被技术进化和文化进化替代。早期技术替代人的手、人的脚,延伸人的眼、人的耳,现在技术开始替代人的大脑。大脑的特点是用进废退,科技发达,是完全有可能导致人的头脑越来越简单的。

2019年在上海举行的第二届顶尖科学家大会上,出席会议的有65位诺贝尔奖获得者、图灵奖获得者等顶尖科学家,其中只有一位女性。是不是女性在智力方面不如男性?并不是,大脑是被塑造出来的,因为是女孩,父母往往会给她一个毛茸茸的情感类玩具,而如果是男孩,家长往往就会给他买乐高玩具等科技类、结构类玩具,这样导致女孩在空间想象和结构性思维上从小就比男孩子弱。

国家和国家竞争就是大脑的竞争。大脑一旦退化,是不可逆的。只有通过教育来刻意训练,才能提高处理复杂问题和系统思考的能力。我们不仅仅需要娱乐脑,更需要学习脑和创新脑。

3. 地球变小世界变大

现代交通和通信让地球越来越小。我们人类甚至开始走出地球,未来会成为多星球生存的智慧生命。人类走出地球,是从平面世界到立体空间的一个跃迁,太空将成为部分人的旅游目的地。日本人发射的"隼鸟2号"小行星探测器到达3.4亿公里以外的小行星"龙宫",采集了小行星上的尘埃带回地球研究,这些成就大大拓宽了人类的活动空间。世界正在越来越大,数字空间的出现,更是让人类在物质空间、文化空间之后,又创造了一个新世界。现代学习必须在四度空间里去构建,我们才能拥有更好的未来。

笔者将处于现代学习阶段的学校的特征进行了概括：

物质空间课程化。学校把学科知识课程化延伸到整个学校环境，把物质空间也作为学校课程的一部分。笔者甚至看到很多学校连厕所都进行了课程化改造。

文化空间特色化。学校进一步突出文化特色，常州市武进区的前黄高级中学有令人震惊的各种各样的动物标本，因为这个特色，前往参观的人往往也会带一些标本送给学校，结果这个特色更加突出了。密涅瓦大学把数字学习空间常态化，甚至把传统高校的红砖、线下课堂等非本质的教学元素都抛弃了，成为世界上最具创新性的新型高校。

数字空间人性化。数字化为人服务，是许多学校信息化的基本思路，而不是用数字化来让学生做更多的作业。笔者看到，越来越多的学校让孩子们采用数字化手段去创造科技作品和影视作品，有些学校甚至引进了炒菜机器人等新的手段，用数字化来提高学生的生活品质。

精神空间资源化。"时代楷模"张桂梅所在的华坪女高，采取的教育方式就是激发女孩子们通过学习来改变命运的力量，从而创造了令人感动的奇迹。师生的精神空间是学校最大的资源，这也是教育最重要的力量——改变精神的力量。

4. 物质有限创造无边

赫拉利说："21世纪的产物不是工厂、武器和汽车，而是人体、思维和愉悦。"物质是有限的，创造却无限。将来我们可能会为购买特殊的感觉而付费。技术最大的特点是让普通人能够拥有超凡的能力。一个孩子，利用现代技术，他的创造可能性都是无限的。上海有一个网红孩子叫

Vita君，只有八岁，但他在B站上制作的网络编程课程，点击量破百万，比笔者这个教了十几年书的老师教的学生还多。

5. 能力升级福祸相依

科技发达，赋能我们每一个人。现在，我们一个人可以制作一部电影，一个人可以发明一种货币，一个人甚至可以通过基因编辑创造一种病毒来毁灭世界。未来不是唯一的，未来甚至不一定是美好的，大概率来讲未来还可能是十分残酷的。

教育的责任是传承和创新。教育是为未来培养人，也在创造未来。现代社会快速变化，而我们的教育没有跟上，因此现代学习阶段学习的主要矛盾体现为学习者学习能力停滞不前和知识增速不断加快之间的矛盾，破解这个矛盾并不能通过推进教育均衡化来解决，这也是为什么国家越推进教育均衡，社会越焦虑的原因。经济与合作发展组织（OECD）在2019年发布的《学习指南2030》指出，让学生在陌生的环境中自定航向，需要形成强大的适应能力和变革能力，聚焦提升学生创造新价值、协调矛盾困境、承担责任三项能力。

为什么喊"减负"这么多年，学生负担似乎并没有减轻？实际上就好比我们在劝松鼠不要储藏过冬的食物一样，但是冬天真的会来，当严冬来的时候，我们的孩子有强大的精神力量去承担吗？因此，最好的减负是提高承受负担的能力。对一个人来说，能够承担别人没法承担的责任是核心竞争力；对一个国家来说，我们的孩子能够承担别人无法承担的负担是国家的核心竞争力。

负担不是问题，学习没有意义才是问题的核心。让孩子承受起负担，本身甚至就是教育的目标之一。我们要让学习有意义，有趣，让努力学习变成孩子们的习惯,这才是教育成功的标志。均衡是政府的事情,不是校长的事,更不是老师的事情,我们要鼓励校长们、老师们用自己的创造性让自己的学生们比别人优秀,比别的学校优秀,这才是我们教育要做的事情。

宇宙准则告诉我们,为什么有的地方会出现星系,甚至出现生命,就是因为有些地方突破了均衡。如果宇宙是均衡的,物质均匀分布,那么就不会有恒星,不会有星系,甚至连基本粒子都没有,只有一锅均匀的"能量汤"。教育也是同样,如果教育不再把追求卓越作为目标,不再把学习作为提升人的境界和品质的力量,那么这样的均衡必然导致整个人类社会的退化,甚至社会的崩溃。

知识的形状

什么是知识？知识是指人类在实践中认识客观世界（包括人类自身）的成果，包括事实、信息和在实践中获得的技能。知识的基本特征是：可储存、可积累、可传播、可感知、可发展。

在"学习的进化"一节里曾经提到知识的层级，这里要再次强调，每个人的知识形成存在一个金字塔形的层次结构（见图5-3）。基础是原始数据（Data），数据是无序的，来自自然存在和人的感知。比如，在阅读中接触到的每个字符就是最原始的数据。

原始数据组合形成了某种关系，就形成了信息（Information），因此信

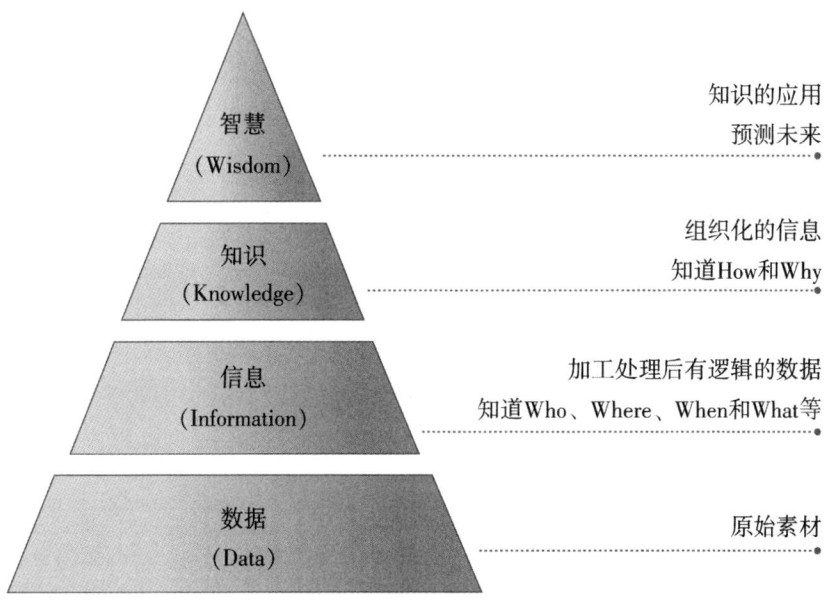

图5-3　DIKW知识金字塔

息就是建立了相关关系的数据,回答人物是谁(Who)、地点在哪里(Where)、什么时候发生的(When)和究竟发生了什么(What)。比如,书中的一句话,陈述某个人长得高高的、黑黑的,这就代表了一个信息。

而大量的信息汇聚,会形成对某一个事件或事物的概述,这就形成了知识(Knowledge)。知识是一个解决问题的办法,或者是形成的对某个事件的整体概念。它回答的是怎样(how)或者为什么(why)。如果你知道秦始皇是什么时候死的,那是一条信息;但如果你知道中国历史上所有皇帝分别是什么时候、怎么死的,那就变成了知识。

知识积累,会涌现智慧(Wisdom)。智慧是价值观、判断力、思维方式,是一种综合运用知识去解决问题的能力。我们可以学会知识,但不能直接学会获得智慧,智慧是每个人知识富集后的涌现,而且只有在解决实际问题时才能表现出来。知识有形状,智慧没有形状。知识就好比棋局上的棋子,每个棋子的力量是和别的棋子结合在一起才发挥作用的,棋局胜负取决于结构和周围势力的变量。同样的棋子,不同的形态、不同的下棋人,境界完全不同,这就是智慧的不同。

知识本来是没有形状的,讲知识的形状主要是从知识存在的方式来说的。人类的学习是知识传递的过程,但知识在传递过程中呈现出液体一样的流动特质,而液体本身也是没有形状的,它的形状往往就是存放液体的容器形状。在文字发明前,知识都是通过神经回路的方式存在于人的大脑,我们可以把它称为"细胞知识",它的形状就是神经元细胞的连接。文字产生后,知识可以脱离人的大脑,存在于龟甲、泥板、竹简、纸张上面,我们可以称之为"文字知识",它的形状就是书本、图书馆等。计算机和网络技术产生后,知识可以存在赛博空间里,以数字化的方式储存,我们称之为"字节知识"。知识的形状变化,就是人类文化进化的浓缩。马歇尔·麦克卢汉在《理解媒介》中指出:每一个媒体都用它特殊的方式重新组织我们的大脑和心智,而重新组织的后果远比内容和信息的效果更严重和更具杀伤力。因此,知识对人类的影响绝不是知识本身,对人产生更加深刻影响的恰恰是知识的形状。

柏拉图认为,一条陈述能称得上是知识,必须满足三个条件:它一定是被验证过的、正确的、被人们相信的。但是,在现代学习阶段,柏拉图认为成为知识的三个条件开始崩塌。在经典学习阶段,知识是被验证过的、正确的、被人们相信的,但那是已经沉淀的冷知识。现代社会里知识出现了过程化表达和呈现,在滚烫的生成过程中就被人接触和接受,更重要的是,拥有知识不再是权威的象征,每个人都在创造和表达知识,知识权威正在被破除。

过去杂志和书籍出版,实际上是一种知识过滤系统,确保了知识的质量。但是现在的学习者却越来越多地浸润在动态生成的半成品知识里:专业和非专业的知识伴生交杂,错误和正确重叠,知识在无限的链接页面里层层叠叠,我们可以通过网络搜索引擎去获取知识,但是搜索引擎并没有删掉东西,而是把更受大家青睐的信息放在前面一点,有时候噪声会强大到足以掩盖知识本身,学习者必须要学会在有干扰的环境里做出选择和判断。维基百科这种由大众共同创造和维护的知识体系,越来越为人们所接受,并创造了知识构成的奇迹。

现代学习的基本方式是迭代学习,就是知识像计算机应用软件一样,有1.0版,2.0版……。迭代学习是一种非精确的学习方式,但越来越普遍。学习出现了二八现象,一个人不再是学习100%的内容,而是学习最重要的20%,其余80%将处于模糊状态,也许一直会处于模糊状态,而且人们开始满足和习惯于这种状态。如面对最新的App应用或新的手机应用,人们不再通过认真阅读说明书加以了解,而是直接用手指接触屏幕来自己探究,用自适应的方式学习新工具。

迭代学习是一种试错学习,比如网络上有一个知识视频,你没看过不知道好不好,看了以后发现不好,但已经损失了时间,更可怕的是已经形成了错误的概念或降低了美感鉴别力。因此,迭代学习的质量更需要一种社会关系来保障,学习者之间构成推荐评价机制,学习者在获得知识的同时也输出对知识的行为数据,为别人学习提供证据和指引。

对一个人而言,世界知识太多,人类必须通过给知识做减法,将知识缩减到我们的大脑和技术能够处理的程度。因此,学习变成了一种限制和诱导,你学了这个知识,意味着时间消耗,意味着一定放弃了对其他知识的同步学习。如果我们的目标是培养有创造力的思考者和行动者,那么最重要的就是激发灵感,寻找好的学习路径,让他学得更正确,变得更优秀。但对集体而言,却不一定遵循一样的规律。一个都是北大、清华或常春藤大学毕业的最优秀人才组成的团队,从创造力和问题解决角度,经常会不如一个随机组合的、结构层次丰富的团队。笔者曾经在某个大化妆品企业里听到一个有趣的故事:瓶装化妆品外面往往会有一个漂亮的纸盒作为包装,但是在流水线上总是会出现空纸盒,结果销售商和消费者经常会投诉。企业组建了高学历的研究团队,尝试用各种传感技术、透视技术来攻关,但效果一直不好。最后,在流水线上的一个农民工,用十分简单的方式解决了问题——他在瓶装化妆品放入纸盒后塑封前,在流水线旁边放了一台大功率的鼓风机,只要是空盒就会直接被吹跑。

因此，要使一个群体更有创造性和问题解决能力，最好的选择是使团队当中的每个个体拥有不一样的知识结构，经历不一样的学习过程。知识集体的形状，是团队里每一个人的知识结构的叠加。一个集体，每一个都十分优秀，但知识结构差不多，其知识集体的形状反而要小，那么集体创造的思想碰撞的机会和可能也要小很多，这就不是一个能解决问题的好团队。

现代学习的八个走向

乔布斯在去世前曾做出三大预言,其中一个预言就是电子科技将掌控未来教室,并在教育信息化领域取得丰厚的利润。在他去世后的十年时间里,在线教育、翻转课堂、微课、慕课、电子书包等各种新鲜名词,成为教育界、IT界、出版界、金融界热议的话题,一些从事互联网教育的IT公司取得了数额惊人的投融资,同时资本介入教育领域也带来了许多意想不到的问题。尽管如此,电子科技应以何种面目、何种方式渗透和掌控我们未来的学习?这个问题依然困扰着试图进入教育信息化领域的各路精英。

教育信息化的目标是促进更个性化的学习,实现新的教育公平;教育信息化的主要推进方向是促进基础教育实现从教到学的转变,让学生从消极被动的知识消费者成为构建知识的参与者;教育信息化的着力点是创设更多样的课程、更丰富的教学方式,培养孩子的创新素养。从目前技术的走向和教育变革情况来看,现代学习在教育信息化背景下已经呈现出以下八个重要应用场景。

一、屏幕成为学习的主要介质

虽然很多人仍然眷恋着纸书散发的淡淡墨香,仍然对传统的书店有着刻骨铭心的不舍,仍然挑剔着电子阅读器这样或那样的缺陷,丹尼尔·平克在《全新思维:决胜未来的6大能力》中也指出"机器可以比人类做得更好,但却牺牲了人类的尊严",但是谁也无法否认,青年人获取信息的主要渠道已经从纸张迁移到屏幕,技术发展也将毫不留情、斩钉截铁地表白:不要寄希望于屏幕对眼睛的伤害和所谓的纸书阅读习惯(会使人们抛弃电子屏幕,回归传统纸书阅读),技术的难题很快就会被解决,面对各种屏幕的阅读和学习将成为未来的常态,并全面颠覆原有的信息组织方式、语言叙事方式和传播方式,新的阅读习惯将主导青年人的思想和生活。孩子们沉重的书包,在10年之内,必然会被轻盈的电子墨水屏教科书(见图5-4)替代,新的出版和发行体系已经初具形态。

图5-4　电子书

二、学习过程就是数据产生过程

学习就是信息传递与信息重构,对学生来说,学习又可分为课前、课中、课后三个典型的学习阶段。每个学生课前的预习、课堂里的互动表现、课后的作业与练习,包含了无数的过程性学习信息,但过去基本上没有采集或没有办法去采集。显然,学习的每个阶段会产生大量的数据,利用科技手段对这些数据进行积累、分析、应用、总结,形成基于大数据的分析判断,将从根本意义上改变基础教育,真正实现因材施教,并发现大量新的学习规律,创造新的教育学原理。举个例子来说:两个孩子在数学测验中都得了90分,过去老师会认为两个孩子的学习结果是一样的。实际上,这两个孩子在做题过程中会有极为不同的表现,现在已经有技术可以把孩子做题的每个细节全部数字化,从而洞悉学生做题的速度、正确率和表达习惯,而这些数据不采集,是不会凭空产生的。我们只要走出这一步,逐步累积数据,那么及时发现学生学习的细微变化,并提供可能性分析,就是顺理成章的事情。而专门针对"写"这个环节的智能笔已经呼之欲出,学生可以用它在普通的纸上书写并留下所有的动态墨迹。

三、教室可以向学生学习

教室可以向学生学习是IBM公司对未来信息化趋势的一个预言。教室向学生学习,包含三个要素:一是教室懂得学生的需要,二是教室会产生历史,三是教室能与学生一起成长。智能学习工具、智能课桌椅、智能教室将出现在课堂当中,学生在学习过程中的行为,将被即时记录下来,并即时提供分析,为学生更好地学习提供帮助;并且,其还能作为知识资产传递给其他学习者并进行自我改进,教室通过不断记录进行学习,变得越来越智能化。上海市黄浦区卢湾第一中心小学的"云厨房"教室,就是非常典型的例子,它为小学生自己创建课程、自主学习,提供了一个"会学习"的教室。

四、数字化学习产生全新学习模式

未来的学习模式不会是教师说、学生听的单向模式,更不会是大量重复操练的题海模式。信息技术将改变传统的教育教学流程,并形成高效的学习新模式,如线索构建学习、自组织学习、多路径学习、生产者学习、自适应学习、互动游戏学习、数形结合学习、视界转换增强现实学习、探究建模学习、跨时空协作学习等。这些学习会围绕一个数字化学习的核心三角形展开(见图5-5)——在数字化环境里学习,产生大量学习行为数据;记录学习行为数据,并进行挖掘、分析、应用;深度应用学习数据,对学习产生支持和导航。当然就学习而言,我们必须明白,数字化学习最大的问题就是会面对无法克服的噪声,噪声会使我们离真相越来越远。

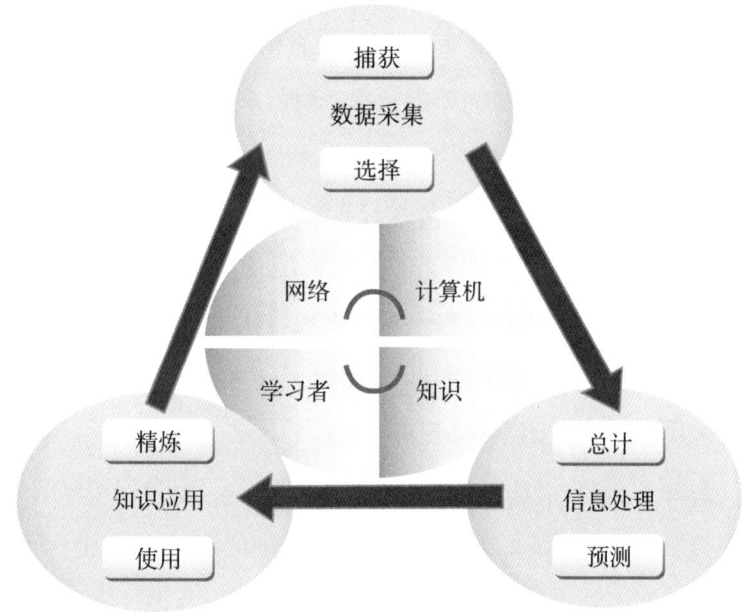

图5-5 数字化学习分析模型

五、互联网思维注入课程创生

互联网正在颠覆商业、制造业、金融业、娱乐业等领域,传统思维模式在互联网面前显得如此不堪一击。教育界虽然对互联网的渗入极为谨慎,但还是认同了资源、互动、个性化、分享、大数据分析等互联网思维模式。课程将进入超个人化时代,出现专门为一个人写的书本和设立的课程,从而填补知识与课程间日益增大的鸿沟。互联网思维有两个基本特点:免费和自传播。大量开放的慕课平台,海量的免费云存储空间,方便的微课制作工具,快速的光网,越来越便宜的移动终端,无处不在的自媒体,已经形成了学习领域数字化的基本条件,基于互联网思维的学习形态呼之欲出。

六、学习者赢利将成为可能

这个判断基于一个简单推理:假定教育的需求是个稳定的市场,那么为满足需求而产生的供给(学习资源、课程、试题、答疑等)就理应获得经济回报,美国教师课件互换网(https://www.teacherspayteachers.com,简称TPT)就是很好的例证,而这种教育资源互换赢利的范围将在未来不断扩大。互联网告诉我们,"目光聚集的地方,金钱必将追随",学生学习过程中伴生的大量数据,将会使一些富有独特视角和鲜明个性的学习行为,成为许多人关注和自传播的热点,由此形成学习者赢利的可能模式。

七、从提供资源到提供工具与平台

过去20年,教育信息化主要围绕两件事展开:一是建网买电脑,二是建教育教学资源库。结果造成了一个非常有趣的现象,政府主导建设的教育教学资源库越来越大,而教师却依然抱怨没有资源。究其原因,实际上是由于教育教学是十分个性化的活动,教师并不喜欢别人提供一堂课的演示文稿和教案,而且资源库一旦建好,不去更新,整个库就死了。因此,建设大规模的教育教学资源库这条路已经表明是一条死路。对学校和教育行政部门来说,将从为教师提供资源转变为为教师提供工具和平台,这些工具和平台也主要由社会力量和企业来提供。随着科技装备和技术的日新月异,更多的工具将用于教育,更多的平台将提供教育服务,教师利用工具和平台,创建自己的个人教育教学资源库,并向他们的学生提供学习资源,这是一个大趋势。在新冠疫情防控期间,全球范围的"停课不停学"再次证明,这个趋势基本上已经确立。

八、低结构成为信息化设计主导思维

信息化需要顶层设计,这显然是对的,但对教育这样一个复杂系统

来说,结构性变革其顶层设计必然需要有足够的实践观察,才能形成清晰的技术路径。笔者认为,目前尚没有到进行顶层设计的时候,让野花野草尽量去生长才是策略,当野花野草肥沃了泥土后,自然会有灌木丛产生,直至高大乔木生成,最后才会形成一片原生态的丛林。在这个时代,开放者赢,自我封闭者输。实践已经证明,在信息化方面的突破性进展,并没有行政强势主导而成功的案例。再好的顶层设计,再多的投入,在5年之内也大多会成为数字的废墟,这个现象在前文中笔者称之为"数字化崩溃",究其缘由,不是因为技术变化太快,而是因为没有顺应教育信息化自然生长的规律。要迈向学习的新时代,不是要创造数字化的钢筋混凝土建筑,而是要培育一片自然生长的丛林。因此,无论多么优美的规划设计,如果造就的是死的环境,那么一开始就注定了失败。而在真实课堂教学和学习过程中孕育出来的应用,哪怕是极其卑微的野草野花,也是有生命的,充满了希望。这个思维方法就采用了低结构的思维方式,其核心理念是发挥基层学校和教师的创造性,更加关注课堂的真实应用,更加关注学生在学习过程中的创造。

学习就是信息传递和信息重构的过程,很难再找到一个领域能够这样符合信息化精髓、符合互联网思维的了。现在,我们特别需要从学习变革出发,挖掘人与技术的关系、学习与技术的关系、教育与技术的关系,并努力在纷繁复杂的实践案例中理出一个现代学习的未来图景。经典学习阶段的学校模型形成至今,取得了巨大的成功,为社会进步和科技发展奠定了坚实的基础,但是这种大规模批量化生产人才的方法,在这个知识极大丰富、科技迅猛发展、以创新为导向的时代却越来越显得力不从心。许多人都看出我们现行教育中存在机制问题,许多人也感觉到新技术可能带来的变革机会,实际上新技术正在酝酿和再造新的教育流程和范式,其核心是提供学生学习的知识管理系统,围绕问题解决过程,累积学生个性化的知识,形成自信和志趣,并在学习过程产生大量数据,生成相关性证据,使教与学能够在技术的支撑下形成超越个人经验的分析工具,实现技术与人的共同进步。计算机本身已经成为塑造社会形态的工具,技术连锁反应在整个社会来回激荡,不断累积力量,变化永不停息。

教育应用大数据技术的价值判断

　　大数据和人工智能已经走入我们的生活,无论是购物、出行还是获取信息,新技术都已经深深嵌入其中。相关技术在教育教学和评价改革中的应用也越来越得到重视。雷·库兹韦尔说过:"理智的人总在适应这个世界,不理智的人总是试图让世界适应自己,然而世界的进步总是取决于那些不理智的人。"主动拥抱数据对教育产生的种种可能性,并努力让其促进教育变得更好,是我们这一代人的责任。

　　大数据技术的本质是机器从大量信息中提炼产生知识,从而实现干预未来的可能,但是教育是如此复杂,也决定了教育大数据具有和商业、金融、医学等领域应用不一样的特点,存在很大的两面性:一方面要积极探索,否则可能丧失教育变革的机会;另一方面要厘清和把握其真正价值,否则容易伤及教育自身。

　　教育大数据有四大类:一是教学资源大数据,如国家基础教育资源库、上海市中小学专题教育网等;二是教育教学管理大数据,如全国中小学电子学籍系统;三是教与学行为大数据;四是教育教学评估大数据。可以说,教学资源平台是大数据产生的基础,教育教学管理系统是大数据可以持续积累的保障,而教与学行为大数据和教育教学评估大数据才是大数据的核心。因为教育大数据的基本取向就是为学习者更好地学习提供服务——通过数据相关性分析,预测优化学习内容、学习时间和学习方法。大数据以分析变量之间的相关性为主,而不是说明因果关系。比如,有个分析报告说,睡满九小时的小孩子,学业成绩比较好。但这个数据反映的是相关性,而不是因果关系,因为有可能是因为孩子学习好,所以做作业比较快,孩子的睡眠时间得到了保障。围绕教育数据的汇集、分析是教育数字基座的总目标,在建设前需要厘清大数据应用的价值判断。

一是教育过程伴生海量数据,只有去采集才能拥有。教育教学过程的复杂性决定了教育数据的无法穷尽,因此我们可以从能采集到的数据变量开始,不要追求等有一个完美的平台来一下子满足所有教育数据采集的需求。以一个人的学习为例,学习不仅与学校和教师有关,也与每个人的大脑、内分泌、肌体相关,还与学习基础、学习时间及学习内容有关,与班级、同桌、家庭,甚至天气变化都会关联。这决定了一方面我们不要想去穷尽数据变量,太多的垃圾数据会掩盖真相;另一方面又要尽量去收集数据,因为大数据分析并非揭示教育变量的因果关系,而是发现教育变量的相关性,有了一定的数据量,才会呈现规律性的东西。

二是大数据的价值不在于数据很大,而在于可被积累、可被挖掘。大数据对推进教育现代化十分重要,但目前最需要的变革并非在技术层面上,而在教育的组织变革。当前教育有大量数据,但没有大数据,本质上是因为组织变革落后于技术发展和教育需要。数据不可持续采集、数据不可跨系统关联,不是技术问题,而是组织机制上的问题。围棋规则很简单,却可以演变出无数的可能;人的DNA分子所有的基因信息可以用一个容量很小的U盘拷贝,却可以衍生出无穷的不一样的生命,都是因为其组织运行的科学性。

三是数据服务存在教育伦理问题,需要有法规支撑。越是个性化服务,就越需要精准的信息支撑,学习者在得到大数据指引的同时,其行为也必定越透明,这不仅仅涉及学习者的隐私问题,更涉及其智力水平、兴趣偏好、生活与学习习惯等敏感问题。数据使用者,必须对数据和学习充满敬畏,同时也需要有法律方面的支持。

四是数据代表的是过去,而人的未来并不全部由过去决定。当数据本身成为未来发展因素的时候,未来就不再全部依据过去数据演绎。预测大坝决堤与预测人的学习行为,其准确性会有差别,因为人能按照数据反馈来调整行为。无论是老师知晓还是学生获悉,教育数据都会对其心理和行为层面产生影响,有人会产生正反馈,有人会产生负反馈。这好比股票数据一样,你分析过去的数据预判未来,结果未来因此而改变,这也是股票市场机器量化交易加剧股市震荡的原因。当然,个性化服务源于精准反馈,但精准也是有两面性的。比如,你订阅了一个App的新闻推送服务,系统会依据你的选择推送,结果会导致你只能看到与自己之前看过的内容相关的东西,反而限制了你的视野。

五是数据很重要,但比数据更重要的是教育过程本身的意义。数据创造不出经历,但经历能够创造数据。一个人的成长和成就,与其经历有关,并非由数据决定,因此教育要更关注经历与体验。当然好的学习经历产生的数据品质也更高,这对数据的后续应用价值至关重要。

六是有些数据可以只用来审美和回忆。有许多教育目标很重要,如责任感、幽默感、沟通能力、领导力等,虽然大数据也给了我们一种描述的可能性,但很难设定为数据变量。有些数据涉及孩子成长和教师成长,这些数据是不可再生的,哪怕这些数据将来没有分析价值,其审美价值和资料价值也是弥足珍贵的,因此强烈建议老师录下每一节课堂教学的情况,把它像矿藏一样存储起来,将来技术成熟的时候也许很有挖掘价值,哪怕不作为数据去挖掘,作为师生成长的纪念品都是不可再生的资源。

七是教育数据不是为了证明,而是为了发现、指引和激励。应用大数据来改进教育教学是科学,更是艺术。教育大数据的基本取向就是为学习者提供更好的学习服务。这个过程能够发挥正面效益,依靠的是对教育的正确理解,在这一点上,大数据和在一张传统试卷上给学生打一个分数并没有太大的不同。数据分析要精准,但数据结果的应用却可能要模糊,有的时候遗忘数据比记住数据更重要,因此教育大数据应用是科学,但更是艺术。

数字化是一种新的生产力,决定了现代社会新的生产关系,也带来了全新的学习内容和学习关系,这将决定我们在这个世界上的认知方式和行为方式,并因此决定世界的未来。

教育"内卷"和学会选择

教育"内卷"就是指教育系统内不断加剧的升学竞争和学生学习压力。就这点学科知识,就这群老师和学生,大家越搞越忙,越搞越焦虑。学校里数学老师布置作业多了,那英语老师也要多布置,否则英语老师会觉得时间都被数学老师抢过去了;这个家长送孩子去培训机构了,那其他家长也不得不送,否则觉得自己孩子要落后了;这个孩子作业做到10点,那个孩子就做到11点;最可恨的是培训机构还打出这样的广告:"你可以不来参加我们的培训,但我们正在培训你的竞争对手"……有意思的是,大家都看到问题了,但大家好像都没有办法,教育部门不断发文件,结果还是没有改善,这就是我们教育的现状。

实际上现在学校的条件越来越好了,教育均衡也确实是做得越来越好了,教师也都是经过正规大学培养的大学生了,从OECD组织的PISA测试中可以看出,中国的基础教育质量在世界上也是名列前茅的,但我们老百姓对教育还是有很多的不满意的地方,这就是教育"内卷"的可怕之处。

要破解教育"内卷",首先要认识到,这不是学生学业负担重不重的问题,而是一个社会对教育所持的价值观问题。学校总会有一点不同的,但是家长会对一点点不同也无法忍受,其本质是因为我们对学校的评判只有一个标准——升学率。因此,我们应该鼓励学校多样化,只有这样才能让家长看到有的学校这个好,有的学校那个好,找到心理平衡。如果是单一评价,那么有些"佛系"的家长本来对孩子文化学习没很高要求的,结果学校老师也会逼着家长"鸡血"起来。还有一个问题是,我们经常会把认为重要的东西变成考试。以体育进中考和高考为例,现在就有很多争议。实际上,重视体育最好的办法是学校开齐开足体育课,并提供更好的体育场馆和设施,提供更好的体育师资,让孩子们体会到体育运动给自己带来的愉悦,那么孩子们才会养成终身运动的爱好和习惯。孩子们的学习主动性才是破解"内卷"的强大动力。这么多年教育改革一直是在有限时间里做增量,不断给学生增加课程内容。好的教育改革一定要有增有减。比如,应该规定每周拿出一个半天去校外活动,去看看博物馆、科技馆,让孩子们去参加社会实践,那么孩子们自然会减少文化课学习,减少作业量。再如,为什么家长要把孩子送去培训机构补课,很多是因为学校教师的教学能力不行,孩子不喜欢,听不懂,甚至有老师会直接对家长说:"你孩子学习基础不行啊,赶紧去补补课。"结果去了培训机构后,家长发现孩子喜欢学习了,成绩也上来了。这样一弄,更多人盲目地跟去培训了。破解这个问题的办法应该是不断提高教师素质,让孩子们喜欢学校,喜欢老师。提高教师素质是最难的,最好的办法是让最优秀的人来做老师,这需要继续提高教师收入,什么时候最优秀的人愿意来做老师了,这个时候教师的待遇才算是可以了。

但是,哪怕教师都是最优秀的,"内卷"就能破解吗?笔者的判断是"否"!因为教师再优秀,也不能保证所有孩子都能上北大清华。"内卷"在现代学习阶段之所以会如此突出,不是因为老师不优秀,不是因为教育不均衡,也不是因为教育投入不足,"内卷"情况最严重的地方,恰恰是经济最发达的地区、教师最优秀的地区、教育经费最充足的地区,比如北大清华所在的海淀区。"内卷"的根本原因是学习进化和文化进化之间出现了背离。学习是文化进化的基本作用力,但是如果文化进化的速度超过了每个人的学习速度,那么"人"这个进化量子就会陷入一种十分无助的状况。家长会"鸡血",孩子会"躺平"。

但是,马上会有人质疑:为什么东方国家"内卷"都比较严重,而西方国家同样进入了现代学习阶段,"内卷"却并不那么突出?这就更让我们要从文化进化角度来分析这个现象背后的原因。文化进化使社会更加开放和多元,这个情况东西方都一样,开放和多元意味着我们面临着更多的选择。在物质匮乏时期,有选择权,人会有一种优越感,但当你面对超多选择项的时候,选择将会变成一种负担,而且相当耗费精力。笔者曾经接到一个家长投诉,说某个周末上午同时有数学竞赛和英语竞赛,希望能协调分开竞赛时间,好让孩子能都参加。而当我说明原因告知无法调整的时候,这位家长觉得世界末日来临了一般大声哭泣。笔者就这件事想了很久,终于明白了东西方在学习"内卷"方面差异那么大的原因——东方文化从来不是一种选择性文化,而是跟随性文化。说白了,就是随大流,东方的教育从来没有把学会选择当作重要的学习内容去要求。

什么叫学会选择?

第一,选择的本质是舍得。所谓选择,基本上是选了这个,就要放弃其他。你此时此刻选择了阅读,就意味着舍去了看电视或其他活动。从这个角度来看,人的一生总是在选择和舍得。之所以大家平时没有感到在做选择,只不过是生活的惯性给大家做了自然选择。在一个物质过剩、知识爆炸的时代,科技和社会发展给每个人的发展机会和学习渠道更多了,这样我们每天面临的选择会更多。现代社会之所以有这么多剩男剩女,不是因为选择少了,恰恰是因为选择多了。我们可有的选择项大大增加,但我们每个人依然每次只能做一件事情——选一个伴侣,这就意味着我们舍去的选择项也比以前多得多,如果没有学会舍得,那一定是十分痛苦的事情。回想起那个家长的投诉,我想如果家长让孩子借这个机会自己学会选择,理解"选择就是舍得"的道理,也许比参加数学和英语竞赛的意义要大得多。可惜的是,目前孩子们的选择大多数都是家长去做的,而家长做的往往又不是选择题,而是全部都要。看到其他孩子在学画画,就也要自己孩子去学,看到其他孩子在学奥数,就觉得自己孩子也绝对不能落后……这种情况久了,孩子们不但深受其害,同时也彻底丧失了选择的能力。

第二,真正的选择没有标准答案。平时考试当中的选择题往往是有唯一正确答案的,实际上这并不是选择题,而是多项判断题。现实生活中的人生选择题,从来没有标准答案。新的高考改革,学业水平等级考试选择度很大,有些家长就埋怨,为什么要让孩子们这样焦虑,不要选,大家都考一样不是很简单嘛!这个埋怨看上去有道理,实际上没有明白,新的高考就是要学生学会去做没有标准答案的人生选择题。

第三,学会学习首先是要学会选择,而学会选择的标志,是能尊重自己的选择,勇敢承担选择的责任。我们每一个选择基本上都是按照自己过去的情况来做出判断,这个判断一定是不完美的,有很大的运气成分,但这正是人生的乐趣所在,否则全部由过去因素决定的人生,肯定是太乏味了。任何人生选择题的选项都是有利有弊的,更何况未来还有许多不可预测的情况会完全改变原先的预判。比如,有一次笔者要从郊区到市中心去,用手机导航先选了一条路程比较短的路径,结果后来却花了很长时间才到达目的地,因为在我出发后,在关键地点出现了一次比较大的突发性车祸,这在我做出选择的时候是不可预知的。人生的道路像是一张网,在每一个节点上需要选择前进的方向,而且每次选择后面还有无数的选择机会,虽然在每个节点上的选择都是不同的,终点却有可能是相同的。因此,每一次选择都不会是抉择,哪怕是面临高考这样重大的选择,也并非就指向最后的结果,后面还有许许多多的选择和调整机会。

在进化三大定律中提到"进化"一词拉丁文的原意是将一个卷在一起的东西打开,因此,从这个意义上讲,"内卷"的反义词应该是"进化",只有通过学习的进化,才能破解现代学习中可怕的"内卷"现象。

评价是为了教育增值

评价是价值判断,评估是事实判断。评价的"评"字,右边是一个"平"字,代表天平,左边是一个言字旁,代表要说出来。因此评的意思就是把事物或者事情与一个标准的东西比较一下,然后说出比较的结果。教育评价就是指在一定教育价值观的指导下,依据确立的教育目标,通过使用一定的技术和方法,对所实施的各种教育活动、教育过程和教育结果进行判定的过程。教育评价事关教育发展方向,有什么样的评价指挥棒,就有什么样的办学导向,这个指挥棒是由政策和人控制的,因此评价的方向性实际上是由教育价值观决定的。

正确的价值观才会产生正确的评价导向,育分还是育人,这是一个根本性的问题。如果是育人,那么教师对一个行为习惯不好、一个字也不认识的新生会主动关心,通过教育教学让这个孩子不断完善,不断进步。如果是育分,那这个老师一定会对这个孩子充满了抱怨,甚至歧视,会要求家长让这个孩子去课外补习。社会上家长对孩子学习的普遍焦虑,不是因为担心孩子考不上北大清华,而是担心孩子每天在学校里因为学习落后,被老师批评,被同学歧视。

教育评价十分复杂,这个复杂性来源于人的复杂性,因为人是具有不确定性的。

价值判断和文化传统息息相关,比如麦肯锡录取员工的时候,如果每位主考官都画圈圈,不录用;有人画双圈圈有人画叉叉,录用;有一人或两人极力推荐,录用。因为麦肯锡的企业文化是创新,需要特别的人,优秀是第二要求。前几年哈佛大学在上海招生,有一个十分优秀的学生没有被录取,那个学生十分委屈,很困惑他比去年录取的学生各方面都要优秀,为什么自己不能被录取。招生官的说法是:"你很优秀,但是你这样的学生去年我们已经招到了,我们希望在中国有限的录取名额中招到更不一样的学生,哈佛招生是艺术,不是科学。"复旦大学有过一个阶段,采用千分考入围然后面试二选一的方式录取大学生,发生过一个有趣的故事:一个孩子在面试时教授问他最喜欢什么,他说最喜欢吃,比如说最喜欢做各种各样的蛋炒饭,结果讲了15分钟蛋炒饭的各种做法,等面试结束了孩子十分后悔,以为不会被录取了。结果这个孩子偏偏被录取了,因为教授认为千分考能够入围已经是最优秀的孩子了,而难得的是这个孩子十分富有生活情趣。

高校选拔方式对教育有十分重要的导向作用,全部以分数一条线来录取,是最偷懒的招生办法。对于高校招生而言,重要的是招生办法改革,而非考试的改革,考试是技术活,而招生才是价值判断。简单的评价不科学,科学的评价太复杂。

评价有两种取向:一是过程性的诊断性评价,一是终结性的鉴定性评价。教师在日常教学中的过程性评价,包括作业反馈、测验和考试,其功能主要是导向、激励、诊断和调节,是为了教学改进。学业水平考试、中高考等大规模考试,其功能主要是用来鉴定学生的最终学业情况和监督学校办学基本情况。

评价有两种目的:一种是针对学生个体的学习分析和判断,其目的是了解学生个体学习情况,以促进学生发展或进入合适的高一层次阶段学习。另一种是针对群体的学业质量诊断,其目的是评估学校或区域的教育质量,为教育行政提供判断和决策。

评价有两种方式:一是基于标准的合格性评价,如驾照考试或学业水平考试;二是基于常模的选拔性评价,如研究生考试、教师资格证考试。

评价有两种结果:一是对个人或集体产生高利害关联的评价,如评职称或升学考;一是与个人或集体不太相关,特别是和个人无高相关的评价,如街头调研、PISA测试等。

在具体实施过程中,两种评价目的、两种评价取向、两种评价方式、两种评价结果,往往产生割裂或错位,加上评价研究的严重滞后,造成评价经常性的异化。而且评价是需要成本的,这个成本单看经济上的就十分高昂。某个省想把体育成绩纳入中考,为提高其信度,设置了十分复杂的程序,每次要投入近亿元来完成。实际上还不如拿这些钱来改善学校的体育设施,聘请更好的体育老师来得更有效,因为体育纳入中高考的目的无非是想让孩子们去锻炼。

评价的基本特点是会对评价对象产生反馈作用。显然这个作用可能正面,可能负面。"子贡赎人、子路受牛"的故事很能说明问题:子贡去外国赎回鲁国的青壮年后不领国家的补偿金,被孔子骂了一顿;子路去救落水的孩子,人家为了感谢他,送了一头牛,子路得意洋洋地牵回家,结果孔子表扬了他。学生就十分奇怪,问孔子:"子贡做好事不领奖赏不是道德高尚吗?子路做好事拿人家好处,不是十分势利吗?"孔子说:"凡事要看重要方面。子贡看上去做好事不领赏,结果会使人觉得领赏是不好的,但是不领赏把人赎回来又明显自己吃亏了,那么就不会有更多人愿意去赎人,而人回来是大事。子路做好事拿好处,大家觉得做好事有好处,那么会有更多的人去救人,那淹死的人就少了,人命是大事。"

评价是为了教育增值,这句话反映了两个内容:评价的目的和实现这个目的的可能性。好的评价可以促进学生德智体美劳全面发展,不好的评价则会导致孩子无心学习,甚至产生严重的问题。日常的考试测验作为评价的重要部分,其主要功效是让孩子们及时发现自己的不足,寻找到学习的动力。说到底,平时的考试分数,是教育的一个杠杆,就是要想方设法撬动学生的学习积极性。如果孩子考试考了59分,可以找这个孩子说:"老师可以给你60分,但是下次考试要还我2分,好不好?"直接给59分,不找孩子谈话,就失去了让教育增值的机会。

不同孩子差异极大,有些孩子需要树立自信心,有些孩子需要树立敬畏心,有些孩子需要培育坚忍不拔的意志,在教育过程当中需要各不相同的评价导向。"闻斯行诸"记载了孔子因材施教的一个例子。子路和冉有同样问"闻斯行诸",孔子却给出了不同的回答。由于子路个性勇敢,做事有时不免轻率,所以孔子要他在听到一件该做的事时最好向父兄请教后再去做。而冉有个性谦逊,遇事往往畏缩,因此孔子要他在听到一件该做的事后立刻去做。孔子这样以一退一进来适性教育弟子,便能使他们避免过与不及的后果。孔子这个因材施教的故事,一方面体现了孔子对于不同学生评价的深刻性,另一方面更体现了孔子评价和教育学生的艺术性。

不是只有考试才是评价,教师日常的教育教学行为都有相当的评价效应。我曾经看到过一个老师有101个表扬学生的办法,比如给学生一个微笑,或者给学生一个点赞,都是对学生十分有效的鼓励,这也是属于评价范畴的。哪怕是赞扬,赞扬的方法也会对学生的激励产生很大的差异。心理学家卡罗尔·德韦克做了一个实验,让一组五年级的学生每人解一道谜题,有的学生在解题后被赞扬很聪明,有的在解题后被称赞很努力,然后研究者让这些学生选择另外的题目,结果多数被赞扬很聪明的学生会选择简单的题目,而90%被称赞很努力的学生选择了比较难的题目。

  对于学生德智体美劳全面发展的评价,很多是不能用分数来体现的。评价有定量评价、定性评价,还有半定量半定性的评价。写学生评语就是典型的定性评价,好的评语不仅仅是对学生学习情况的鉴定,更能为学生后续的发展提供脚手架和指引。教师对学生的评价每天都在发生,其作用远远大于其他各种评价。在社会评价没有完全转变的当下,教师对教育方向的准确把握,对评价方法的正确应用,是可以大大减轻学生和家长对教育的焦虑感的。在现代学习阶段,教育评价的作用越来越突出,教育行政部门和学校领导,要认真研究如何提高教师教育评价能力,为教育评价改革先走出关键的一步。

第六章
学习与创新

> 创造是人类的本质,所有人都拥有创意。创造是我们消弭危机、应对变化的唯一途径。创造让我们有机会修正错误,不断进步。
>
> ——凯文·阿什顿,
> 《被误读的创新》,中信出版社,2017

创新的本质

来源:中国教育改革发展论坛
时间:2021年11月

创新的本质

学习塑造大脑,不同的学习过程、学习内容、学习程度、学习经历、学习方法会在大脑中形成不同的神经回路,不同的神经回路意味着每个人不同的知识结构和思维方法,而不同的知识结构和思维方法,会让人对同样的事物产生不一样的看法,对同样的问题产生不同的解决思路,这就是创新的基础。现在大家很关注培育学生的创新精神和创造能力,而目前基本的思路是通过系统的教育,让孩子们拥有相对完备的基础知识,然后教给孩子一些创新的方法。但是笔者认为:培育学生的创新精神,实际上很简单,就是要塑造不一样的大脑。一个人为什么会创新,就是因为他的大脑和别人不一样。如果每个人都去学了一样的所谓"创新技能",那么还是不会有创新。前文提到楔形文字的破译,是一个叫格罗陶芬德的中学教师,喝多酒以后突发奇想,发现了对楔形文字行文格式的破译方法,这看上去是偶然的,实际上却是大脑多样性的必然。

可见,基础教育培育学生的创新精神并不

不同的学习过程、学习内容、学习程度、学习经历、学习方法会在大脑中形成不同的神经回路,不同的神经回路意味着每个人不同的知识结构和思维方法,而不同的知识结构和思维方法,会让人对同样的事物产生不一样的看法,对同样的问题产生不同的解决思路,这就是创新的基础。

复杂，我们只要让我们的孩子们都不一样，孩子们将来自然就会创新。中国人多，每一届有2000万学生，要是这些学生的大脑都不一样的话，中国就有无穷无尽的创新人才。当然，不一样的孩子能够真正在未来成为创新人才，还要有三个前提条件。

第一个条件是社会条件。创新需要一个稳定的人文环境，这样每一个人的创造性活动才能累积起来，从而真正实现社会进步。这就是所谓的"文化使社会凝聚，创新使社会发展"。如果没有这样的基础，思想迸发、创新无限的时代往往是战乱不断、民不聊生的时代，中国历史上的春秋战国就是非常典型的代表。创新从来不是一个人的事情，创新需要一种认同的环境和容错机制，这个环境需要靠文化来塑造。一个民族的凝聚力和认同度，来源于这个民族的文化积淀；一个民族之所以千百年历经艰难困苦依然屹立不倒，依靠的就是对文化之根的认同。中国文化的精髓所在，就是和而不同，这也是中国的创新和西方世界的创新的不同之处。

第二个条件是智力条件。创新需要一个人有系统学习的过程，形成比较丰富的大脑神经回路，从而达到基本的智力水平，创新对智力的要求仅此而已。创新并不需要一个人过分聪明，因为如果所有人都很聪明，智商都是200，但是学习经历都一样，学到的知识都一样，思维方法也一样，那么创新还是无从谈起。米哈里·希斯赞特米哈伊在《创造力：心流与创新心理学》中指出："一位才华横溢的健谈者、一个有着广泛兴趣和敏捷思维的人便有可能被认为是具有创造力的。然而，除非他们的贡献具有持久的重大意义，否则我将这类人归为有才华，而非有创造力。"从实际情况看起来，考试一直满分的人也许并不是一个创新人才，所谓的"前十名现象"还是比较有道理的。丁肇中曾经说过,他从来没看到过拿诺贝尔奖的人考试是第一名的,倒数第一名的倒是有几个。因为创新不是完美,而是破缺;创新不是智力,而是热情。

第三个条件是人本身的多样化。科学家们认为,与极少量基因决定人的肤色和外表相反,人的智力、艺术天赋和社交能力等由人类8万个基因中数千甚至数万个基因所决定,而且是以复杂且相互关联的方式起作用。科学家们还发现,生活在同一地区的人,某方面基因的差别之大可达90%,而因生活地区不同而产生的基因差别只占10%。有些基因,例如控制免疫系统的基因,在人与人之间差别极大,可是这种差别与种族没有任何关系。也就是说,人本身的基因就是多样化的,而基因关联作用的多样化更加普遍,一个小小的基因片段发生变化,就会为创新提供新的基础性保障,创新是人类的本能。

基础教育对创新人才培养的最大贡献就是让学生的大脑更多样化。人的多样化一方面是整个人类得以延续的保证(如果大家基因都一样,病菌来了,就有可能一下子把人类都消灭完了);另一方面,人的多样化更是人类发展的基础,因为人是多样化的,才会不断涌现别样的思想和创造,推动社会的发展。而人的多样化,主要来源于教育和文化的多样化,因此教育多样化一方面是培育创新人才的本质要求,另一方面也是培育创新人才基本的方法。

近百年来,美国为什么在文化和科技诸方面充满了原创的动力,其根本原因还是来源于教育。在美国,不同州的教育政策各不相同;同一个州不同学校之间的课程设置会有很大不同;同一个学校教同样学科的不同教师,教材选择和课堂教学方法会完全不同;同一个学校同一个年级的高中学生,几年下来选学的学科和经历的学习过程差异极大。正是这种错综复杂、充满变数的教育构架,引导学校培育了不一样的孩子。PISA测试当中美国学生的表现差强人意,而上海的学生表现十分优异——上海的孩子是一样的好,美国的孩子却是不一样的"差"。从平均成绩来看上海学生胜出一筹,但是从以多样化作为标志的教育创新来看,上海学生就会败下阵来。美国的顶尖高校在招生的时候,在确保孩子基本学力的基础上,更偏向于看这个孩子和其他孩子有多少不同,而我们顶尖高校在招生的时候,很多只要分数是一样的高。如果"追求一样的高分"这样的教育体系不打破,那么我们的孩子越努力,就越会扼杀个性。在顶尖国家之间的创新力竞争过程当中,PISA的平均分毫无用处,比的就是孩子们有多么不同,比的就是课程和学校的多样化程度。任何课程改革,如果导向是绝对大一统方向的,必然导致地区差异泯灭、学校特色消亡、课程多样化消失、学生个性化成为泡影。特别是在信息化高度发达的今天,学习资源可以快速获取,如果处理不当,非常容易以公平的名义,导致千万学生学同样的内容、考一样的试、按同样一张试卷从高分向下依次录取,中国教育将陷入可悲的倒退。

反过来,如果我们在政策设计的时候,朝着鼓励学校多样化、课程多样化、学生多样化的角度去迈进,那么中国学生凭借吃苦耐劳、顽强拼搏的精神,造就出来的不一样的大脑,必然会成为举世无双的创新大军。这需要在政府、学校和教师几个方面同时改变,这也正是国家要启动教育综合改革的真正原因所在。

第一个层面:政府部门要真正放权。

对于政府部门来说有两个普遍存在的现象:一个是擅长干"一刀切"

的活,因为"一刀切"好管,发一个文,大家都跟着做就行,这样下面就没有了创新的空间。另一个现象是政府官员总认为啥都懂,啥都能做。实际上,上级部门主要负责定好方向,具体如何去做,需要激活基层的活力。政府官员还是"笨"一点好。上面什么都想好了,全都设计好了,下面只有干的份,久而久之,下面就没有了思考力,因此政府上层越聪明,基层就越笨。政府部门"笨"一点,鼓励基层去创新,这才是大智慧。

奉贤区是上海的远郊区县,这几年基础教育进步很大,很重要的原因是上海市教育委员会开展了一系列行之有效的教育城乡一体化推进策略,如委托管理、集团化办学等机制,但是最根本的原因还是系统内部的激活。上海市奉贤区做了三件事,一下子激活了基层学校的校长和老师们。

一是实施了"星光灿烂计划",就是鼓励学校自己谋划发展空间,教育局提供资金支持,一改"要你做"为"我要做"。从一件小事就可以看出基层学校的活力和创造力——奉贤有所明德外国语小学,这所办学不久的学校出了一个8岁的全国棋后,玩的是国际跳棋。相信没有一个政府领导会想到可以让学生去玩跳棋,一个农村的学校就这样没花多少钱培养出了一个全国冠军。另外一所地处农村的肖塘小学,所有孩子都唱京剧,其中的一个小男孩获得了上海的小白玉兰奖。因此,这些事给我们的启发是:如果你不替校长去思考,校长自己的思考会很精彩。

二是举办高质量的活动,让郊区的老师和小朋友开阔视野,提升信心。对于郊区的老师和小朋友来说,最主要的问题是很少有机会接触大家、名人,容易陷入熟人社会、小富即安的心态。因此,教育局推出了"大师进校园"活动,请知名人士白岩松、钱文忠、孔祥东、黄豆豆甚至是诺贝尔奖获得者,直接给师生们面对面做报告,从不同角度点燃师生们的兴趣。同时组织各种各样高质量的论坛、活动和培训,请全国最知名的校长、老师、教育专家来奉贤,甚至请来美国年度教师、加拿大STEM课程专家,走进校园,和老师们直接面对面沟通、思想碰撞,促进老师们寻找自身的优势。

三是给学生构架更多元的学习空间和平台。通过文教结合、体教结合等手段,举行了"言子杯"全国书法比赛、全国二胡比赛、全国学生钢琴比赛、全国故事大王比赛、中美机器人挑战赛、全国中学生领导力展示活动等重大赛事,让奉贤的孩子们直接站到全国背景的舞台上。与此同时,亚洲音乐节、国际青年艺术周等活动,更让奉贤的孩子有更多接触时尚和世界脉动的机会。同时推出"万人看家乡、千人看祖国、百人看世界"活动,设立企业捐助专项资金,让家庭经济条件不好的优秀学生也有出国游学的机会。对于孩子来说,"如果走出去,世界在我眼前;走不出去,眼前就是世界"。

第二个层面:学校要设计丰富多彩的课程让学生去选择。

课程是学生成长的跑道,有怎样的课程,就会有怎样的学生。学校课程的多样化,是学生个性化的基础,只有学校提供一定量的课程供学生选择,才能让学生在校期间有更多样的组合,从而形成不同的学习经历,塑造不同的大脑。选择本身就是创造发明的核心素养。庞加莱曾经说过:"创造恰恰在于不做无用的组合,而做有用的、为数极少的组合。发明就是辨别、选择。"从行之有效的角度来看,学校课程的多样化可以来源于4个方面:一个是语数外等基础型课程的分层分程设置,实现基础型课程的选择性;二是按照学校条件,设置多样的选修课程,让学生按照兴趣选择；三是开展学生社团活动，让学生自发创建活动课程，从而实现跨年级甚至跨校的实践活动，走进生活，走进社会；四是充分应用网络开放课程，像网易云课堂、上海学习网等课程平台，提供上万门课程，学校只要指导学生去选，并开展线下辅导和学校认证，同样可以作为学校课程的一部分，弥补学生需求的多样化与教师能力有限的矛盾。多样化甚至可以延伸到学校的环境建设当中，宋庆龄幼儿园教室里给孩子们用的水龙头是各种各样的（见图6-1），园长对我说，希望孩子们从小就知道这是一个多样化的世界。

图6-1 宋庆龄幼儿园教室里不一样的水龙头

第三个层面：教师要让每一节课上得都不一样。

同样的教学内容，不同的教师由于理解不同、专业背景不同，教学肯定会有差异，从多样化角度来看实际上是好的。但是教师的教学活动，往往会有一个趋同现象，在互相听课和集体备课过程当中，对认为效率高的教学设计，大家很快就会用到自己的课堂里去，时间久了，教师的课堂就会越来越相似，这显然不利于培育不一样的大脑。现在很多地方会做一些"同课异构"，鼓励老师们把同样的教学内容上得更不一样一些，如果能常态化那就十分精彩了。同样的知识，上课的方式方法和案例越不一样越好，那么教师就拥有了无限的创新空间，学生多样化的可能性就一下子放大了。从极端角度来看，我们甚至应该鼓励同一个教师在不同班级上同一个内容时,也进行不一样的设计,看上去教师会很累,甚至本来很高效的教学设计,改用新的教学设计,效率降低了,但从塑造学生不一样的大脑角度来看,却是十分有效的。这种方法会让教师一直处在思考、比较和挑战的兴奋状态之中——教师的教学创新,会传递给学生!

第四个层面:实践是创新的源泉。

人在具体的实践过程中,因为和环境之间的互动,会出现许多意外,这是创新发现很重要的来源。古人第一次学会制造火,用的办法不是钻木取火,而是火石取火,因为火石取火较为简单。人类打制石器的经验很丰富,且历史悠久,你可以这样想象一下,在远古时期,一个偶然的机会,一个人在打制石器,幸运的是他正在打制的石器材料是火石,两块石头敲击时产生了火花,不小心落在了旁边干燥的柴草、绒草中,这时,一阵风吹过,草丛开始冒烟继而着火。这样的一次偶然的经历,让人类先祖学会了打石生火的本领。

因此,对学生来说,创新就是所有学生用不同的方法学习;对教师来说,创新就是用不同的方法去设计和教学。比如,在上结构课时,如果让学生自己去搭建,一定会让教师大吃一惊(见图6-2)。当然,不一样的学校、不一样的老师、不一样的学生,要用不一样的方式评价。不一样的评价方式涉及动力和导向的问题。相信只要大家认同了多样化是创新人才培育的本质,相关的评价制度也就会应运而生了。

图6-2 孩子们用水果搭建结构

深度学习

1976年,美国学者弗伦斯·马顿(Ference Marton)和罗杰·萨尔乔(Roger Saljo)基于学生阅读的实验,首次提出了"学习层次"概念。他们发现,浅层学习处于较低的认知水平和思维层次,不易迁移;而深度学习则处在认知的高级水平,涉及高阶思维,可以发生迁移。从学习金字塔(见图6-3)中可以看到,采用不同的学习方式对学习内容的掌握情况会有很大差别,说明学习确实是有深度学习和浅层学习之分的。

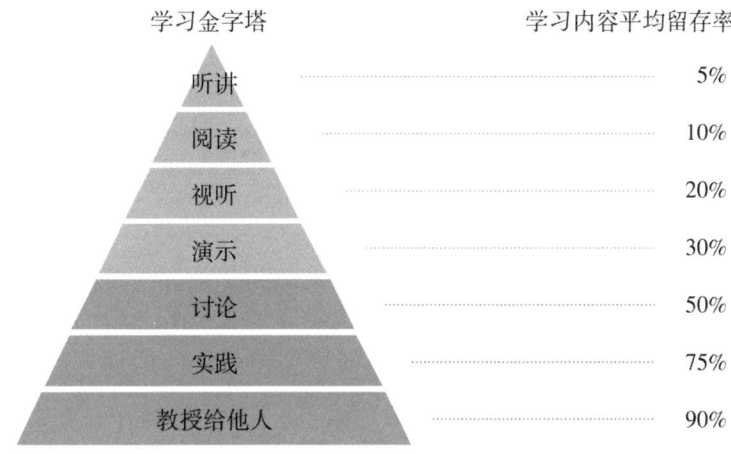

图6-3 学习金字塔

深度学习,从学习的内容角度来看,它首先应该是一种收敛的学习。什么叫收敛?把一个球放在一个开口向上的碗形容器底部,如果让球偏离一点,它就会回到底部,这叫收敛;但是如果把这个球放在一个开口向下的截面呈抛物线形状的容器的外顶部,只要偏离一丁点儿,它就回不去了,这叫发散。深度学习显然是收敛的学习。打个比方,大家都喜欢用手机学习,但你本来要看苏东坡的故事,结果可能会去看东坡肉,甚至看到苏小妹那里去了,等到回过神来,已经过去半小时了。所以看手机是一种学习,但往往是一种发散性的学习,很难形成有层次的大脑连接。当然深度学习不是指一节课,而是与长时间学习相关的概念。

智商之父路易斯·特曼(Lewis Terman)从1921年起做了长达35年的天才跟踪研究计划,跟踪1500多名IQ超过135的天才儿童,但这个"天才军团"几乎全军覆没,没有对社会做出什么创造性的贡献,30%的男孩和33%的女孩甚至没能大学毕业。

美国心理学家朱利安·斯坦利在1971年启动了一个超常儿童研究项目,在45年时间里跟踪了美国5000名全国排名前1%的超常儿童的职业生涯和成就。这次大获成功,5000名儿童绝大部分成为一流的科学家、世界500强的CEO、联邦法官,包括扎克伯格、谢尔盖·布林等人。不同的是,斯坦利用的不是智商测试,而是SAT考试(又称"美国高考")的数学分数。

一个人的成功到底和智商有什么关系?为什么数学强比智商高更能反映人的未来成就?进一步研究表明,智商和学习的关联性远不如自我控制力和学习的关联度强。也就是说,一个人的自我控制力越强,就越容易形成深度学习,将来获得成就的比例就越高。

为什么数学对成就的影响比智商的表现要好得多呢?智商高的人在刚开始学习的时候会学得更加快一点,但是,如果没有自我控制力的话,他的高智商在后面就显示不出优势。而数学学习除了对智商有要求以外,还要求孩子拥有较强的自我控制力。学生只有达到在外界看起来十分专注、刻苦、勤奋,而自身认为学习状态十分自然的时候,才是进入了深度学习的阶段。孔子向师襄子学琴,学了十天仍没有学习新曲子。师襄子说:"可以增加学习内容了。"孔子说:"我已经熟悉乐曲的形式,但还没有掌握方法。"过了一段时间,师襄子说:"你已经会弹奏的技巧了,可以增加学习内容了。"孔子说:"我还没有领会曲子的意境。"再过了一段时间,师襄子说:"你已经领会了曲子的意境,可以增加学习内容了。"孔子说:"我还不了解作者是谁呢。"又过了一段时间,孔子神情俨然,仿佛进到新的境界:时而庄重穆然,若有所思;时而怡然高望,志意深远。孔子说:"我知道他是谁了——那人皮肤深黑,体形颀长,目光明亮远大,像个统治四方诸侯的王者,若不是周文王还有谁能撰作这首乐曲呢?"师襄子听到后,赶紧起身拜了两拜,说道:"我的老师也认为这曲子应该是《文王操》。"可见,深度学习往往是求慢的,求少的,求难的,甚至是求拙的。慢就是快,少就是多,这是深度学习的特点。

怎样培养学生的自我控制力,从而开启学生的深度学习?笔者认为存在"开启深度学习基因的六把钥匙"。深度学习能够形成非常牢固的大脑连接,但请大家不要忘记,这个连接需要浸泡在神经元的递质当中才能形成,要产生容易发生连接而且让这个连接不容易丢失的内环境,提高自我控制力的这六把钥匙十分重要!

第一把钥匙叫公正和信任。教学当中公正和信任是第一位的。我们曾经就这个问题做过大范围的调查——"你喜欢某个老师主要的原因是什么?"调查结果显示,不是幽默,不是有趣,而是老师的公正和信任。也就是说,一个老师对待所有孩子是不是公正,对孩子是不是信任,是第一位的。一旦孩子认为你对他没有信任和公正,就不会有真正的教育,学习也不会真正地开启。

第二把钥匙叫专业规范。 教学是一种专业,不是通过激情就可以实现的,一个孩子能达到多高的高度和老师的专业规范是有关系的。有一项科学研究发现,大家熟知的像李世石、李昌镐这样的韩国顶尖围棋国手的平均智商只有93,而韩国人平均智商是100。也就是说,围棋顶尖高手的智商还不如韩国人的平均水平。他们为什么会达到这么高的成就,成为大家公认的天才?一方面是这些围棋高手自我控制力十分强大,但同时他们的老师非常专业也很重要,第一层学什么,第二层学什么,第三层学什么,它的大脑连接一层一层累积起来,这就是专业棋手的道路。如果没有这样的专业规范,一开始急于求成,也许这个孩子走不远。

第三把钥匙叫有趣多样。 在这里笔者特别想鼓励老师追求一个境界,就是让每一节课都上得不一样,当然这有一定难度。同样上一个内容,在一班上课和到二班上课要不一样,越不一样越好,每一堂课就像一个教学实验。有人说:"我已经上得很好了,学生都很喜欢,我为什么还要寻找不一样?"教育不是一节课的事,而是一个长期的过程,追求不一样是一种挑战,它可以给学生以学习的新鲜感。你每天进去给学生都是一样的感觉,他的大脑连接就不容易产生。有一个故事,笔者在参加高级教师考评的时候去听过一节物理课,一个老师在上课铃声响了以后,拿了块小黑板匆匆忙忙冲进教室,在冲进教室的时候跌了一跤,小黑板摔下来了。老师把小黑板挂在大黑板上的时候,我发现它上面是一个电路,有小灯泡,有开关,有电源,合上开关以后这个灯泡可以点亮。但是老师把开关合上后灯泡却不亮,小朋友就说:"老师你刚才跌了一跤,灯泡可能坏了。"老师换了一个灯泡,还是不亮。小朋友们又说:"是不是跌了一跤,电线松掉了?"……最后花了七八分钟,终于把灯泡弄亮了,老师回过头去,在黑板上写了5个大字——"电路的故障"。后来问这个老师怎么回事,这个老师说是有意跌一跤的,只有这样孩子们才会帮他忙,一起想办法找出电路的故障。如果老师每天挖空心思让同学们感到新奇新鲜,那么当有新知识出来的时候,连接就容易发生了。

第四把钥匙叫尊重和关切。真正的教育力量都是来源于态度的改变,老师是不是真的尊重学生、关切学生,是学习能否真正发生很重要的影响因素。这里还有一个故事,发生在上海一个示范性高中的校长身上。这位校长姓陈,是一名化学特级教师,有一天他发现有个学生没有交作业,就把这个学生找过来,问:"为什么没有交作业?"学生说:"老师,我忘了带了。"这个陈校长说:"忘了带了,好,你回家把这个作业拿过来。但是你要跟着我,现在我就开车把你送回家去拿。"这个小孩就战战兢兢乘着校长的车回家去了。到了小区里边,停好车,他不敢下车,说:"陈校长,我没做。"陈校长说:"没做是吧? 不要紧,现在我们回学校,在我面前做。"这个学生做了一个小时,最后还有两道做不出来,陈校长就教到他会做为止。这个孩子以后化学作业从来没有不交过,高考成绩也特别好。这个事例说明了对学生的尊重和关切会改变其学习态度,本质上是开启了形成脑神经新连接的基因。

第五把钥匙叫发现真问题。现在有很多学生的问题都是假的,这样的学习就不可能持久。仍以笔者听过的一节课为例,这节课上的课文标题叫《我乘飞船看祖国》,就是想要乘上火箭看看祖国的万里长城、长江、黄河……。铃声响,课结束,上完课老师很满意,学生很开心。然后,有个专家问学生:"你们有什么问题吗?"所有同学都说没问题。于是,专家说:"你们学完这篇课文后一个问题都没有吗?那我想问问你们看,你们谁乘过宇宙飞船啊?"小朋友们说没有乘过。专家又问:"你们没乘过宇宙飞船,怎么知道在飞船上能看到雄伟的长城和滚滚的长江呢?"这个时候,孩子们明白了,这个专家是想让他们问问题。马上有一个学生问:"老师,你去过长江吗?"第二个同学又站起来问:"老师,你去过黄河吗?"第三个学生站起来问:"老师,你去过南京吗?"请大家注意,这些问题全是假问题,这些孩子很聪明,他们在迎合老师,因为他们发现这个专家希望他们提问,但他们提出的这些问题毫无意义,他们也并不真正关心。这样的提问绝对不可能产生深度学习。

第六把钥匙叫成就感。成就感对孩子的学习很重要,比如让孩子有表达想法的机会、展示他们发现的机会,或者让他们做小老师,自己讲课,这些方法学习效率是最高的,而它的本质是成就感。成就感有两种:一种叫美感。"事物都在雾中,而你突然看出一个结论来",这句话表达了深藏在你心底的错综复杂的感受,这错综复杂的感受把一直在你内心的东西连接起来,而这些东西以前从未被连接起来过。你有过这个感受吗?在学习过程当中我们称之为"顿悟",就是学习至极之美。还有一种成就感,我们称之为"责任感"。如果一个孩子真的树立了非常远大的目标,如他可能决心要为国家强大而努力学习,千万不要以为这些是虚的。我们就需要这样的孩子,这个孩子的整个身体、大脑都浸泡在一个超强的环境当中,无论多么辛苦,对他来说都是一种愉快,因为他正在挑战自己的人生,在为将来的社会发展努力学习。

有趣的是,目前研究深度学习的不仅仅是脑科学专家们,更有一大批人工智能专家,机器的深度学习研究将和大脑的深度学习研究共同开创新的领域。

艺术的力量

艺术有两个基本特征，一个是美感，一个是创造力，离开任何一个特征，就不是艺术。艺术表现为绘画、音乐、舞蹈、诗词、书法、雕塑、建筑等，但是艺术本质上与任何特定的事物都无关，任何事物只要上升到美感和创造力合一，就成了艺术。也正因为如此，做菜、说话、酿酒甚至打仗，都有可能上升到艺术性这个层面。艺术的本质在于它能将我们身边随处可见的寻常之物表现得异乎寻常，能充分赋予惯常所见的世界以特别打动人心的力量。因此，艺术的本质是人，而非艺术品。

艺术品是艺术狭义领域的物化，是人类艺术活动的产品。人们在观赏艺术品的时候，是站在自身角度对艺术品所凝结的创造性活动进行再发现和再创造。

艺术家的创造性活动有的时候会远远领先于时代的理解力，这也是艺术的一个特征。凡·高在他的时代里不被欣赏，他生前没有卖出任何一幅画，甚至连当成礼物都没有人愿意接受，而同样的画到了现在，每一幅都价值上千万元。凡·高为人类带来了一个新的视野，但人们花了好长时间才慢慢感受到他画里的特别内涵。因此，富有创造力的人总是先于整个时代，这也是艺术能给人带来力量的原因。伟大的艺术作品之所以能够跨越时空，其精髓在于对艺术家个性的超越，实现了作品与欣赏者心灵间的共振。

艺术活动是文化进化的必然产物，可以推断，如果有外星系智慧生命存在，其生命的形态可能会有极大的不同，甚至生命的进化量子都不是碳基的基因和DNA,但是其标志必然是同样存在艺术性活动,因为艺术性活动是智慧生命表达对自然世界的认识的一种方式,它超越生存本能,是寻求生命意义的桥梁。

西蒙·沙马在《艺术的力量》一书中追问:如果艺术能让你快乐,是否也能让你变得善良?如果艺术能让你狂喜或伤心落泪,是否也可以让你成为一个杰出的公民?优秀的宗教画可以拯救灵魂于罪恶,现代世俗画是否同样具有如此的扭转性力量——拯救灵魂于自私?艺术的力量是否应该参与对权力的角逐?

当人们站在一万多年前阿尔塔米拉洞穴的壁画(见图6-4)前,当人们聆听到9000年前贾湖骨笛(见图6-5)吹奏出的音乐,没有人不会被其

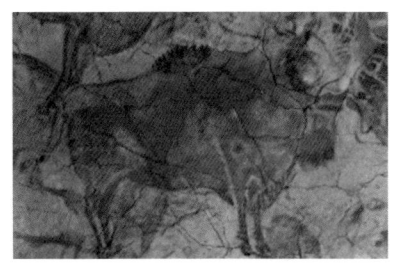
图6-4 阿尔塔米拉洞穴的壁画

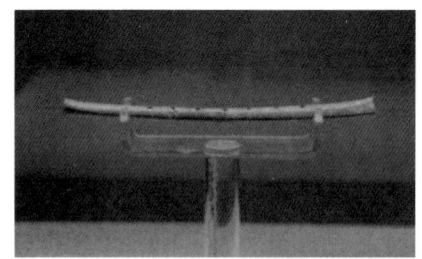
图6-5 七孔贾湖骨笛

艺术的力量深深震撼。在与人类祖先的创造力产生深深共鸣的那一刻,我们感受到和他们之间的精神连接,因此,美感实际上是一种文化认同。艺术就是通过形式美,来获得人们对艺术品的关注和喜爱,从而让自身的创造性成果得到更好的保护。对每一件艺术品来说,美感是表,创造是本,时间累积价值。从这个角度来看,艺术和技术一样,具有自由意志,它是有精神生命的。

艺术和科学之间有着十分微妙的联系,许多科学家都有很深的艺术

修养。比如,爱因斯坦十分喜欢拉小提琴,钱学森十分喜欢书法和绘画,钱老还写过一本名为《科学的艺术与艺术的科学》的书,认为两者若不结合,终不能成大器。实际上,艺术和科学的相同之处是都既有美感又兼具创造力。艺术的美感是形象之美,科学的美感是逻辑之美;艺术的创造力是为了塑造我们的精神家园,科学的创造力是为了揭示我们的精神家园。艺术本身也需要科学的支撑,如果没有科技的进步就不会有现在的油画,也不会有现代的钢琴,当然也就不会有伟大的油画作品和钢琴曲。科学需要艺术的心灵滋润,从而使科技朝向善和美的方向发展,避免科技力量带来灾难性后果。艺术的矛盾在于你需要先学习它的种种规范,然后再彻底地忘掉它们。如果你不知道艺术基本的运作方式,你无法真正深入其中;但如果你只知道技巧,只知道不断地运用这些技巧而成为一个非常富有技巧的人,那么你永远不会是个艺术家,而是一个技师、工匠。科学的矛盾在于你需要先学习前人的科学结论和基本学术方法,然后再发现前人理论中存在的问题,并用新的方法来解决这些问题。因此,科研的基本方法与科技创新之间不是因果关系,而是矛盾关系。同样,艺术创作技能与伟大的艺术作品之间也不是因果关系,而是矛盾关系。这种矛盾越激烈,艺术和科技的创造力越伟大。

  语言并不是思维的唯一方式,美术就是一种不依靠语言的创造性思维方式。对于普通人来说,创作似乎十分神秘。雕塑家米开朗琪罗完成一件雕像后,邀请商店老板到他家里来看他的作品。商店老板无法相信他的眼睛,问:"你从哪里找到这么漂亮的大理石?"米开朗琪罗说:"你难道没有认出来吗?它就是那块丑陋的石头,在你的店门口放了12年的石头。"商店老板问:"你是怎么办到的?你为什么会认为那块丑陋的石头能够变成美丽的雕像?"米开朗琪罗说:"我从来没有想过这件事,但是我曾经梦想着要雕刻一座这样的雕像。当我经过那块石头时,我突然看见耶稣在召唤我并说:'我被困在这块石头里,放我出来,帮助我脱离这块石头。'我在那块岩石里看到了与这一模一样的雕像,所以我做的工作其实是微不足道的。我只是去除掉石头上多余的部分,然后耶稣与玛利亚就从桎梏中解脱出来了。"(见图6-6)

而毕加索作品《牛头》(见图6-7)用的材料全是现成物品,即一个自行车车座和一个车把。这些现成物品到了他的手里便激发了他的想象力,他巧妙地构思出了这一尊"公牛"头。

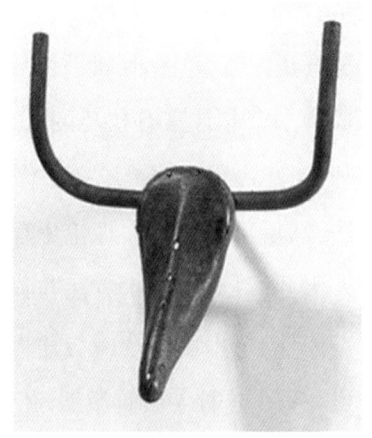

图6-6 米开朗琪罗为圣彼得大教堂创作的雕塑《哀悼基督》

图6-7 毕加索用一个自行车车座和一个车把创作的《牛头》

每一件伟大艺术品的诞生,都是人类文化进化的一部分。看似匪夷所思的创造,是符合进化第三定律的,一件艺术品的产生过程是进化量子和环境共同作用的结果,充满了不确定性。但是艺术品的产生原理却是确定的,是人和环境的"量子效应"在发挥作用。石头中的圣母和耶稣在米开朗琪罗的大脑中形成一个完形,自行车的车把和车座在毕加索的大脑中形成了牛头的完形,然后通过雕琢或者组合呈现了出来。因此,人这个进化量子的量子效应,实际上就是思维的不确定性,当这种不确定性与环境之间产生作用时会形成思维闭环,从而产生新的艺术品。单个艺术品如此,宏大的设计也是如此,只不过我们说的宏大的设计,是许许多多人的思维形成整体闭环,是用技术化的方式来保障多个思维的总"量子效应"。一块石头可能在不同的大脑里形成不同的闭环,会生成不同的作品,但是它一定是艺术家在苦苦冥思或者灵光乍现中,突然形成了一个思维完形,那个东西就在那里。如果思维没有形成完形,那么那个东西就不会出现。所谓的艺术家,就是能够比普通人更多地在大脑中形成完形,并把它们创造出来的那些人。

美感是对美好事物的感受,是欣赏者对事物的感觉在大脑里聚合而激发出一种叫多巴胺的神经递质,它让欣赏者感到愉悦。请注意,看到美的东西大脑会奖赏你愉悦,让你更愿意去追求美,这说明追求美是人的天性。人类对美的共同价值判断与生命进化有很大的关系,我们共同认为美的东西,往往是有利于生命生存和发展的,这在生命进化过程中慢慢积累起来,最后演变成了一种生理机制。虽然有些美的生命对人并不友好,比如毒蘑菇,但是站在毒蘑菇角度看,那是它利用了其他生命追求美的机制,来创造有利于自己生存的机会,因此,美对毒蘑菇来说也是一种特别力量。

目前,在艺术教育方面急需研究和突破6个方面的问题:一是美育和艺术教育之间的关系;二是艺术课程和艺术素质测评之间的关系;三是培育全体学生、特长学生、艺术大师之间的关系;四是学校艺术教育、校外艺术教育和家庭教育之间的关系;五是学生的基础美育素养和每个学生艺术特殊能力之间的关系;六是传统艺术传承与艺术的创造创新之间的关系。

习近平总书记在给中央美术学院老教授的回信中指出:"美术教育是美育的重要组成部分,对塑造美好心灵具有重要作用","做好美育工作,要坚持立德树人,扎根时代生活,遵循美育特点,弘扬中华美育精神,让祖国青年一代身心都健康成长"。重视美育,就是因为美有善的力量,有创造的力量,是生命进化的力量。如果我们的孩子们失去了对美的感受力,那就丢失了生命进化和文化进化的根脉。艺术教育应该成为培养学生审美能力和创造美的能力的基础,学校环境和学科教学的内容和方法应该促进学生对美的多样性的理解,教学过程应营造自由、民主、平等、多样的氛围,以有助于学生形成和谐的心理品质和追求真善美的品质。对美的感受力和创造力应该伴随着全部学习过程同步提升。

科学与科学教育

要给科学下一个妥帖的定义十分困难,虽然对科学的起源地,学术界普遍认为是古希腊,但是其他古代文明为什么没有孕育出科学思想和方法,这是非常值得探讨的。科学始于对自然的观察,但是如果这种通过观察产生的知识,是以实用为归宿和目的的,那就不算科学。柏拉图在《理想国》中写过一段影响很大的话,讥讽了那种认为研究几何学或者天文学应该服从农业、军事、航海或编制历法需要的说法。柏拉图坚持认为,对自然知识的追求必须脱离琐屑的技艺和技术活动。中国古代有着十分灿烂的技术,包括四大发明,但却基本上没有科学,就是这个原因。比如,在1000多年前的宋代,许多建筑上已经开始使用避雷系统(见图6-8),这和现代的避雷系统在技术上并没有两样,但是我们的祖先没有从科学原理的角度去追究原因,而是把它归因于这套东西可以辟邪,

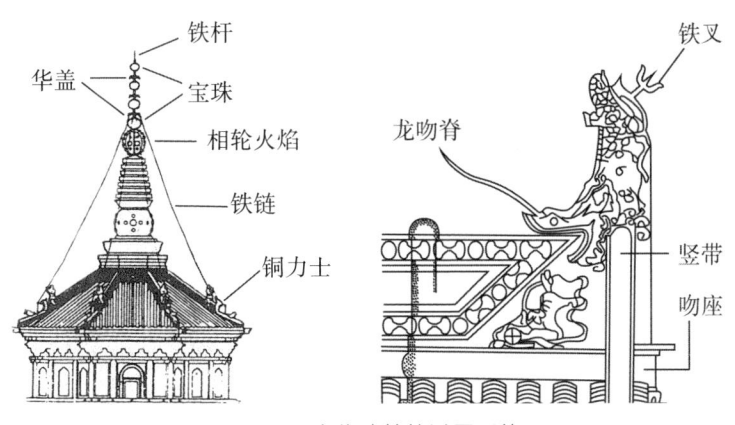

图6-8 宋代建筑的避雷系统

装上了就不遭雷劈。

科学本身自成体系,不是为其他生产生活解决技术问题,纯粹是自然哲学家为了满足自己的好奇心和探究欲望,享受智慧与思辨的快乐,才有了真正的科学。古希腊"七贤"之一的泰勒斯,就曾经被女仆嘲笑,说他在观察星星的时候,一直抬头仰望,掉到了井里。正是因为古希腊的自然哲学家们专注于观察自然并进行理性思考,所以在那个时候,他们就已经推断出地球是一个球体,甚至已经能够通过测量估算出地球的半径,误差不到10%。亚里士多德是科学史上耸立的一座丰碑,但是在我们的科学课堂上有时会成为一个反面人物。亚里士多德的许多研究结论现在看起来是十分错误的,但是其理性思考的方式却是整个科学研究的基础。当然,古希腊的自然哲学家们并非真正的科学家,他们停留在了观察和思辨的层面,直到两千年后,伽利略提出了"观察-假设-实验验证"的探究方法,现代科学才真正确立。伽利略对科学真理的判断,到现在依然是科学最好的注解——"科学的真理不应在古代圣人的蒙着灰尘的书上去找,而应该在实验中和以实验为基础的理论中去找。真正的哲学是写在那本经常在我们眼前打开着的最伟大的书里面的。这本书就是宇宙,就是自然本身,人们必须去读它。"显然,从人类的进化历程中可以看出,科学之"无用"反而更加凸显了其巨大的应用价值和精神价值。

科学教育是传承科学知识和方法的重要途径。古代的科学教育更多的是一种自然哲学层面的学习,甚至很长一段时间里,科学教育是神学的一部分,科学是为了证明上帝的存在,直到伽利略以后,科学成为真正的科学,才有了真正意义上的科学教育。

当前的现代科学教育的改革,起始于1960年前后的美国,它以提高国民的"科学素养"为目的,注重实现"概念性知识""科学的本性""科学的伦理"等教育价值,以后又逐渐发展出新的内涵,开始注重"科学与社会""科学与人文""科学与技术"等范畴。当前的教育界对于科学教育形成了以下的共识:

①科学教育应从强调知识内容向培养学生获取知识的能力方向转变;②强调不同学科、不同领域之间的沟通和渗透,使科学在一个十分开阔的背景上加以呈现,开拓学生的视野和思维空间;③强调诱发学生学习的主动性和对自然的科学态度、兴趣,突出发展学生的个性和科学素养;④强调教学与最新科技发展及实际生活间的联系,强调多种教学媒体的运用。

学生的科学兴趣和能力是童子功,如果一个孩子在高中阶段前没有形成科学学习的基本能力,那么很难在以后的学习生涯中形成正确的科学精神和持续探究的能力,也就丧失了在科学层面的创造力。近年来,科学教育在基础教育阶段有所弱化,主要原因是科学教育功利化导致的,如果科学教育变成升学工具,那么科学教育就失去了应有的价值。

科学教育应该带给孩子什么?

一、科学课堂应像科学家探究一样,从观察开始,形成自己的假设,然后去验证。

笔者曾经作为一名科学教师在美国费城的一所中学观察他们9年级的科学课教学。整整一个月,每天一节2个小时的课,孩子们一直在研究颜色层析的问题。一开始老师带了一些巧克力、口红等有颜色的东西,还准备了水、丙酮、酒精等液体,让孩子用白色的试纸沾上有颜色的东西放在不同液体里观察层析现象,然后记录。接下来几天,孩子们带来了各种各样生活当中的物品,来观察它们在不同液体里的溶解速度和在试纸上的层析过程。笔者观察到,有一个孩子带来了一些绿色的树叶,想办法榨出树汁后,发现树叶的绿色层析出了黄色、红色,于是他猜想——是不是绿色里边包含了红色,所以到了秋天树叶就变红了?一个月后就到了深秋,他采摘的那棵树的树叶真的变成了美丽的红色,他十分高兴,认为他的猜想得到了证实。

这些学习内容在我国的科学课堂上估计只需要一节课,许多老师甚至实验也不做,只是做一个PPT给孩子们介绍下就结束了,看上去我们的科学课堂效率很高,实际上却忽略了科学课程最重要的探究过程。美国孩子们的学习虽然看似效率低下,甚至研究结果都是错误的,但是却让孩子们自己经历了一个完整的科学探究过程,因为科学过程才是科学教育的核心,而非科学结论。

科学的惊奇不是教师在课堂上变科学魔术,而是学生在自主探究中自我发现,这种发现的惊奇才是科学教育需要追求的本真。非常可惜,我们最常见的科学课堂,往往是以向学生提问上节课的内容作为开始,而且问的往往是"死问题",导致学生一听到上课铃声,就战战兢兢地祈祷,最好教师不要提问他,然后祈祷下课铃声快点响起。这样的科学课堂,对孩子来说,估计与想象中的地狱差不多。

二、要让学生知道科学不是结论,而是发现问题,理解科学自身依然在不断发展。

科学体系中没有一个规律或结论永远是绝对正确的。经典力学几乎全部建筑在牛顿绝对的时空观上,但爱因斯坦的相对论证明牛顿力学在物体高速运动时和微观世界里有误。就长期而言,几乎可以确定爱因斯坦的相对论也一定会出现问题,就如他证明之前的牛顿力学是有错的一样。

有同学会问,所有的科学规律不都是得到实验证明的吗,为什么会出错？你就要告诉他:实际上,科学规律是通过实验探究归纳出来的,不可能每一次验证都是绝对正确的,也许下一个实验就会发现这个规律的表述是有缺陷的,所有科学实验永远是不完全归纳法,是有条件的。从这个意义上来说:实验是检验谬误的唯一标准！我们可以很容易证明一个规律是错的,但不可能证明一个规律是永远对的。科学哲学家波普尔甚至认为,所谓的科学就是能够被证明是错误的理论,如果无法证明它是错的就不是科学,科学不代表正确,而是代表可以被证伪。

学生平时做实验和做科学习题,总是相信有一个唯一正确的结果,但如果他们知道科学本身还有许多问题,需要不断探索的话,他们学习科学时的感觉也许会很不相同。要让他们知道:犯错并不是发生在科学家身上最坏的事,最糟的事可能是"连犯错都不够格"（著名物理学家泡利语）！

科学是有生命的,她还在不断加速成长发育。科学规律和体系是这个活体的骨架,科技发明是这个活体的四肢,不断开展的新实验和发现的新现象是这个活体的血和肉,而科学家们则是这个活体的头脑。我们懂的东西越来越多,掌握的科技越来越先进,有趣的是,与此同时,我们不懂的东西反而更多,面临的挑战也更严峻。超导超流、纳米技术、生命现象、思维智能、材料能源、时空本原等一大堆东西正在困惑着当前最聪明的科学家们。现在中学生在高考中选考物理科目的人数越来越少,不能不说是一件十分遗憾的事情。在中学生中间,物理被称为"考古学",

因为其中的知识最近的也要超过一百年了。我们的科学教育已经与科学发展完全脱节,甚至许多科学课程当中的表述,已经不再反映科学界的观点。

三、让孩子体会科学知识内在联系带来的美感和幸福感。

科学很美,科学的美是简洁的,是富有想象力的。我们回顾一下人们对微观世界的认识过程,看看科学家们是如何描述原子的。汤姆孙一发现原子可以分成带负电的电子和其他正电物质,马上就端上来一个美味的撒满葡萄干的蛋糕,蛋糕就是原子的本体,葡萄干就是电子,因此汤姆孙像是个美食家。卢瑟福用实验发现原子里应该有个核,电子绕核旋转,就像行星绕太阳旋转一样,一个原子就像一个太阳系!这样描述原子,使得卢瑟福像个修辞学家。后来人们发现电子根本没有沿着一定的轨道绕核旋转,原子中的电子就好像云雾般弥漫在原子核外的空间,就是所谓的"电子云"。电子云的意境是不是就像一首飘逸的朦胧诗呢?

科学是一种生活方式,这并不是在说科学为我们的日常生活带来了多少实惠,而是在说科学中蕴涵的感情、哲理和态度对我们生活的影响。科学最注重的就是怀疑的态度,如果总是相信一切已知的事实,科学就不会是今天的样子了。我们平常生活中如果没有怀疑和思考,那么就没有了发展的基础。科学讲究互补,容纳多元。比如,光可以像波,也可以像粒子。不要以为生活中的事物不是黑的,就是白的。和真理对立的不见得就是异端,因为真理可能有许多不同的面向。

科学并不总是证明因果关系,而更多的是描述事物之间的相关性,因为科学中到处存在着"不确定"和"混沌"。就像地震前有动物出现异常和地震这两件事之间只是相关,而不是因果。奇怪的是我们总是在让学生相信任何事的发生都有理由,所谓"无因不生缘,无缘不成果",以至于大多数学生相信努力学习必然会带来好成绩。可惜的是,这两件事之间也只有相关性,而没有因果必然性,生活中大多数事情都是这样的。

如果在很多孩子的眼里,科学学习就是做科学习题,那么我们的科学教育肯定是失败了。假如我们的学生开始厌倦思考,仅仅满足于考试得到高分,周围的一切显得越来越理所当然,不再为自然的美所感动,总觉得科学老师像个老妇人一样絮絮叨叨,没有新鲜的东西,那么他们可能正在越来越远离可爱的科学。这也许意味着他们正在逐渐丧失一种真正有价值的生活态度,开始沦落到一种被价格化了的人生;更可怕的是,也许他们不再能感受到生命的全色,就像得了色盲一样。

知识工具

工具原指我们人类在生产和生活当中发明的器具,后来也泛指帮助我们生产和生活的非物化的手段。原来我们认为只有人才能使用工具,可是观察发现,黑猩猩及其他动物,特别是灵长类动物和某些鸟类(如渡鸦)及海獭等都能使用工具。这之后,哲学家认为只有人类才有制造工具的能力,直到动物学家观察到某些鸟类和猴子也会制造一些简单工具。实际上我们是过于狭隘了,因为蜘蛛织网、蜜蜂构造复杂的蜂窝、蝙蝠利用超声波导航,你不把它们当作制造或使用工具是说不过去的,只不过差别在于这些动物制造的工具,不是来源于学习,而是来源于遗传。有些动物能学会用画笔作画,有些动物甚至能学会使用iPad,而人真正独有的能力是制造和使用知识工具。

所谓知识工具,就是对抽象的文字符号进行处理的工具,也可以称为思维的辅助工具,有四种情况:第一种是储存和整理知识的工具,通过工具把知识储存到脑外,如图书、思维导图、对数表及资源数据库等;第二种知识工具是搜寻和交换知识的工具,如计算尺、图书检索系统、知识地图、视频会议系统、社交网络等;第三种是创造和发现知识的工具,如纸笔、实验仪器、计算器、计算机、博客、记录类App、短视频平台等;第四种是思维逻辑工具,如归纳、演绎、推理、大数据分析、人工智能等。

很长时间以来,知识主要存在于图书之中,阅读到现在一直是主要的学习方式。用阅读这个方法来塑造大脑,特别适宜知识延续和重复生产。与之相对应的是,相当长的时间里,人们习惯于用纸笔记录自己的学习心得,创作诗歌或小说。但是这个过程被计算机的发明打破了,计算机是人类历史上最重要的知识工具,在学习领域得到了深度的应用,有过3个阶段:

第一个阶段是20世纪70年代中期到90年代中期,那个时候的学习信息化主要是用计算机学习编程,是个人和计算机之间的互动,被称为CT(Computer Technology)时代;第二个阶段是20世纪90年代中期到2010年,其主要特征是互联网的应用,是个人通过计算机和中央服务器之间的互动,主题词是网站和页面,被称为IT(Information Technology)时代;从2010年开始至今,进入了第三个阶段,这个阶段的特征是去中心化的云技术和数据流量,被称为DT(Data Technology)时代。

DT时代的学习信息化和前两个阶段的信息化有明显的不同。一是学生学习和教师教学有了更多样的选择。学习资源和知识工具一下子变得十分丰富,各种各样与学习有关的App猛烈爆发,很多教师显得有些手足无措。实际上,这些资源和工具提供了一种新的选择,建议教师们不妨大胆去尝试一下。二是更加指向激发学生内在的学习驱动力。教学的奥妙在于激发学生的学习兴趣,提高学习的效率。在这段时间里涌现出了很多和学习有关的技术,如3D打印技术、VR(虚拟现实)和AR(增强现实)技术、智能机器人等,原来枯燥无味的说教式学习,一下子变得非常生动。看上去只是表现形式上的进化,深层价值却是赋予了学习更多意义。在高感官刺激、高互动体验和高自主性创造的学习新环境中,学生学习的主动性将有较大提升。因此,学校要主动关注、引进和试验相关的教育技术。三是学习动态数据的产生和分析将成为核心。过去的教学和学习是非常私人化的过程,不同年级的学生、不同班级的学生、不同区域的学生之间,学习往往是毫不相干的,教学效果完全依赖教师的经验。但是学生每天上课的情况、每次做作业的情况、每次测验的情况,如果利用新技术,就可以进入到非常精细的层面,可以分析到学生做每一道题花费的时间和正确率;有的技术已经可以分析到学生解决问题的思维过程,有的技术可以为学生提供自适应的训练辅导,甚至有的技术已经可以基于学生的选课和兴趣爱好,为学生的生涯规划提供有力的指导性建议。在这个问题上,每一所学校基本上都处在同一个起跑线上,你可以去积累阅读的数据,也可以去积累运动的数据等,不管你积累什么数据,可以肯定地说,这些数据将决定学校的品质和发展方向。工具可以购买,大楼可以建造,但是学生学习的数据是不可再生的宝贵资源,必须要引起高度重视。

随着技术发展,新的知识工具不断涌现。搜索引擎代替了查字典,计算器代替了计算尺和对数表,计算机键盘代替了纸笔书写,维基百科和知网代替了图书馆和杂志,虽然就文字本身和学习过程而言变化并不大,但是新的知识工具加强了互动性,自带媒体特征,更加适合形成创造性活动的人脑神经回路。学校可以设计更开放的教学活动,围绕发现知识、形成问题、解决问题,创造性地应用这些新的知识工具,让学生体验全新的学习过程。

很多人认为,有了知识工具,会使人的记忆力下降,实际上人类的记忆力也确实是普遍下降了,甚至脑容量都在呈现下降的趋势。但是,正因为知识工具能把人的大脑从知识储存的功能中解放出来,才有可能让大脑有更多创造的空间,这被脑科学家称为认知盈余。不必要记忆的东西不再去记忆,会增加很多自由时间,不必记忆的东西不占有大脑的过多空间,会增加很多新的脑连接空间。

能人的出现以制造和使用工具为标志,距今已超过200万年了。工具的发展是人不断得到解放的过程。交通工具解放了人的双脚,可以让人去到更远的地方;自动化工具解放了人的时间,让人可以有更多的闲暇;信息化解放了人的大脑,让人可以去从事更具创造性的工作。知识工具的灵活应用已经成为当今学习变革最重要的活动,也让学校课程更加丰富(见表6-1)。

表6-1 现代学校的课程

学生需求	共同知识	个性知识	创新知识
课程类型	基础型课程	拓展型课程	探究型课程
教学方式	结构耦合教学	主题定制教学	知识创新教学
学习形态	结构性学习	模块化学习	项目化学习

有意思的是,对于知识储存、知识交换、知识创造等工具发生的巨变,我们每个人都能感同身受,但是对于思维逻辑工具的变化却并没有多少体会,也许是因为大数据分析技术、人工智能的神经网络算法等新的思维逻辑工具,还没有真正转化为学习的知识工具;也可能是因为,传统的思维逻辑工具在过去人类进程中发挥的作用过于重大,我们依然沉溺在其巨大的力量之中。归纳总结、推理演绎、思想实验、批判质疑等知识工具可以突破表象,发现世界的真相,是人类学习进化当中最具力量的进化积木。伽利略曾经用一个思想实验,来证明亚里士多德认为重的物体比轻的物体下降快是错误的,而亚里士多德的结论显然是通过长期观察真实世界归纳得出的。

这些思维的进化积木比有形的物质进化积木更能快速地突破性地创造新知识,通过不同的方向和方法来揭开世界的奥秘。比如,对于物质世界的量子现象,海森伯从粒子的不连续性角度来思考,用矩阵这个数学工具形成了矩阵力学,很好地解释了量子现象。而薛定谔从波动的连续性角度来推导,用微分方程这个数学工具建立了波动力学,也很好地解释了量子现象。

思维进化积木甚至创造了世界上本来没有,或者还没有被发现的新领域。比如,科学家可以研究无限维度空间的物理特性。再如,科学家正在用超弦理论解释世界的本质。

但是,新的思维逻辑工具,将突破研究和解释世界的层面,从实践层面真正深刻改变人的自身,新人类即将诞生,学习也将从现代学习阶段进入超级学习阶段。

机器意识

  人类文明史上有4个和苹果有关的大故事：第一个是亚当、夏娃在伊甸园里偷吃了智慧树上的禁果，大多数宗教画都把这个禁果画成了苹果，这个苹果代表了智慧、欲望和堕落。第二个是《格林童话》中白雪公主吃了继母皇后准备的红绿双色的毒苹果昏死过去，这个苹果代表了善和恶的力量。第三个是牛顿在疫情期间躲在乡下，有一天坐在苹果树下，被掉落的苹果砸中脑袋而诱发了万有引力定律的发现，这个苹果代表了人发现自然规律的能力。第四个苹果是乔布斯创立的苹果公司和发明的苹果系列科技产品，公司的标志就是被咬掉一口的苹果，这个苹果代表了人类的创造能力。有一种说法是，这个标志是乔布斯为了纪念计算机之父艾伦·麦席森·图灵而设计的。图灵提出了一种用于判定机器是否具有智能的试验方法，即图灵测试，此外，图灵提出的著名的图灵机模型为现代计算机的逻辑工作方式奠定了基础。1952年英国政府对图灵的同性恋取向定罪，随后图灵接受化学阉割，1954年，图灵吃下含有氰化物的苹果中毒身亡，享年41岁。

  图灵肯定未来机器是可以思维的，他还对智能问题从行为主义的角度给出了定义，由此提出一个假想：一个人在不接触对方的情况下，通过一种特殊的方式，和对方进行一系列问答，如果在相当长时间内他无法根据这些问题判断对方是人还是计算机，那么就可以认为这个计算机具有同人相当的智力，即这台计算机是能思维的，这就是著名的"图灵测试"（Turing Testing）。当时全世界只有几台电脑，也根本无法通过这一测试,但图灵预测到2000年肯定会有计算机通过图灵测试。在2014年的图灵测试大会上,举办方英国雷丁大学发布新闻稿,宣称俄罗斯人弗拉基米尔·维西罗夫创立的人工智能软件——聊天程序"尤金·古斯特曼"通过了图灵测试,这是人工智能史上的一个标志性事件。

目前关于机器产生意识方面主要有两大流派:一种是算法构造策略,就是纯粹采用机器算法来进行机器意识的研究,可以称为软件派,主要研究各种各样的新型算法;另一种是仿人脑构造策略,就是充分借鉴人脑意识的发生机制,并利用一切可利用的生物物理机制来进行机器意识的研究,可以称为硬件派,主要聚焦到人工智能芯片的开发上。

在本书第三章"意识的根本问题"一节中,笔者对意识产生的过程有过几个重要的判断:一是意识不是大脑的创造,而是客观世界的投影;二是从"感"到"觉"再到"知"是大脑神经回路形成、强化的过程;三是从"知"到"思维"是人类脑神经回路的自组织过程。这个过程实际上是演绎了生命体神经系统进化的过程,如果我们要寻找意识的来源,可以从不同层级生命体的进化过程中去寻找,而不是从现存的人脑中去寻找。

现代科技基本上已经解决了机器"感"的问题,各种把外界信息转换成电信号的传感技术已经十分成熟。机器从"感"到"觉"也已经基本完成,在机器里存储大量的原始信息后,用新来的"感"和这些存储的信息进行比对,就可以对这个"感"有一个基本判断,人脸识别技术和声音识别技术实际上已经达到了"觉"的水平,现在大量人工智能的算法基本上是停留在"觉"这个层面上。而"知"是对事物的整体认识,比如识别是不是一个真苹果不仅仅需要图像,还需要嗅觉,甚至触觉和味觉的整合,这是机器产生意识的一个关键。多通道的"觉"在大脑中是并行运算的,把分散在不同脑区中形成的"觉"汇总起来处理是在大脑的左顶叶区域,这个机制,人工智能科学家们可能没有注意到。机器的"知"也需要能够把机器感受到的"觉"采取并行运算的方式,在某个芯片上同时汇聚。因此,机器意识的突破需要软件和硬件同步推进,一方面需要通过算法加快对"觉"的判断,另一方面需要通过并行芯片的开发,同步对各路"觉"的数据进行整合,最终达成"知"的目的。

意识实际上是"感""觉""知"和"思维"的过程,它是一个动态概念,意识从来不是静态的概念,每个意识都是大脑神经元之间关联涌现的过程。一旦机器拥有了"知"的能力,通过赋予机器对"已知"的东西进行某种规则的拼搭的能力,就会形成机器"思维"。笔者家里有个扫地机器人,它能按照自动程序启动清扫地板的任务。它能避免碰触物体,先是开展无目的漫游清扫,逐渐认识家里的内在地图,形成有规划的清扫方案;在没有电的时候自己回到充电点自助补充能量;当笔者嫌它烦的时候可以用语音命令它不要扫地了,它就会乖乖地躲起来。我认为这个机器已经拥有了意识的"感""觉"和初步的"知",当然,它还没有自我意识、"思维"和"情感"。

人的自我意识,是从社会性来讲的,因为有别人,才有自我意识。那么机器产生自我意识,也包含两个关键:第一个关键是要给机器赋予一个身体(凯文·凯利认为"无躯体则无意识"),然后对这个身体上的传感设备转化成的电信号做一个标志,以区别于其他机器来的电信号,否则机器永远不会有自我认知。有趣的是,我们的科学家们一方面在追求让机器产生自我意识,另一方面却从来没有在这个方面提供技术支持。第二个关键是要让机器有一个社会性的学习过程,就是把机器放到更多的机器当中,放到复杂环境当中去"感"去"觉"去"知",机器自然会形成趋利避害的行为,并形成大量"知"的片段,再通过赋予机器拥有对"知"的片段自组织的能力,形成"新知",让"新知"与环境进一步互动,形成适合环境的新能力,在此基础上再形成高一级的"新知"。机器意识的涌现一定是和人的意识涌现一样,从最简单的意识片段,通过各种拼搭与环境的互动,逐渐形成高级别的意识,这才是机器学习的正道。机器的学习如果只是通过增加算力和增加数据输入的方式研究,那永远只会停留在"觉"或初级"知"的层面。

有人会问,人有痛苦和快乐,机器会有吗?这里先分析一下痛觉的问题。目前痛觉的研究成果,包括发现了身体部位的痛敏神经和神经中枢的痛敏神经元,这些神经元可以被吗啡所麻痹,从而使人失去痛觉。有些人天生就没有痛感,就是无痛症,这在人类当中罕见,是一种常染色体隐性遗传病。痛觉显然是高等生命体特有的现象,在生命进化的过程中,生命体为了保护自身而形成了专门负责痛觉的基因,以负责复制和制造痛敏神经。痛敏神经获得"痛感"后将之传递到神经中枢的痛敏神经元,产生"痛觉",这个过程与其他感觉产生的过程看上去并没有两样。但是"痛感"和"光感"不同之处在于,"痛感"反映的是客观世界中物质被破坏这个过程,而"光感"反映的是光的本身。脑功能成像技术表明,当人体经历疼痛时会出现多个脑区的激活,这表明"痛感"实际上是"知"层面上的东西,也正因为如此,麻醉的时候实际上是有"痛感"的,但我们却"不知道"。也正因为"痛感"实际上是一种"知",所以有些失去手臂的人,常常会出现幻痛,疼痛的地方根本没有器官,而婴儿虽然有痛觉,但是一开始并不太敏感。

痛感和痛苦，不是一个层面的问题，一个是感知，一个是情绪。人的痛苦、快乐、害羞、恐惧等情绪是"知"拼装以后的综合反应，这个拼装包含有意识和潜意识两种可能，这个综合反应的结果会在大脑中产生各种不同的化学物质，比如快乐的时候大脑会分泌多巴胺和内啡肽等物质。

如果要赋予机器痛感，只需要给压力或者温度传感器赋予某个阈值就可以达到，如果要赋予机器痛苦和快乐，也可以通过某种算法来实现，当然机器的痛苦和快乐要与机器自身的运作状况产生关联才对机器有意义，而不是要满足人类的需要，因此，机器意识和机器情感实际上并不同于我们人类的意识和情感，我们要求机器产生意识，产生情绪，甚至产生智慧，总是用人类的标准去比对，那么我们的方向也许就是错的。

既然机器的意识和情感与人有如此多不同，那么机器学习和机器创新也会与人有很大差异。机器的学习和创新会与人有重叠的区域，但更多的是天马行空的新空间，正如布莱德·格拉夫所说的那样："我们正在创造一种完全不同的东西。我们所创造的不是新故事，而是一个世界。我们创造的是一种人格，而不是角色之间的对话和动作。"

元宇宙与学习

1992年,美国科幻作家尼尔·斯蒂芬森(Neal Stephenson)推出了一本科幻小说《雪崩》(*Snow Crash*),描述了一个平行于现实世界的网络世界——元宇宙(Metaverse)。所有现实世界中的人在元宇宙中都有一个网络分身——阿凡达(Avatar)。斯蒂芬森笔下的元宇宙是实现虚拟现实后下一个阶段的互联网的新形态,在这里来自世界任何地方的人们可通过各自的虚拟"化身"相互交往,参加喜欢的活动,还可获得并支配由此产生的收入。

2021年3月,元宇宙第一股Roblox在纽交所上市。它既提供游戏,又提供创作游戏的工具,同时有很强的社交属性,玩家可以自行输出内容、实时参与,并且还有独立闭环的经济系统,游戏界面有点像乐高积木的数字化翻版。这个兼具游戏、开发、教育属性的在线游戏创建者系统,其大部分内容是由业余游戏创建者创建的。

Roblox游戏不被称作游戏,而叫作体验。截至2020年年底,Roblox用户已经创造了超过2000万种体验,其中1300种体验已经被更广泛的虚拟社区造访探索,这些体验都由用户而非公司创造。

2021年10月28日,互联网龙头企业Facebook宣布将公司名称改为"Meta",并称将专注于虚拟现实技术,聚焦构建元宇宙未来空间。

有人把元宇宙吹捧为人类的未来,显然是言过其实了。元宇宙无非是利用虚拟现实(VR)、增强现实(AR)等技术构建的一个数字化的虚拟空间,它起于游戏,肯定会拓展到人与人之间的虚拟世界交互、虚拟世界学习、虚拟世界工作等形态，但是不可能成为一个独立的世界，因为体验者不能在元宇宙中解决最基本的生存需要。元宇宙需要基础的网络设施支撑，需要消耗大量的能源来完成信息传递、动作构成和图像渲染，最重要的是需要人在现实世界里形成基本的意识、语言能力和价值判断，才能在这个人造的数字世界里畅游（见图6-9）。可见，元宇宙依然是人这个进化量子搭建的一个高级的进化积木，与电影、电视等传统娱乐没有本质上的差别，甚至与传统的图书都没有本质上的差别，它只是人类文化进化过程中的一个产品，最多算得上是一种数字文明的新形态。

图6-9　虚拟世界

元宇宙这个人类最新的创造物，集聚了数字化领域的六大技术积木，这些技术被归纳为BIGANT（被人戏称为"元宇宙大蚂蚁"），分别是Blockchain（区块链）、Interactivity（交互）、Game（游戏）、AI（人工智能）、Network（网络）、IoT（物联网），因此确实有着特别的创新价值。元宇宙目前是由一个个企业自主搭建起的元宇宙应用组成，好比宇宙中各不相关的星球，但是其基本逻辑是一致的，因此，将来这些元宇宙星球可能会产生联通，体验者可以在这些"星球"间来回穿梭。

元宇宙的应用主要为三大类：第一种属于数字孪生类，如虚拟博物馆、艺术馆和网络商店，它是基于实体博物馆、艺术馆和商店建立的情景化数字空间，是物质世界的数字化，可以提供身临其境般的感受。第二种属于赛博朋克类，是一种数字化的叙事空间，有虚拟游戏、虚拟宠物、虚拟社区、虚拟影院等形式，拥有五花八门的视觉冲击效果，满足体验者进行与现实世界完全不同的角色体验的需要。体验者在平常生活中可能是一个快递小哥，但在元宇宙里可能是一个领袖，也可能是一棵会说话的白菜。第三种属于远程人际交互类，如仿真通话、虚拟会议系统、虚拟授课、远程体育比赛等，主要是通过元宇宙技术实现远距离仿真互动。比如，两个人通话就如在面对面交谈，可以在家里和同学们像在教室里一样一起上课，可以在不同地点开展一场足球比赛。

每个人可以在某个时间段进入某个元宇宙星球进行娱乐、沟通或者学习，元宇宙与现实世界之间在能量、意识、货币、语言和时间方面保持着一致性或关联性，而在元宇宙中的身份、形象、行为可以与现实世界之间形成巨大差异，甚至可以不再遵守物理规律和常识，这是元宇宙被称为元宇宙最主要的原因，因为这能最大限度地满足每个人的想象力和创造性。可以说，元宇宙就是许多人在数字世界里共同构造的一个个大梦，这些梦有自己的道德规范和社会规则，甚至有自己的经济系统。比如，Roblox在平台上线了虚拟货币Robux和虚拟商品，并形成了虚拟货币与现实世界货币的交易系统。对开发者来说，可以通过4种方式挣得Robux，即贩卖自己开发的付费游戏、在自己开发的免费游戏上获得玩家的时长分成、开发者间的内容与工具付费交易、在平台上销售虚拟商品。有一个名叫Alex的人，从9岁开始在Roblox上创作游戏，17岁时他制作了一款游戏《越狱》,总计被玩过40亿次。靠着这款游戏里的皮肤、道具等售卖,Alex每年能赚取上百万美元。因此,元宇宙会产生许多新的工作机会,除了那些为元宇宙提供网络、算法、视听设备和运营管理等基础性保障的工作以外,还会有为虚拟世界提供形象设计、语音设计、场景设计、体验设计等方面的新工作,甚至陪新手玩都是一个可以赢利的美差。

2022年6月,上海天文馆(上海科技馆分馆)在蚂蚁集团旗下鲸探平台正式上线两件数字藏品——璀璨橄榄陨铁·伊米拉克陨石(见图6-10)和世界上最早的天文钟的缩比模型水运仪象台,让观众把热门藏品"带回家",结果这两种各10000件的限量版数字藏品,几乎被天文爱好者们"秒光"!

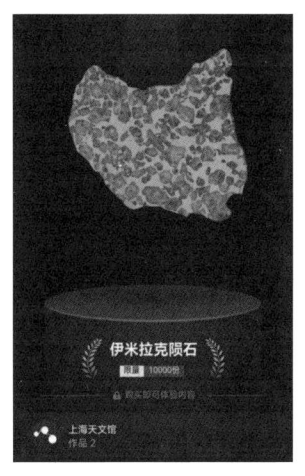

图6-10 伊米拉克陨石数字藏品(上海天文馆提供)

可见,元宇宙相比电影市场,是一个更值得期待的产业。作为一个教育人,应该思考元宇宙对学习可能带来的影响。首先,教育需要为这个新领域提供人才,我们高校的专业设置和课程设置应该做一些调整,2022年9月,南京信息工程大学宣布把有着25年历史的信息工程系改名为元宇宙工程系,各高校也纷纷成立元宇宙研究院。其次,元宇宙为我们提供了新的学习空间,今后我们的孩子可以沉浸在元宇宙的世界里,穿越到宏大的古代战场体验历史的转折;可以利用智能眼镜等设备进入虚拟的人体世界学习生命的知识,可以到达宇宙边缘观察类星体的奇幻;也可以与圣人先哲直接对话,分享智慧思想;当然更可以模拟飞行在世界各地繁忙的机场上空,掌握飞行的要领。最重要的是,学习即创造、游戏即学习将在元宇宙中得到完美体现:可以通过项目学习,全体同学一起构建一个从未有过的生命体,来了解生命的特点;可以通过制造一个飞往火星的飞船,来学习物理知识和天文知识;还可以自己设计一套社会规范,来模拟不同规则下人类演化的形态。

当然,任何技术都有两面性,我们也应该提前思考元宇宙可能给学习带来的困扰。元宇宙实际上是人类意识的数字化,并非世界本身。有些人可能是元宇宙中的王者,但在现实世界里有可能是被边缘化的独行者,这也是赛博朋克的原意。因此,学习应该是通过元宇宙来提升人在现实世界里的智慧和尊严,而不是相反。过度地沉浸在元宇宙世界里,不仅对身体健康十分不利,还会对人的意识世界产生反噬,使人对于真实世界的认识产生偏差,甚至对大脑基础连接产生严重影响,最后导致"到底是我梦见了蝴蝶,还是蝴蝶梦见了我"这样的人生迷幻。

有意思的是,在短短的一年时间里,元宇宙概念就从大红大紫跌落了神坛,领军企业 Meta 股价下跌了 70%,其根本原因是元宇宙相关的数字产品标准不一,"我的蝴蝶无法飞进你的世界",再加上用于虚拟世界探索的虚拟现实(VR)设备体验感不尽如人意,这个低谷本来就是有所预期的。2023 年 5 月,苹果公司推出了令人惊艳的 Apple Vision Pro 混合现实(MR)头戴式显示器,每只眼睛分配到的像素超过 4K 电视,可以实现 100 英尺巨屏的观看,具有影院级视频观看的体验,并实现空中手势控制和眼球控制。更重要的是,这个设备可以在有人靠近时让眼镜变成透明状态,这样外界的人可以看到使用者的眼睛,也可以让使用者看到外界的环境。但是,元宇宙领域真正实现普及,可能要等到脑机接口技术实现突破的那一天。

第七章
超级学习

人工智能和生物技术不仅仅可以革新各国的社会和经济,而且可以革新我们的身体和心灵。

——尤瓦尔·赫拉利,
《人类简史:从动物到上帝》,中信出版社,2014

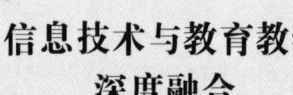

信息技术与教育教学
深度融合

来源:上海市教师信息化培训

时间:2021年8月

新科技的方向

自人类开启文化进化以来,花了几百万年时间。人类从直立行走、学会使用火到产生语言,这个阶段主要是人自身的进化,但是文字产生后,人类的进化从以自身的进化为主转变为以技术的进化为主,而人这个进化量子表现出相对的稳定性。这和物质进化、生命进化的历程十分相似。物质进化初期,宇宙大爆炸产生的能量聚合成各种基本粒子,其后基本粒子这种进化量子保持了基本稳定,物质进化主要是原子等进化积木进行各种拼搭,不断形成丰富多彩的物质世界。生命进化初期,有机大分子形成了各种各样的基因片段,随后基因作为进化量子逐渐稳定,由基因组成的DNA分子作为进化积木,开启了令人眼花缭乱的生命拼搭。

科学理论和技术发明作为人类文化进化的重要进化积木,在拼搭的过程中,范围深度越大,接触的未知空间也越大。科技越发展,人类越"无知",科技进化呈现出一种加速发展的状态。目前,科研方向聚焦到物质结构、宇宙演化、生命起源、意识本质等领域。物质结构和宇宙演化逐步归结到弦理论上,有可能形成物理定律的大统一解释。引力波的发现和测量,将使对宇宙暗能量、暗物质的研究产生突破,并产生一大批高新科技。笔者认为,未来50年内,将在以下8个方向形成新形态:

一是新能源。太阳能、地热能、风能、海洋能、生物质能、氢能和核聚变能等的广泛应用,将逐步解决碳排放过度的问题。人工制作的可发生光合作用的建筑材料普遍应用,建筑将成为类生命体,并在外星球普遍使用。

二是新城市。其主要特征是利用现代信息技术形成城市大脑,在城市交通、城市运行管理方面产生飞跃。与之相应的无人驾驶、智能物流、远程医院等将得到实质性的应用。

三是新工业。以智能制造和5G应用为特点,形成需求与制造高关联的生产流程,无库存、个性化的无人生产将渗透到所有工业领域。

四是新农业。农业工业化、绿色化、离土化将成为趋势,土地的立体化应用将在城市形成相当规模的农业生产,家庭阳台将成为一个绿蔬的自给空间,也将出现人工直接合成的乳类、肉类和淀粉类等产品。

五是新商品。这种商品主要不再是人的生活资料,而是精神层面的供应,比如知识芯片、梦境制造、记忆储存、对亡者DNA等信息的永久保留等服务。

六是新学校。学习流程和学习空间重塑,学校和社会深度融合,新的知识工具将替代传统的知识工具,电子墨水书籍替代传统图书,图书馆从藏书空间演变为阅读和交流空间,课堂将从单向的知识传承进化为群体知识的构造,学习真正成为创造性活动。文凭将会消失,取而代之的是人的终身学习记录。2018年年底开张的芬兰赫尔辛基中央图书馆Oodi开幕(见图7-1),花了近一亿欧元,但这个超大型的图书馆藏书只有十万册,这个图书馆实际上完全就是一个新的交流和探究空间,这也许就是图书馆转型的一个代表。

七是新空间。人类将向太空移民,将有相当数量的人在火星、月球上居住,小行星矿产资源将为地球所用。太空旅行将成为每个人平常的休闲行为。

图7-1 芬兰赫尔辛基中央图书馆Oodi
（来源：https://www.sohu.com/a/389321890_818315）

八是新人类。 人类将普遍使用生物芯片来改造和提升自身的智力和机能，而不仅仅是植入瓷牙、血管支架等医疗设备。对于细胞染色体上的端粒，人类将可以有效控制，每个人的青春和期望寿命将得到大大延长。

与以上8个新的方向对应的是脑科学、超大规模集成电路、量子计算机、生物芯片、材料科学、人工智能等技术的突破。而脑科学对于学习的研究意义特别重大。

诺贝尔奖获得者埃克尔斯有一本书叫《脑的进化》，他在书中告诉我们，人脑是一个很独特的结构，它包含了几亿年进化史的全部过程。脑子最里层有一个鱼的脑子，外面一层包裹着两栖动物的脑子，再外面包裹着一层爬行动物的脑子，然后是哺乳动物的脑子，最外面才是人类的脑子，也就是我们经常说的大脑皮层。从胚胎发育阶段开始，那些未成熟神经元的迁移一波接着一波，从而形成了大脑皮层的层状结构。皮层仅有几毫米厚,但却分为6层,且每层的细胞分布都非常均匀一致。迁移运动结束后,神经元会生成两种神经纤维,即轴突和树突。树突是神经元的"输入"通道,负责计算和接收其他神经元发出的信号,然后将这些信号传送至胞体;轴突是神经元的"输出"通道。神经元大致可以分为三种:感觉神经元,将感觉器官的信息传至脑内;运动神经元,向肌肉和器官发出指令;中间神经元,在回路之间传递信息。当然,对每个人来说,真正重要的既不是脑的整体大小,也不是神经元的总数,而是神经元间的连接方式。通常情况下,神经元会合成并释放出一种神经递质,神经递质会形成精确的连接,从而使每种信号对应特定的"目标"细胞。

虽然脑科学有了很大的进展,但是对于意识是如何产生的等重大问题,还远没有获取全部的答案,从意识到思维的过程在细胞层面突破性的机理并没有找到,脑科学研究需要新的工具和新的方法。

人工智能

所谓人工智能,就是机器代替人工的智能技术,其本质就是让机器能够像人一样思考和行动。人工智能是我们这个时代科技发展的一个代表,也是人类文化进化的一个新阶段。这个阶段的特殊性在于——信息极大丰富,知识极大丰富,机会极大丰富,由于算力、算法和数据技术的突破,机器智能可以替代大量的人工,从而使人类的工作方式、生活方式,甚至思维方式发生重大变化,当然教育也会因此产生重大变革。

1956年夏季,以麦卡赛、明斯基、罗切斯特和申农等为首的一批有远见卓识的年轻科学家在达特茅斯聚会,共同研究和探讨用机器模拟智能的一系列有关问题,并首次提出了"人工智能"(Artificial Intelligence,缩写为AI)这一术语,它标志着人工智能这门新兴学科的正式诞生。在这之后,人工智能相关理论不断完善,但应用层面却举步维艰,主要原因是当时计算机的运算能力有限。

1997年5月,IBM公司研制的超级计算机"深蓝"(Deep Blue)(见图7-2)战胜了国际象棋大师卡斯帕洛夫,对人工智能的研究出现了一次高潮,从此以后,人类就再也没有在国际象棋领域战胜过机器。这也引爆了第一次互联网投资的热潮。1998年全球金融危机爆发,互联网

图7-2 IBM公司的超级计算机"深蓝"

泡沫破裂,许多在美国的技术人才归国,在中国开启了一个数字化新时代,阿里巴巴、腾讯、百度等互联网公司都是在这期间创立的。2001年,著名导演斯皮尔伯格还拍过一部名字就叫《人工智能》的电影,从伦理视角对AI技术进行了催人泪下的演绎。

2006年8月,Google首席执行官埃里克·施密特在搜索引擎大会上首次提出"云计算"(Cloud Computing)的概念。2008年,微软发布其公共云计算平台,与此同时苹果公司推出了基于云计算的新一代智能手机。

所谓的云计算,就是基于高速互联网,把分散的服务器整合在一起,形成一个虚拟的资源池,来实现跨设备调度计算和存储能力。超大规模的云计算中心,其效能甚至会超过上百万台服务器一起运作,这大大加强了机器的算力。2016年,Google公司利用发明的深度学习工具AlphaGo,与韩国围棋国手李世石对弈,结果AlphaGo以4∶1取胜,掀起了人工智能新的高潮,而这次对弈所使用服务器的集群,相当于2.5万台"深蓝",下一盘棋光电费就需要3000美元。

要让那么多计算机协同工作,化零为整,需要一种新的云操作系统。这种系统的架构分为3个层次(见图7-3)。

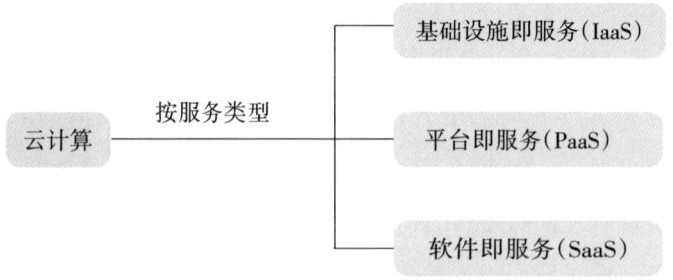

图7-3 云计算的技术服务层次

第一级：简单出租虚拟化之后的三大资源——计算、存储、网络，并将这几类资源组合成虚拟服务器。至于用户在上面装什么系统，开发什么软件，跑什么业务，完全由用户自己搞定。这种级别的服务就叫作IaaS（Infrastructure as a Service），也就是"基础设施即服务"的意思，也叫"基础云"。这就像直接出租地皮一样，用户在上面盖什么房子，种什么花草蔬菜，养什么宠物，完全由用户自己规划，自己实现。

第二级：直接出租什么软件都没有的虚拟服务器，虽说灵活性最大，但对有些用户来说使用难度太高了，因此要把服务做得更到位一些，把操作系统装上，数据库、软件开发环境等也要跟上，总之就是帮用户把开发平台搭建好。这种级别的服务就叫作PaaS（Platform as a Service），这是"平台即服务"的意思。承接前面的类比，就是这次我们不直接出租地皮了，帮用户把房子盖好，水、电、天然气都通上，后面用户要怎么装修、怎么布置房间就靠自己了。

第三级：对于有些用户来说，可能没那个时间精力，也没那么多雄心壮志去开发软件，直接享用现成的最好。因此要服务到家，直接在云平台上把各种软件装好——这是您的账号，您随时登录使用就好。这种级别的服务就叫作SaaS（Software as a Service），含义就是"软件即服务"。我们在手机上直接点击App，实际上就是在享受SaaS的云服务。就是我们不直接出租地皮了，不但把房子盖好，水、电、天然气都通上，还给装修得漂漂亮亮的，家具家电配齐，您只需拎包入住就好。

算力问题得到解决后，算法成为人工智能的研究重点。目前机器深度学习最重要的算法就是神经网络算法（Neural Network Algorithm），它的基本特点是模仿大脑的神经元之间传递、处理信息的模式——非线性、分布式、并行计算,通过大量的数据输入,通过卷积运算,来实现自适应、自组织、自学习的目的(见图7-4)。

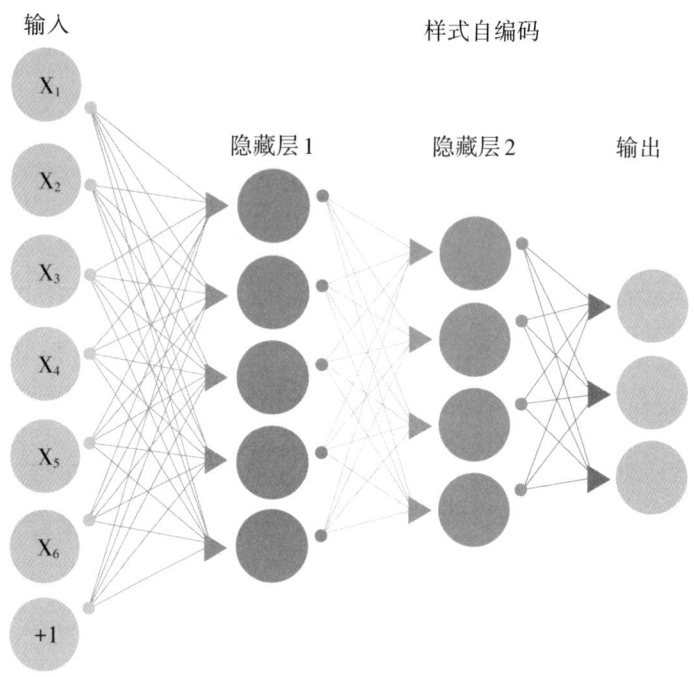

图7-4 神经网络算法模拟图

从学校层面来看,人工智能在教育方面赋能有三个确定的预期:一是学校里将会出现越来越多的人工智能产品和智能环境,提高管理效率。比如,门禁系统和食堂用餐结算系统采用人脸识别;比如,会有越来越多的智能教室,可以自动调节灯光和新风系统,自动平衡二氧化碳的含量,甚至采用炒菜机器人等。二是在学校里普遍开设与人工智能相关的课程,如机器人课程、编程课程等。三是在教育教学过程中利用人工智能为教、学、评提供数据支持和服务。比如,体育运动当中采用智慧手表来记录和分析学生的运动状况。比如,在课堂当中提取学生的学习表现来分析和改进教学策略。比如，基于学生综合素质评价记录来研究学生个性特征从而更好地指导生涯规划。从长远来看，要利用人工智能对学习者和知识之间的潜在关系进行深层次理解与表征，探究个体的知识结构和教学资源之间的潜在逻辑关系，对不同学习者的学习需求进行诊断，提供个性化学习路径，实现为学习者精准推荐资源和提供学习规划服务。

人工智能赋能会在三个方面引发教育的重大变革，一个是教育方式，一个是教育内容，一个是教育评价。

人工智能在教育内容方面的应用是重点。2021年，中国大学毕业生达到了909万，大学生就业压力很大，但是用人单位却在叫招不到合适的人才。造成这个人才供需结构性矛盾的根本原因是高校学科设置不符合社会经济发展的现状。据人力部门统计，国家对5G、人工智能、大数据和新基建方面的人才需求约800万，但是这方面的人才供给只有几十万。有些理工科高校大量开设文科专业，实际上是用这些轻投入的专业来养需要高投入的科学研究和理工科专业。实际上，哪怕是艺术、人文学科课程，也需要进行教学内容和方法的改造，增加新技术和数字化的相关内容，并配备全新的教育教学设备。比如，融媒体需要传统的新闻专业增加新媒体设备的学习和体验；艺术设计类学科需要人工智能、新材料等方面的课程再造。

考试的进化

考试是中国对世界的一项重要发明。在中国古代，人们在很早就将人才推举和教育结合在了一起。汉武帝"罢黜百家，独尊儒术"，创造了一套以教育为基础的治理模式，建立了老师进行授课、学生在学校学习的教育体系，来培养士大夫。汉朝时，还建立起一套前所未有的选拔制度，称为"察举制"，优秀的人才经过选拔进入朝堂。察举制后来不断完善，逐渐有了统一的考试标准和办法。

到了南朝时期，开始对考试科目和内容进行规定，对成绩也有了明确的划分，分为上、中、下和不合格4个等级，不合格的人不能被授予官职。这时的考试制度开始逐渐严苛了起来，还明确地提出了不论是寒门学子还是官员后代，只要有官员推荐就都可以参加考试，不论出身，只要有才能就可以做官。而后在北朝，这种选拔人才的方法更是进一步发展，开始对考试进行分门别类的划分，同时在考试时候进行监督，只要发现作弊等行为就会直接取消考试资格。到了隋唐时期才真正形成了完整的科举制度，参加考试的考生不再需要当朝的官员们进行推举了，考试的整个流程十分规范，对于成绩的确定更是需要严格的确认。进士科是科举制度主要的科目，在固定的时间进行考试，考生按时去参加考试就可以了。武则天更是设立了武举，选拔武将。在唐朝时还明确了地方的预考试，为科举制度后来的发展打下了基础。科举制度是我国历史上选拔人才的最为重要的方式，这项制度延续了1300年，直到清末才被废除。而在西方，直到19世纪中期，英国才出现了用考试选拔文官的制度，有点像我们现在的公务员考试。

现代考试制度与科举制度最大的差别在于,考试主要目的不再是选拔官员,而是评测学生学习水平和学习能力。我国现行的高考制度始于1952年,当时只有5万多人参加考试,"文化大革命"期间中断了多年。1977年高考制度的恢复,为人才培养、选拔和社会发展提供了重要动力。从当初5万多人考试,到现在上千万人的考试规模,高考作为我国一项根本的教育制度仍然存在许多不尽如人意的地方。

笔者认为,人工智能技术为教育评价改革提供了一次前所未有的契机,在招生考试方面可能会产生以下四大影响:

一是突破纸笔考试模式,实践操作类考试地位提升。

自科举考试以来,纸笔考试模式已经有了上千年的历史,优点很多,但局限性也很明显。现在无纸化考试已经越来越多,不过大多数无纸化考试,考试的内容与形式与纸笔考试并没有太大的差别,只不过是把纸张换成了电子屏幕,把笔换成了鼠标,并没有突破纸笔考试的模式。笔者认为,所谓的纸笔考试模式,其核心特征是用文字或静态的图像来描述试题,考生同样用文字或静态的图像来答题。这种模式的最大问题是,无法考查学生的动手实践类能力和素养,而动手操作实践类的能力和素养又是现代教育非常重要的教育目标,如果无法评估和测试,就不能保证教师在日常教学过程中去真正落实和完成。

实践操作类考试过去基本上停留在小规模测试的状态。比如,古代武科举考试实际上就是通过实际的比武来考查、挑选人才的;在工厂挑选熟练工人时,会直接观察工人操作机器的熟练程度等。当前,教育内部的实践操作类考试,主要出现在艺术类招生考试和中学实验学业水平操作考试。在艺术类招生考试当中，会考查学生作画或形体表现能力等，这样的专业考试毕竟考生人数较少；而在学业水平考试等超大规模考试当中，实践操作类考试尚处在探索期。我国部分发达地区已经推出的物理、化学、生物等学科的实验操作考试，其形式大于内容，只有极少数地区把测试的成绩真正纳入高一级学校录取的成绩依据。主要有3个瓶颈问题：一是不能保证不同学校实验条件的一致性，从而不能保证实验考试成绩的公平性；二是实验操作基本上是当场给出评分，评分主观性太强；三是实验操作考试人数很多又相对集中，要动用很多实验室和监考老师才能完成测试，但最后的测试结果并不能作为评价的依据，投入和产出不成正比。

  从现代技术的发展来看，解决这些瓶颈问题要分两步走：第一步是建立省市一级标准化的学生实验环境，学生使用符合统一标准的实验器材，同时在学生实验操作台上设置多角度小型高清摄像设备，要求学生在规定的摄录区域内完成实验过程，完成实验数据采集和实验报告，在摄录学生实验全过程后，再由专家分析形成不同等级的实验操作得分点要求。学生实验过程的相关视频和实验数据，集中在区域的云平台上，由评阅老师异地异时观看，并给出评分意见。为确保公平，评阅老师不能看到操作者的面部特征，同一个操作者需要有两位独立评阅老师给出评分意见，如果评判成绩超出一定范围的，由第三方评阅者介入判断。这一步技术已经完全可以实现，部分地区也基本上已经完成试验，正在进入区域推广阶段。第二步，在大量实验操作流程和评分的基础上，应用人工智能，对影像数据的实验关键行为进行捕捉分析，由机器直接给出实验操作的分数，从而实现实验操作测试的常态化，这一步已经进入研究的关键阶段。

二是改变哑巴状态,语言类考试听说测试环节成为重点。

2017年上海春季高考实现了一次重大突破,英语学科首次采用人机对话考查学生的听说能力,这是对高科技公司语音识别技术的一次检验,也是大范围改进语言类考试的一次预演。长期以来,基于纸笔测试模式的语言类考试,导致了语言类学科教学的异化,花费了大量的学习时间,结果大部分学生外语听说能力低下,能考高分却不会开口说话的尴尬情况比比皆是。虽然后来增加了听力测试环节,但考生开口说这个环节一直没有在大规模考试当中很好地解决。从目前语音识别技术的快速发展来看,机器判断一个人的语言表达能力已经完全可能,从前期大规模考试的模拟分析当中发现,机器判断比依靠人力来判断要更稳定可靠。将来外语考试当中会逐渐增大听说环节人机对话的时间和比重,从而引起日常外语教学的重大转变——从重解题到重听说,实现语言学习向听说核心能力回归。可以预计,这种变化不仅仅限于外语教学,在母语教学中同样会出现听说方面的考试要求,比如听一段讲话,要求学生复述概要;再比如说,给出一个命题,要求在规定时间里讲一段话等。这样的考试方式,将彻底改变过去重文字表达、轻言语表达的状况,辩论、戏剧、朗诵等教学内容将得到加强。

三是单纯的知识记忆测试减少,以问题解决为导向的思维测试逐渐增加。

2012年OECD组织的PISA测试尝试开展了以问题解决为导向的能力测试,并在2015年的PISA测试中加以巩固和加强。其测试的基本框架是,基于计算机模拟的方式,让学生在机器模拟的环境下,调集分析证据，来分析问题和解决问题，机器通过学生的操作，给出适当的判断。美国洛杉矶加州大学医学院教授罗纳德·史蒂文斯（Ronald Stevens）博士一直致力于对人脑智力的开发评估以及相应的电脑辅助最优化解题训练系统的研究，并基于研究开发了IMMEX系统。上海实验学校、上海大境中学、上海世界外国语小学等学校基于IMMEX系统，做了长时间的实践。目前IMMEX已经是基于云平台和大数据技术的人工智能智力评估和开发系统，和PISA当中的问题解决能力测试相类似，也是提供了一个机器模拟的环境，让学生去尝试解决一个实际问题或学科问题，不同在于它还能把学生解决问题的过程用各种思维图案呈现出来，让教师和学习者自己分析解决问题过程中呈现的思维特点并加以改进。

目前的考试基本上是基于知识记忆或大量习题训练而形成的条件反射，这种模式非常适合培养和选拔工业时代有知识的操作工人，但是在以创新为导向的现代社会里已经明显落后。可惜，虽然已经有了10多年探索，积累了数量可观的测试题和学生解题的过程性数据，但是思维测试还处在萌芽状态。其瓶颈问题在于：一是测试题只能应用一次，第二次测试就会产生失真，如果把思维测试纳入考试分数，就会导致高利害考试带来的学生大量刷题的风险；二是思维品质不能用快慢来评判，也不能用思维路径是简单还是复杂来评判。也就是说，我们可以判断解决问题的不同特质，但很难给出不同思维特质的分值！

与之相对应的是，心理分析和生理分析的数据也有可能成为考试过程中需要采集的数据。比如，采集在考试过程中考生的心率、脉搏、含氧量等体征数据，可以从中分析考生的紧张程度或愉悦度。显然，这些数据可以反映一个学生与众不同之处，但同样很难给出一个具体的分值。

换句话说,将来在一个学生的考试成绩单上,可能会出现很多用图案或其他描述性语言来反映的质性评价,只看一个分数就可以录取学生的日子马上就要结束了。

四是成长记录、志趣分析、志愿建议及学校面试形成基于信任的招生链。

上海高考综合改革方案提出了"两依据一参考"的模式,这个"一参考"就是学生综合素质评价。上海市特别规定了高中学生必须完成一定数量的志愿服务时间,同时在全市认定了市、区两级学生社会实践基地近2000个,为学生提供充足的实践岗位;建设了市级层面的普通高中学生综合素质评价信息管理系统,为社会实践和综合素质评价提供信息综合的平台;各高校也相继公布了应用综合素质评价的方案。但是这仅仅是一个开始,因为综合素质评价内容十分丰富,参与社会实践活动只是其中一个部分,其他还包括学生思想品德发展状况、中华优秀传统文化素养、修习课程及学业成绩、创新精神与实践能力、身心健康信息、兴趣爱好与个人特长等,实际上就是一个学生成长过程的记录。

学生成长过程当中会产生大量的数据,基于唯一的认证码,可以使来自各种渠道的数据汇集到云平台上,有些数据是学生自己输入的,如外出旅游的信息,自己参与社会上的爱心募捐活动等;有些数据是通过物联网技术自动采集到的,如体质监测和图书借阅等;有些是同伴或教师提供的,如对学生的某件事或某项成绩进行点评等。显然,大量学生的成长记录积累到一定程度,结合学生后来的学习情况和工作情况,会逐渐形成一套学生志趣分析系统,从学生的各种行为记录当中,发现学生的志趣能优势,并提供高校志愿的填报建议。高校在一定刚性的统考分数基础上,依据学生综合素质评价,通过面试,确实可以形成一条新的招生通道,从而改变单一将分数作为高校录取依据的状况。

这种新的高校招生录取通道,实际上是一种全新的基于信任的招生链。首先,学生成长过程当中的数据不可能是完全记录,但显然要有一定的量,如果一个学生相关数据非常少,那么这个学生就失去了信任依据。其次,数据按照时间轴进行采集,采用区块链技术,无法修改或产生过去的数据记录,这种技术信任,能使学生在输入相关信息时自觉保证信息的真实性,否则一个谎言,可能要用无数的谎言来弥补,成本太大。再次,学生成长记录只是记录,评价来源于使用记录的人或单位。比如,高校要录取学生,就会对综合素质成长记录提出评价标准,这种评价背后实际上是学校的办学理念和价值认同。具体办法是在初步机器筛选的基础上,通过全部面试或者随机抽取学生面试的办法,对学生进行质性的判断。学生在网络上向高校开放的成长记录,为面试提供了基本话题和线索,有可能是正面证据,也可能成为反证。比如,如果有学生在综合素质成长记录当中有大量的去博物馆参加社会实践的经历,那么有经验的教授只要深入提出几个问题,就可以判断其成长记录的真实性。当然,学生有权对自己的成长记录进行自我评价和自我整理提炼,可以提出自己认为最重要的成长经历并进行标注,让高校面试时可以清晰地看到自己的优势。而高校也可以从学生提供的自我评价和提炼当中,发现学生的价值判断和成长程度。

2017年新年伊始,一个神秘的网络围棋高手Master,在很短时间里连续击败了包括柯洁在内的几十名世界围棋顶尖选手,世界冠军古力发表微博,"也许曾经我们认为永恒不变的围棋定式、真理,会因为Master

的出现,发生颠覆性的改变"。柯洁在后来的微博中更是指出:"人类经过数千年的实战演练进化,计算机却告诉我们人类全都是错的。我觉得,甚至没有一个人沾到围棋真理的边。但是我想说,从现在开始,我们棋手将会结合计算机,迈进全新的领域达到全新的境界。新的风暴即将来袭,我将尽我所有的智慧终极一战。"这个事件只是一个标志,人工智能日新月异,我们过去认为无法做到的事情将会很容易做到,我们过去认为习以为常的事情将会被彻底抛弃。考试作为具有悠久历史的教育环节和选拔人才的手段,随着人工智能技术的发展,会有许多超乎想象的变革。具有人工智能的机器人,在招生考试当中担任主角的日子也不会太远了。而直接利用大脑探测仪器判断考生的思维能力,也会成为现实。

脑机接口

上海科技馆有个人气很高的游戏——比试脑电波。该游戏方式是通过佩戴在头上的传感器,采集比试者的脑电波信号加以放大,以此来控制小球的运动,脑电波信号有强弱,作用在小球上的力也就不同,于是球就会向弱者的方向滚动。意念控制物体的技术已越来越成熟,在2014年巴西世界杯上,一位身穿"机械骨骼战甲"的瘫痪少年通过脑电波控制开出了第一球。

早在1857年,英国的一位青年生理科学工作者在兔脑和猴脑上记录到了脑电活动,并发表了题为《脑灰质电现象的研究》的论文,但当时并没有引起重视。15年后,贝克再一次发表关于脑电波的论文,才掀起了研究脑电现象的热潮。1924年,德国的精神病学家贝格尔注意到意识可以转化为电子信号被读取,才真正地记录到了人脑的脑电波。1929年,诞生了第一张人的脑电图,并用到了医学领域。

人类神经系统传递和处理的信号,就是一种生物电。当我们感觉、认知、思考的时候,整个大脑里电交换此起彼伏,整个大脑皮层就像充满闪电的天空,生物电流的运动同样会产生电磁场,这就是脑电波的来历。

通过监测,人们发现脑电波是一些自发的有节律的神经电活动,其频率变动范围在每秒1~30次的,可划分为4个波段,即δ(1~3赫兹)、θ(4~7赫兹)、α(8~13赫兹)、β(14~30赫兹)。除此之外,在觉醒并专注于某一事时,常可见一种频率较β波更高的γ波,其频率为30~80赫兹,波幅范围不定;而在睡眠时还可出现另一些波形较为特殊的正常脑电波,如驼峰波、σ波、λ波、κ复合波、μ波等。其中,α和β波段通常被称作快波波段,δ和θ波段则被称为慢波波段。脑电波在头颅不同部位的频率、幅度和相位变化,能反映脑的功能和状态(见图7-5)。脑电图检查已经成为医学上对大脑功能变化进行检查的有效方法。

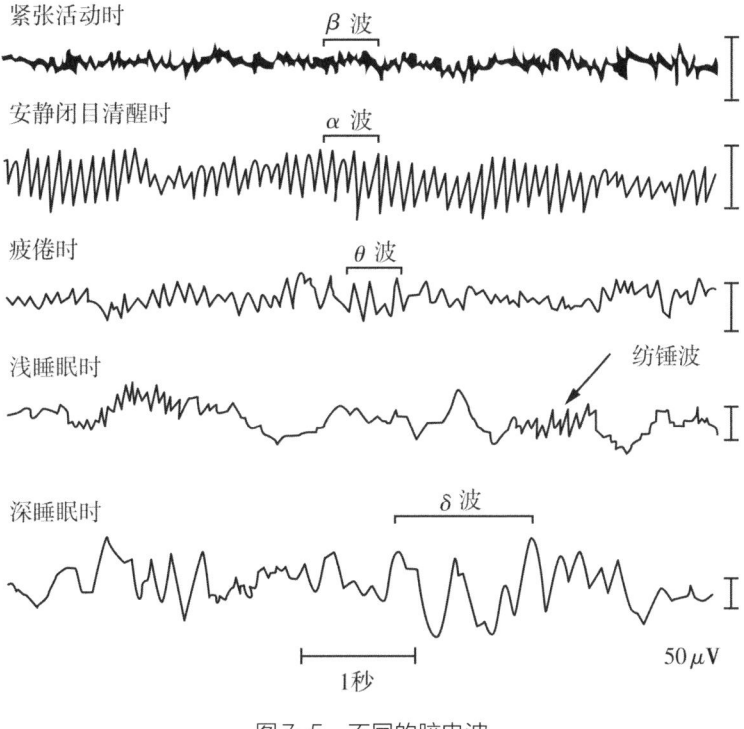

图7-5 不同的脑电波

反映大脑工作情况的,还有脑成像技术,主要分为5类:计算机X线断层摄影(CT扫描)、正电子发射断层扫描术(PET)、磁共振成像(MRI)、功能磁共振成像(fMRI)、血管造影术。特别是fMRI技术通过检测血流进入脑细胞的磁场变化,可以动态反映大脑的工作部位,因此科学家大量开展了对大脑功能定位和认知心理学的研究。通过脑电波等技术的综合应用,甚至可以实现了解人类简单的思维活动——读心术已经成为可能。

但是,脑电波和脑成像技术,目前只能反映大脑的工作情况,而不能达到控制大脑的目的,因此人类想办法在大脑中植入电极,来治疗各种脑疾病。2008年,匹兹堡大学神经生物学家安德鲁·施瓦茨宣称他们创造的脑机接口可以供猴子操纵机械臂给自己喂食。2018年,马斯克宣布,其Neuralink公司用开发的一台神经外科手术机器人,将1500个电子探针送入小鼠大脑,并开发出了一种可植入脑机接口的芯片,该芯片可对3072个电极上记录到的信号进行放大和数字化,封装后整个大小只占用不到23毫米×18.5毫米×2毫米的体积,一根USB-C电缆就能传送所有通道同时记录到的数据。2019年,该公司又发布了在两个月大的小猪身上完成的更加复杂的实验,可通过蓝牙与外部实现通信。2021年,脑机接口实验用到了猴子身上,实现了猴子利用脑电波直接玩电子游戏(见图7-6)。

Neuralink公司表示,首款产品将能够让瘫痪的人使用意念玩手机,而且比使用拇指的正常人还要快。未来的版本能够将大脑中的神经胶

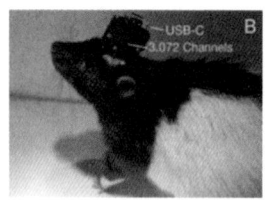

图7-6 Neuralink公司发布的开展脑机接口实验的老鼠、小猪和猕猴
(来源:https://baijiahao.baidu.com/s?id=1665826422349221740&wfr=spider&for=pc;
http://www.yidianzixun.com/article/0QZgmrPT?appid=s3rd_op398&s=op398;
https://www.163.com/dy/article/G7CP1E9H0511KIFE.html)

质细胞信号分流到身体运动和感觉神经元群中的神经胶质细胞,从而使截瘫患者能够再次行走。

"脑机接口"是活的神经组织和人造设备之间的直接连接,生物脑的感认知能力与机器的计算能力完美结合,不仅能在计算机和脑之间建立信息沟通通道,更是为人类的学习打开了新空间。

从前面介绍的情况来看,脑机接口技术可大致分为侵入式和非侵入式两类。前者指测量电极接触大脑,甚至插入大脑内部,这样获取的信号质量较好,但对大脑的损伤风险也相对较大;后者不用手术直接接触大脑,主要利用头皮电极帽、超声、核磁共振成像等技术,但目前的技术对大脑信号的捕获和输入效果还相对差些。脑机接口技术的基本原理主要分两步:先用设备从大脑中读取和破译"脑信号",获取脑细胞对意识的反应曲线;再把这种反应曲线转化成指令去控制机器,在真实世界中执行人的意志。近年来,随着神经信号处理、大脑植入芯片、深度学习算法等新技术和可植入大脑新材料取得重大突破,脑机接口技术快速发展,并已经广泛应用于医疗健康、运动控制等领域。比如,在脑机接口技术的帮助下,重度运动障碍患者可以通过意念控制机械臂活动,以帮助其提高生活便利程度。

但是,脑机接口技术也面临较大挑战。一方面,技术突破尚需时日。比如,怎样从复杂的生物脑电信号中准确提取信息、如何确立大脑心智信号与实际行为之间的准确关系、如何厘清疾病修复与性能增强之间的界限、如何确保大脑信号不被网络攻击或非法劫持、如何安全简易地在大脑皮层中植入读取装备等,都是需要破解的难题。另一方面,容易引发伦理危机。脑机接口技术在某种程度上是对人的身体尤其是最关键的"脑"的深度"介入",其结果将在一定程度上导致人脑趋于机器化,脑机接口技术可能会在人类面前显示出"反制"的力量,进而产生违背使用者"意志"的严重错误。

可以预见,未来脑机接口将朝着小型化、便携化、可穿戴化和简单易用化方向发展,特别是随着纳米级芯片的应用、对大脑神经元研究的深入和植入技术的成熟,加之对脑机接口伦理问题的务实研究和有效应对,人的思维意识将被准确识别和精准执行,脑机接口技术也将更好地服务于人类社会发展。通过在脑后插入一根线缆(见图7-7),我们就能够畅游计算机世界;只需一个意念就能操控事物或改变现实;不用花费大量时间记忆那些繁琐的知识点,只需将内容直接与大脑相连接即可,这已经不是天马行空的幻想。因此,将来消灭手机的极有可能是脑机接口技术,因为大脑可以通过脑机接口直接获取视频和声音信息,可以通过意念直接通话,也不再需要图书馆、纸质图书和阅读平板,因为整个世界的图书都可以直接通过脑机接口来检索和阅读。

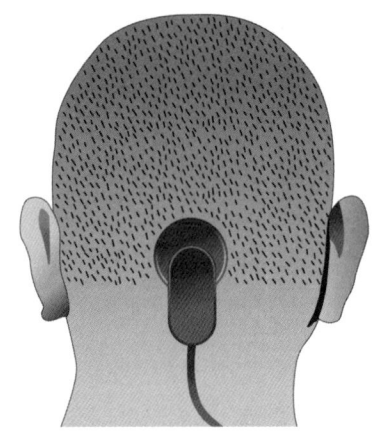

图7-7　未来的脑机接口

云脑和新意识

1946年2月14日是一个值得全人类纪念的日子,在这个西方的情人节,在美国的宾夕法尼亚大学诞生了人类第一台计算机"ENIAC"(见图7-8),发明人是美国人莫克利和艾克特。它是由17468个电子管、60000个电阻器、10000个电容器和6000个开关组成,重达30吨的庞然大物,占地160平方米,耗电174千瓦,耗资45万美元。这台计算机每秒只能运行5000次加法运算。此后,计算机核心元件从电子管,到晶体管,到集成电路,再到20世纪70年代的大规模集成电路(芯片),运算能力不断升级,体积越来越小。1973年,第一台个人计算机Alto问世,它

技术如果能把我们每一个人的大脑连接起来,形成云脑,那么以人类大脑超强的适应能力,一定会进化出与其他大脑协同思维的脑区,学习将不再是一个人的事,其他人的学习都可以成为自己学习的一部分。云脑通过集中化、云计算式的运作,就能够通过每个人学习不一样的知识,在人类的云脑中覆盖所有人类创造的知识,形成前所未有的新意识,从而涌现超级智慧。

图7-8 人类第一台计算机"ENIAC"

是第一批使用图形用户界面并为个人使用而设计的计算机。

1976年,年轻的史蒂夫·乔布斯和史蒂夫·沃兹尼亚克在家里的车库里创立了苹果公司,设计和组装了200台历史上最具革命性的计算机。在硬件方面,这种计算机的主板只有60个芯片,CPU是一个8位的MOS 6502芯片,频率为1兆赫,零部件被装在一个手工木箱里。它有打字机一样的键盘,可以连接到普通的电视屏幕上,被命名为Apple I,这是现代电脑的原型,就是它推动了苹果成为一个全球性的公司。两个史蒂夫的成功证明了一个真理:不是伟大者创新,而是创新者伟大。

互联网是个人计算机之间的全球性连接方式,始于1969年美国的阿帕网。互联网以电缆相连并通过遵循一定的协议,实现不同电脑之间的信息交互。从通过万维网浏览网站,发送电子邮件等,逐渐进化为网络社群、维基百科等形态,因为信息太多,搜索引擎应运而生。互联网的诞生标志着人类进入了信息时代,是人类信息大爆炸的根源。而基于互联网进化出现的云计算技术,其特点是不同的电脑可以协同来完成超大数据的计算。

回顾这个过程,是要预测脑机接口技术对于人类产生的深远影响。人的大脑实际上是一种基于电子化学的生物计算机,擅长并行运算和模糊运算,而电脑的运算是一种串行逻辑运算,以超高的运算速度来实现。脑机接口首先实现的是人脑和计算机的连接,相当于外挂了一个新的计算系统。但是脑机接口必然导致人脑和人脑之间的关联。

2013年,国际学术期刊《科学报告》上发表了美国北卡罗来纳州杜克大学科研组的报告,两只老鼠的大脑中均被植入微芯片,即使身处不同的笼子,一只老鼠也能通过相互连接的微芯片向另一只老鼠传达大脑指令。据该报告,"被称为'编码器'的老鼠此前接受过训练,会根据光源信号按压正确的操作杆,从而找到水喝。而另一只被称为'解码器'的老鼠并未受训,它对光源这一信号毫无反应,只能根据大脑指令做出动作。实验开始后,科学家设定假如'解码器'也能够按压正确的操作杆,那么'编码器'寻水的时间就能延长70%。随后,科学家惊奇地发现,为了得到奖励,'编码器'通过微芯片向'解码器'发出了'如何寻水'的大脑信号,而且信号越来越清晰。当'解码器'的动作出错时,'编码器'会调整自己的大脑功能和肢体行为,从而确保同伴能够做出正确的反应"。科研组负责人米格尔·尼科莱利斯博士认为,上述实验结果表明这对老鼠之间存在"行为协作",它们能够产生一种原始的"心灵反应"。第二次实验则更是匪夷所思,老鼠"编码器"位于美国,老鼠"解码器"远在巴西。尽管距离遥远,但科学家们仍能利用仪器记录"编码器"的大脑信号,通过互联网将其传递给"解码器",不出所料地,"解码器"依据"编码器"发出的大脑信号做出了正确的动作。尼科莱利斯称,上述发现首次揭示了动物间的行为信息交流可以通过大脑信号而非其他常规方式实现。"未来,我们可以把许多大脑连接起来形成一个'生物计算机'或者'大脑网络',从而实现动物间的信息共享,甚至就连人类的读心术也将成为现实。"

2018年,来自美国华盛顿大学和卡耐基梅隆大学的一群疯狂的研究学者们更是迈出了一大步,他们首次成功地建立了多人的脑对脑接口合作系统,通过脑电图(EEG)和经颅磁刺激(TMS)结合工作,使3名受试者在彼此没有对话的情况下,通过分享意念,成功合作完成俄罗斯方块游戏,平均准确率高达81.25%,且整个受试过程采用了无侵入性无损伤的设备。该项研究共招募了15名18~35岁的受试者,其中8名为女性,他们每3人分为一组,最终5组实验的平均准确率高达81%。这里准确率是指,操作者接收的信号与感受者发出的指令吻合的比例。在研究中,3个人彼此看不见,且没有语言沟通,所依赖的只有基于脑电图和经颅磁刺激的脑机接口平台。在这一实验中,只有两名感受者会在屏幕上看到随机出现的图形以及底部的图形排列,而操作者无法看到屏幕底部,因而不能判断图形是否需要旋转,3个人需要协作才能完成游戏。

以上实验表明,基于云的脑脑接口服务器可以指导网络上任何设备之间的信息传输,并且这些传输可以通过互联网在全球范围运行,因此这将允许全球大脑之间的云交互,这就构成了一个全新的系统——云脑。云脑是人脑与电脑混合而成的一个新智慧系统,像互联网一样会形成如HTTP那样的协同工作规范,每个人的大脑可以用植入芯片来赋予一个独一无二的编码,就像现在每台入网的电脑都有一个IP地址一样,不过最保险最有可能的还是直接利用人独特的脑神经元连接方式作为"信息指纹",实现每个人脑的编码。

以往,每个人有独立大脑,意味着有独立的思维和判断,我们人类是通过塑造每一个不一样的大脑,来形成多样化的思维,并通过语言、文字等沟通方式,来凝聚力量改造我们的世界。但是技术如果能把我们每一个人的大脑连接起来,形成云脑,那么以人类大脑超强的适应能力,一定会进化出与其他大脑协同思维的脑区,学习将不再是一个人的事,其他人的学习都可以成为自己学习的一部分。云脑通过集中化、云计算式的运作,就能够通过每个人学习不一样的知识,在人类的云脑中覆盖所有人类创造的知识,形成前所未有的新意识,从而涌现超级智慧。这个智慧将所向披靡,解决我们目前碰到的很多难题。

新人类即将诞生。

碳基生命和硅基生命

生命体大部分是水，除水以外组成生命体的主要是蛋白质、脂肪和糖类，其中含量最多的元素是碳，如果把水取出，人体碳元素的重量要超过一半，因此地球上的生命往往被称为"碳基生命"。为什么是碳？因为碳原子最外层电子有4个，这4个电子最多可以和4个其他原子形成化学键，就好比孩子们玩的积木，它有4个接口，拼搭的时候就会有很多机会和方法。碳原子自己和自己拼搭，就有许多形态，比如石墨、金刚石、巴基球、石墨烯等（见图7-9），未来可能还会发现新的拼搭。

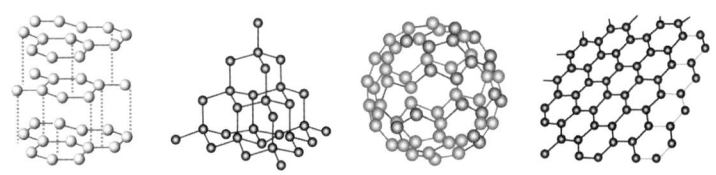

图7-9 碳原子的几种形态——石墨、金刚石、巴基球、石墨烯

碳原子和其他原子拼搭那就更丰富了。比如，碳原子加上一些氢原子形成的碳氢化合物就有烷烃、烯烃、炔烃、环烃及芳香烃等；如果再加上氧原子，就多得数不过来了，常见的有碳酸、酒精、醋酸、葡萄糖、甲醛等；如果再加上氮元素，就可以构成各种有机分子，如蛋白质；如果再加上磷，就可以构成DNA了。这样碳就成了生命组成的主角。

地球表面硅元素含量占26%，仅次于氧元素，是地壳中第二大元素，硅和碳一样，都属于ⅣA族元素，最外层也是4个电子，其许多化学性质和碳有些相像（见图7-10）。1891年，波茨坦大学的天体物理学家儒略·

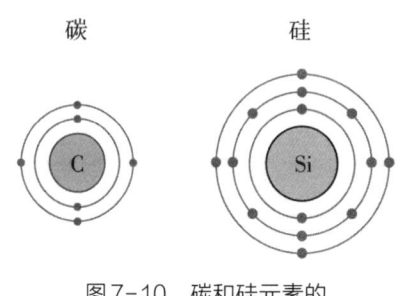

图7-10 碳和硅元素的核外电子分布

申纳在他的一篇文章中就探讨了以硅为基础的生命存在的可能性。

但是硅比碳多了中间层的8个电子,内层电子多,屏蔽效应比较强,相比碳来说原子核对价层电子的控制能力比较弱,而根据价键理论,共价键是依靠两个成键原子的原子核对共用电子对的电子云吸引而成键的,所以硅原子之间的成键能力比较差,硅元素比碳元素的原子半径更大,对外层电子的约束力也不强,导致硅基化合物极其不稳定,不便于互相拼搭形成较大的分子,这也是地球上没有发展出硅基生命的原因。而硅元素和氧元素却关系好得不行,结合能力非常强大,导致自然界基本上没有单质硅,只有硅的氧化物。二氧化硅是一种非常稳定的晶体(就是石英晶体)。有人猜想,如果宇宙哪个地方存在硅基生命,那一定要十分高的温度使二氧化硅变成气体,那么"硅基人"可能呼出的就是二氧化硅了。

很长一段时间,硅一直好像是可有可无的东西,除了用来做玻璃,其他时间基本上一直躺在沙滩上很好地做一粒粒沙子,悠闲地晒着阳光。晶体管发明后,硅才大放异彩,到现在我们才突然明白,所谓的"硅基生命"就是芯片!

硅基生命的起始是二极管、三极管,逐步进化成了集成电路(见图7-11)和芯片。芯片是人工智能的核心

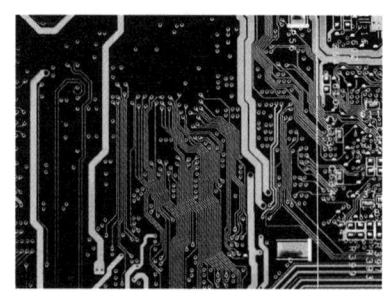

图7-11 集成电路

元件，芯片的制作代表了当代最高端的工业制造。而硅基生命的新王者也即将登场，那就是量子计算机。

普通电脑用晶体管做存储器，而量子计算机是用原子做存储器。澳大利亚科学家的方案是将量子比特存储在磷原子中，将一些磷原子嵌在一层薄薄的超纯净硅-28之上，计算的时候用激光束照射这些磷原子，使它们的自旋状态发生改变，分析激光进入和离开时的反射，便可以测得不同原子的大量状态信息。最关键的是，这些原子并不是真正地指向"上"或"下"，而是遵循量子力学的原理同时处于"上"和"下"的混合状态，所以一次照射相当于完成了大量计算。可以看出来，量子计算机的特点是所有量子比特同时进行并行计算，每增加一个量子比特，其运算速度都是以指数级增长的。

IBM的量子计算机同样构建于硅晶片基础之上，不过其量子比特采用的是铌、铝构成的超导金属，在极端低温（只比绝对零度高0.0015摄氏度！）下就能呈现出量子特性。在量子层面对超导金属原子进行操纵，并测量它们的量子态，就可以实现计算。

2020年12月，中国科学技术大学潘建伟、陆朝阳研究团队，宣布成功构建76个光子的量子计算原型机"九章"，其运算速度已经远远超越传统的超级计算机，200秒可以完成传统计算机6亿年才能完成的计算任务。唯一不足的是，目前量子计算原型机只能完成单项任务，比如破解密码，所以还称不上通用计算机，只能算一个超快的计算器。但是，只要回想起40年前我们还把计算器当成稀罕宝贝这个事实，那么我们就可以预测量子计算机的通用化用不了40年。

不妨举个量子计算机破解密码方法的实例，来解释一下它奇异的工作原理。如用二进制编制最简单的8位数密码01101001,如果用传统计算机串行破解,实际上是从00000000到11111111扫描一遍,到了01101001就算破解了。如果用量子计算机,只需8个量子单元,由于是并行运算,而且每个量子单元能够同时处于0或1的状态,一瞬间就会匹配到01101001。如果是十进制的8位数密码,那么每个对应的十进制数字转化为二进制需要4个比特,这样需要32个量子,32个量子单元并行计算也可以在一瞬间完成密码破解,而传统计算机则最多要运算2^{32}次。哪怕用于运算的量子单元少于32个,比如只有16个量子单元,只需要简单编程,进行8^2次运算就可以找到密码。

人类专门为芯片开发了语言——编程语言,这种语言是人机共享的语言。计算机编程语言出现已有五六十年时间。在计算机发明之前,存在着物质世界和思想世界,物质世界对应的是口头语言,思想世界对应的是文字语言,人们可以通过写作来创造思想,也可以通过阅读来形成思想。思想世界由人创造,又可以离开人类的大脑而存在,比如一个图书馆就是一个由文字语言组成的思想世界。但是计算机发明以后,又产生了一个新的世界——数字世界,编程语言就是数字世界的语言,其重要性将越来越显现。现代研究表明,编程语言用的大脑区域又是一个新的区域,这表明新语言的出现,是对人类大脑新区域应用的拓宽。

由芯片作为大脑的机器人将越来越多地涌现,人工智能赋予了机器人学习能力,这种能力只会越来越强,甚至也会出现能够理解人类情感的机器人。这还不是终结,脑机接口和芯片植入,会改造人类这种一直以碳作为基础的生命体,从而真正产生新的人类,这种新人类长生不老,能够生活在宇宙深处环境十分恶劣的地方,也可以在漫漫的宇宙旅途中不断自我完善进化,并且把地球文明遍布整个宇宙。

超级学习

我们可以从宇宙的光线中看到整个宇宙的历史,我们可以从地层的化石中看到整个生命进化的历史,我们也可以从每一个人从受精卵开始的生命历程观察生命的进化历史,我们还可以从每一个人的学习发展当中再现学习的演变历史,甚至我们可以从每个人一生的学习发展来预言人类未来的生命进化走向。

每个人在胚胎阶段对应的是过去整个生命的进化历史,每个人出生以后对应的是过去整个人类文化进化的阶段,从学习进化角度看,每个人婴儿阶段的学习对应的是人类原始社会时的自然学习阶段,每个人从幼儿园到大学的学习阶段对应的是经典学习阶段,每个人工作后继续教育的学习阶段对应的是现代学习阶段。而到了老年阶段,我们每个人的学习能力开始落后于世界的发展速度,直到每个人的死亡。进入现代学习阶段后,整个人类的学习速度开始落后于世界知识增长的速度,这显然意味着我们人类的文化进化将进入晚年,也许将步入死亡。

这个预言令人震惊,也令人害怕。但是从整个世界的进化而言,物质进化、生命进化、文化进化后会生成一个新的进化阶段,我们不妨预言这个进化阶段为"人神"进化。这个阶段的进化量子是对基本粒子、DNA和人自身通透了解后形成的新人类,这个新人类汇集了碳基生命和硅基生命最精华的成就,每个个体都能通过脑机接口和基因改造达到最优秀的程度,整个宇宙都是他们的活动空间,就如走出非洲那样,新人类将遍布整个宇宙,成为如神一样的存在。新人类个体将不再死亡,除非自身想结束生命,新人类个体的复制和增加不再主要依靠人自身的分娩,而是更多地依靠克隆技术和芯片改造。进化的作用力主要依靠超级学习来实现,并赋予新的"人神"价值——宇宙移民。

我们现在处于"人神"进化阶段的原始社会,从我们孩子的身上已经可以看到这种变化。从问向实验室对于上海高中学生未来职业选择的预测(见图7-12),可以看出其中的端倪。这些职业可以分为3类:现在已经有的职业,如VR电竞职业选手、职业陪聊师、虚拟idol设计师;马上应该就会有的职业,如专门为虚拟人物设计服装的数字化裁缝,为无人驾驶的城市设计道路的智能道路工程师,专门为人类生产个性化器官的人体器官培育师,为每个人永久保留和管理网络资产的亡者网络账户管理员,把骨灰打造成一颗钻石,真正做到"钻石恒久远,一颗永流传"的骨灰钻石技术师;不远的将来一定会出现的职业,如专门设计梦境并通过脑机接口送达的梦境打造师,宇宙移民必然的产物——宇宙外交官等。

马斯克甚至还建立了一所专门培养未来火星人的学校——Ad Astra

图7-12　当代高中生未来职业选择预测(问向实验室)

School,在未来50年内将向火星运送上百万人。我国的火星探测计划也已经走出了第一步,"天问一号"火星车(见图7-13)已经在火星表面漫步。

图7-13 "天问一号"火星车

在"人神"进化的原始社会时期,学习将会进化到超级学习阶段。超级学习阶段具有4个基本特征:一是在学习生物基础方面,学习将是基于脑科学的全脑学习,学习的奥秘被逐步揭示,将从脑环境的改善角度提升学习效率;二是在学习方法方面,学习将是基于大数据的精准学习,这个大数据不仅仅是学习者个人的学习过程分析,也包含其他人和前人的学习数据,从而精准制定每个人的学习进度和学习方式;三是在学习内容方面,学习将是基于新技术的高阶学习,特别是随着脑机接口技术的成熟,学习者只需要学习智慧类和工具类的知识,在每个人大脑里形成独特的神经元连接,而那些仓储式的知识可以外挂在云上随时调取;四是在学习价值方面,学习将是基于人格化的创新学习,学习的目的是提高责任,形成个性,培育创新精神。

云脑是"人神"进化阶段最重要的进化积木(见表7-1)。虽然随着云脑的形成,每个人的学习都会形成分享,但是如果每个人学习的内容是一样的,那么云脑就没有存在的价值,只有每个人更加不同,云脑才是一个富集全体人类超级学习成果的宝库。因此,超级学习的主要矛盾将是学习者思维、情感发展的多样性需求和知识获取的机器化之间的矛盾。机器化会带来更快捷、更强大、更有操作性的"复制",但是教育的目的应

表7-1 宇宙四个进化的关键要素

进化类别	物质进化	生命进化	文化进化	"人神"进化
进化量子	基本粒子	基因	人	新人类
基本作用力	万有引力、电磁作用力、强力和弱力	化学键和排序	学习和劳动	超级学习和创造
最重要的进化积木	原子	DNA	语言文字	云脑

该是培养更有趣、更有意义、更有创造性的人。

当然超级学习中很重要的学习内容一定是掌握如何从云脑之上汲取知识并形成个人智慧的能力,这个过程并非可以通过想象来实现,我们现在的每一分努力,都在为这个时代的到来做铺垫,也在为这个未来的云脑提供宝贵的原材料。现在我们通过考古手段来发现我们的先祖们文化进化的历程,将来新人类会通过精神追溯去发现我们现在的每一个思维进程。

就新人类而言,时间将不再重要,新空间已经打开!

结语：甩锅

> 黄金时代是在我们的前面，而不是在我们的后面。
>
> ——马克·吐温

2008年元旦，笔者带队去美国马里兰州的陶森大学，开展了为期一个月的教育培训，学习的内容是小布什2002年颁布的法案《不让一个孩子掉队》(*No child left behind*)。上课期间我和美国老师沟通了一个问题："如果一个孩子自己就是要掉队，你坚决不让他掉队，是不是违背了美国的自由民主？"他当时不知道如何回答。第二天，他讲了一个故事：海水退潮后，大量的鱼被搁浅在海滩上。一个小男孩见状，开始拾起鱼一条一条地往海里扔。一个路过的人不理解："这么多鱼，你救得过来吗？"小男孩一边救鱼一边回答说："这条鱼在乎！"随即又将一条鱼扔回了大海说："这条鱼也在乎！"当时，我脱口而出说了一句："No fish left behind。"（不让一条鱼掉队。）

2021年10月，在上海举办的IEIC国际教育创新大会上,时任上海市政协副主席周汉民讲了3个教育故事,其中一个特别令人感动。周汉民说:"有一个18岁的吉林青年,名字叫作邢益凡。他出生的时候就得了一种罕见病,目前可以初步归类为渐冻症,这种疾病的患者在全中国14亿5000万同胞中只有不到100人。18岁的邢益凡,18年的人生,体重18千克,他的头不能动,手不能翻书,18年来没有一次翻身是自己解决的。这样一个年轻人,却无比刚毅,奋发图强,与命运抗争到极致,今年高考成绩645分。但是他究竟能不能被心仪已久的北京航空航天大学录取呢?他的父亲去了学校,和招生办进行了交流。招生办的回答我认为以后可以镌刻在北京航空航天大学花岗石上:'你们已经竭尽全力,剩下的事就是我们来做了。'何等感人!18岁18千克的邢益凡,现在成了北京航空航天大学的学生。对他而言什么是活着?活着就是永不止息地奋斗。什么是人生?人生就是今天要比昨天过得更美好。"

学习是每个人的权利,上面两个故事一方面让我们感动于人的力量,另一方面也让我们对于当前的各种不正常的教育现象产生反思。

新冠疫情暴发后,国际关系当中最多的行为恐怕是"甩锅"。让我们来研究一下"甩锅"这个词。有人说甩锅的意思来源于背黑锅,把黑锅甩给别人,让别人来承担责任。实际上甩锅是一个厨师烧菜的动作,这个动作可以避免烧炒的食料粘在锅子底上,这个意思引申过来,就是不把责任粘在自己身上,因此甩锅并不是把一个锅给甩了。但是,语言就是这样,它是活的,慢慢大家都认为甩锅的意思是把锅甩给别人。新冠疫情全球暴发至今,有些国家领导人面对疫情无计可施,事态失控,只好把责任推给别人和别的国家,使甩锅这个词成了当今的一个网络热词。

结语:甩锅

笔者认为:甩锅这种行为,确实是人类的深层本性。为什么?我们人类能够活下来,就是因为我们的远古祖先学会了逃跑,那些面对无法战胜的洪水猛兽和强敌时撒腿就跑的先辈们活了下来,并繁衍了我们,造成逃跑的基因现在依然残留在我们每一个人的细胞当中。

甩锅的本质是精神上的逃跑。我们人类之所以有今天,就是我们那些善于逃跑的祖先们,在逃跑之后还学会了反思,发明了文字,发明了教育,发明了科学技术,甚至发明了国家制度。但是精神层面上的逃跑依然在经常发生。人们发明了文字,可以把错误记在别人的头上;发明了汽车、飞机,可以在遇到灾难的时候跑得更快;发明了大炮、导弹,在甩锅不成的时候,恼羞成怒,把敌人灭了,再甩锅给别人。

不用嘲笑疫情背景下某些甩锅的行为,我们当代教育系统里也充满了甩锅的情形,我们不妨来分析一下四个教育当中的现实例子。

第一个例子:近视率居高不下的问题。我们往往把锅甩给"孩子痴迷电子产品"。实际上,预防近视最好的办法是在自然光下充分地活动。根据眼科专家开展的研究,日光照射时间达到每天两小时,学生的近视率会降低30%。近视有两种,一种叫屈光近视,是由于看近的东西多了造成晶状体过度弯曲;另一种叫轴性近视,就是眼球过长以致成像在视网膜前,从而造成近视。实际上,造成青少年近视的原因两者兼而有之。我们每个人生下来都是远视眼,因为我们的祖先可以远远地看见危险撒腿逃跑。随着年龄增长,人们的眼轴会变长,同时用眼过度造成晶状体弯曲,这样就近视了。但是户外光照可以有效控制眼轴变长,哪怕你用眼过多,也不太会近视。保证户外活动时间是预防近视的关键因素,这个就是科学。

第二个例子:学生体质下降的问题。我们往往把锅甩给"体育没有进入中高考"。体质下降当然和体育运动有关,但是体育进中高考是有两面性的,这样做确实可以短期逼着孩子们去锻炼,但是一旦过度地将体育应试化,其最大的负面影响就是,孩子们尽管去运动了,却对运动深恶痛绝,那就得不偿失了。要解决体育运动少、强度不够的问题,其核心要点是给孩子充分的运动时间和良好的运动空间,因为孩子天生是好动的,除非你不让他动,或者除非你让他动了,却没有很好的运动体验。现在的孩子和我们小的时候不一样,他们无法忍受运动出汗后,浑身臭烘烘地在教室里继续上课。如果给他们一个换衣服的地方,可能就会好得多。前一段时间笔者在上海市洵阳路小学里就看到了一个精致的更衣室,这种变化十分令人期待。学校要把体育设施弄得好好的,把体育老师和教练形象弄得好好的,让学生运动上瘾。对学生来说,体育给身心带来的愉悦才是最大的奖励。我们要清楚,不能把所有认为重要的东西都用考试来逼迫孩子学,这个就是教育的理性。

第三个例子:孩子心理问题。我们往往把锅甩给"为什么那么多考试和作业"。在疫情结束后一段时间,有省市以维护学生心理健康为名,出台了禁止考试的文件要求。作为学生,当然会有考试和作业。学生心理问题的来源,是孩子们长久没有感受到生命的意义。前几天,有位语文老师对我说,她问孩子们有没有闻到校园里金桂飘香,孩子们说没有啊。又问孩子们是否知道桂花是几瓣花瓣,结果全班同学没有一个人知道。你想如果孩子们连桂花香都"充鼻不闻"了,那还能为春天的绵绵细雨而惆怅,为秋天的片片落叶而流泪,为冬雪的漫天飞舞而感动,为夏夜的灿烂银河而震撼吗?这不是考试和作业多少的问题,而是如何让孩子们体会到考试和作业是实现生命意义的一个部分,并由此产生学习的意义的问题。孩子们经常接触社会、走进自然,让课堂中的学习在课堂外形成意义和价值,让自己的学习和生命与世界相连接,就会产生责任,产生意义,负担就成为正能量,学生就会形成积极进取的心态。教育让孩子们关心我们生活的环境、关心社会、关心别人、关心自己,这个就是教育的人文精神。

第四个例子:学生创新能力不足的问题。我们往往把锅甩给"学生高分低能"。建设创新型国家,需要孩子们的创新能力,那么孩子们的创新能力从哪里来?创新的本质是人大脑的多样性和长久的坚持。如果一个团队每个人知识都很渊博,但是都是一样的,那么整个团队像一个人一样,依然不会有创新。只有每个人大脑不一样,才能形成创新的源泉。从这个角度来看,学校只要让不同学生经历不一样的学习,学不一样的知识,形成不一样的大脑,那么这些学生就有了创新的基础。研究表明,创新并不需要超高的智商,更重要的是与别人不同的思维方式和比别人更多的坚持和尝试。这样,老师和家长们应该明白怎样去做就对了——就是设置更多样的课程供孩子们去选择,鼓励教师用更多样的方法去教学,引导孩子们用更多样的学习方式去探索世界。

这4个例子有关联性,也是我们教育工作者目前面临的难题,其核心就是我们的孩子如何实现德智体美劳全面发展,这也是我们教育永久的中心思想。面对困难,我们可以选择甩锅,也可以选择勇敢去面对。但是,本书是希望有思想的教育者们聚在一起,不再逃跑,而是去勇敢地解决问题。

教育的本质,就是超越基因的自然取向,形成人特有的精神价值,这个精神价值的核心就是创造理性、科学和人文主义。虽然我们大部分人会在无法战胜敌人或遇到困难时选择逃跑,但却崇尚英雄;虽然我们大部分人没有开创性的成就,但却敬仰智者;虽然我们大多数人有点庸俗,但却追随光明:这些都是教育产生的重要价值。

当代人类比任何时候都强大,也比任何时候都脆弱,我们的教育到了关键时刻。纵观人类历史,每次大国崛起,都伴随着血雨腥风的战争,但是今天的中国却在寻找一条和平崛起的道路。现在的世界,争端加剧,就如2500多年前的春秋战国时期。在未来险恶的环境中,面对无数甩过来的"黑锅"或"白锅",我们的孩子们,能否依然有开阔的胸怀、坚定的信念、灵活的态度、聪明的方法,以理性战胜愚昧,以科学战胜谬误,以文明战胜野蛮?

过去,因为我们远祖先辈的逃跑,让人类遍布了整个地球,但是在全球化的今天,人类已经逃无可逃。我们教育者应该首先选择不再逃跑,而是勇敢地去解决难题,并且骄傲地活下来,让我们的后代细胞里不再是苟且幸存者的基因,血管里流淌着胜利者智慧勇敢的血液。这一切将源于今天的教育,它给我们的孩子们带来理性、科学和人文精神。

这本书对学习从理性、科学和人文精神层面上进行了分析,意图就是要让所有人能够思考学习的未来、文化的未来和人类的未来。希望能给读者尤其是教育工作者,提供一定的启发和借鉴。

 **争端加剧：**
如果"甩锅"是人类的深层
本性，教育怎么办？

来源：第七届中国教育创新大会

时间：2020年11月

参考文献

[1] 埃克尔斯.脑的进化.潘泓,译.上海:上海科技教育出版社,2007.

[2] 格雷戈里·希科克.神秘的镜像神经元.李婷燕,译.杭州:浙江人民出版社,2016.

[3] 尼尔斯·韦贝尔.蚂蚁社会.王蕾,译.广州:广东人民出版社,2021.

[4] 诺曼·道伊奇.重塑大脑 重塑人生.洪兰,译.北京:机械工业出版社,2015.

[5] 西恩·贝洛克.具身认知:身体如何影响思维和行为.李盼,译.北京:机械工业出版社,2016.

[6] 埃尔温·薛定谔.生命是什么.周程,胡万亨,译.北京:北京大学出版社,2018.

[7] 克里斯托弗·波特.我们人类的宇宙:138亿年的演化史诗.曹月,包慧琦,译.北京:中信出版集团,2017.

[8] 上海博物馆.大英博物馆百物展浓缩的世界史.

上海:上海书画出版社,2017.

[9] 尤瓦尔·赫拉利.人类简史:从动物到上帝.林俊宏,译.北京:中信出版社,2014.

[10] MCFADDEN, J. Quantum Evolution: How Physics' Weirdest Theory Explains Life's Biggest Mystery. New York: W. W. Norton & Co Inc,2002.

[11] 大卫·迪绍夫.元认知:改变大脑的顽固思维.陈舒,译.北京:机械工业出版社,2014.

[12] 史蒂芬·平克.语言本能:人类语言进化的奥秘.欧阳明亮,译.杭州:浙江人民出版社,2015.

[13] 史蒂芬·平克.思想本质:语言是洞察人类天性之窗.张旭红,梅德明,译.杭州:浙江人民出版社,2015.

[14] COOK, V. J., NEWSON, M.乔姆斯基的普遍语法教程.宁春,译.北京:外语教学与研究出版社,2000.

[15] 斯坦尼斯拉斯·迪昂.脑的阅读:破解人类阅读之谜.周加仙,等译.北京:中信出版社,2011.

[16] 史蒂文·斯洛曼,菲利普·费恩巴赫.知识的错觉.祝常悦,译.北京:中信出版社,2018.

[17] 吉姆·艾尔-哈利利,约翰乔·麦克法登.神秘的量子生命.侯新智,祝锦杰,译.杭州:浙江人民出版社,2016.

[18] 凯文·凯利.技术元素.张行舟,余倩,等译.北京:电子工业出版社,2012.

[19] 凯文·凯利.失控:全人类的最终命运和结局.东西文库,译.北京:新星出版社,2011.

[20] 安德斯·艾利克森,罗伯特·普尔.刻意练习.王正林,译.北京:机械工业出版社,2016.

[21] 尤瓦尔·赫拉利.未来简史.林俊宏,译.北京:中信出版社,2017.

[22] 克莱·舍基.认知盈余.胡泳,哈丽丝,译.北京:中国人民大学出版社,2012.

[23] 凯文·凯利.必然.周峰,董理,金阳,译.北京:中信出版社,2015.

[24] 马歇尔·麦克卢汉.理解媒介.何道宽,译.南京:译林出版社,2011.

[25] 丹尼尔·平克.全新思维:决胜未来的6大能力.高芳,译.杭州:浙江人民出版社,2013.

[26] 纳特·西尔弗.信号与噪声.胡晓姣,张新,朱辰辰,译.北京:中信出版社,2013.

[27] 昂利·彭加勒.科学与方法.李醒民,译.北京:商务印书馆,2010.

[28] 米哈里·希斯赞特米哈伊.创造力:心流与创新心理学.黄珏苹,译.杭州:浙江人民出版社,2015.

[29] 雷·库兹韦尔.奇点临近.李庆诚,董振华,田源,译.北京:机械工业出版社,2011.

[30] 卡尔·古斯塔夫·荣格.荣格文集:人、艺术与文学中的精神.姜国权,译.北京:国际文化出版公司,2011.

[31] 西蒙·沙马.艺术的力量.陈玮,黄新萍,王炯奕,郑柯,译.北

京:北京美术摄影出版社,2015.

[32] 戴维·珀尔马特,克里斯廷·洛伯格.菌群大脑:肠道微生物影响大脑和身心健康的惊人真相.张雪,魏宁,译.北京:机械工业出版社,中国纺织出版社,2018.

[33] 詹姆斯·E.麦克莱伦第三,哈罗德·多恩.世界科学技术通史.3版.王鸣阳,陈多雨,译.上海:上海科技教育出版社,2020.

[34] 戴维·珀金斯.为未知而教,为未来而学.杨彦捷,译.杭州:浙江人民出版社,2015.

[35] 吴国盛.科学的历程.北京:北京大学出版社,2002.

[36] 卡尔·波普尔.猜想与反驳.傅季重,纪树立,周昌忠,蒋弋为,译.上海:上海译文出版社,2005.

[37] 凯文·阿什顿.被误读的创新:关于人类探索、发现与创造的真相.玉叶,译.北京:中信出版社,2017.

[38] 顾凡及,卡尔·施拉根霍夫.脑研究的新大陆.顾凡及,译.上海:上海教育出版社,2019.

[39] 王洁,倪闽景.如何成为专业的教师.北京:教育科学出版社,2014.

图书在版编目(CIP)数据

学习的进化/倪闽景著. —上海：上海科技教育出版社, 2022.6(2023.12重印)
ISBN 978-7-5428-7430-6

Ⅰ.①学… Ⅱ.①倪… Ⅲ.①学习方法—研究 Ⅳ.①G791

中国版本图书馆CIP数据核字(2022)第030478号

责任编辑　宁嘉炜
装帧设计　杨　静

XUEXI DE JINHUA
学习的进化

倪闽景　著

出版发行	上海科技教育出版社有限公司 (上海市闵行区号景路159弄A座8楼　邮政编码201101)
网　　址	www.sste.com　www.ewen.co
经　　销	各地新华书店
印　　刷	上海华顿书刊印刷有限公司
开　　本	720×1000　1/16
印　　张	19
插　　页	2
版　　次	2022年6月第1版
印　　次	2023年12月第5次印刷
书　　号	ISBN 978-7-5428-7430-6/G·4361
定　　价	58.00元